Halbfas

Das dritte Auge

W0334400

Schriften
Zur Religionspädagogik
Band 1

Hubertus Halbfas

Das dritte Auge

Religionsdidaktische Anstöße

Patmos

CIP-Kurztitelaufnahme der Deutschen Bibliothek

Halbfas, Hubertus:
Das dritte Auge.
Religionsdidakt. Anstöße / Hubertus Halbfas.
– 1. Aufl. – Düsseldorf : Patmos, 1982.
ISBN 3-491-78385-2

© Patmos Verlag Düsseldorf
Alle Rechte vorbehalten
1. Auflage 1982
Umschlaggestaltung: Ralf Rudolph
Gesamtherstellung: Gebr. Rasch, Bramsche
ISBN 3-491-78385-2

Inhalt

Grundlagen

Vorwort

Die hier versammelten Beiträge wurden, mit Ausnahme des ersten, bisher nirgendwo publiziert. Sie verdanken ihre Entstehung meiner Arbeit an der Pädagogischen Hochschule Reutlingen, wurden aber für diesen Band eigens niedergeschrieben. Darum umgreift der Buchtitel »Das dritte Auge« auch keine zufällige Zusammenstellung einzelner Aufsätze, sondern ein thematisch entfaltetes Spektrum, dessen innerer Zusammenhang tiefer geht, als ein Blick ins Inhaltsverzeichnis enthüllt. Es sind Entwürfe zu einer Didaktik der »Innenseite«, von der sonst wenig die Rede ist, und die doch allem, was in der Schule geschieht, das geistige Format geben muß.

Ich lege mit diesem Buch den ersten Band einer Reihe vor, welche die verschiedenen Arbeitsgebiete der Religionspädagogik in Detailstudien genauer erkunden soll. Dabei wird ein religionsdidaktisches Interesse die Fragestellung leiten. Vielleicht kann auf der Basis dieser Studien später einmal eine systematische Religionsdidaktik entstehen.

Drolshagen, im Juli 1982 *Hubertus Halbfas*

RÜCKBLICKE

Die geistigen Defizite

*Kritischer Rückblick auf 10 Jahre religionspädagogischer Arbeit**

Zu Beginn der siebziger Jahre stand der Religionsunterricht unter allen Schulfächern am stärksten im Umbruch. In Theorie und Praxis herrschte eine Identitätskrise, die zahllose Religionslehrer verunsicherte, zugleich aber auch Motiv für intensive neue Orientierungsbemühungen war.

Seither ist die grundlegende Irritation abgebaut. Unter dem flexiblen Stichwort »Problemorientierter Religionsunterricht« haben selbst unterschiedliche religionspädagogische Ansätze ein Koalitionskonzept gefunden, das zwar nicht endgültig sein kann, zunächst aber den gemeinsamen Nenner für die Weiterentwicklung des Faches und eine neue Selbstvergewisserung bot.

Entsprechend der allgemeinen Umbruchslage ging die theoretische Diskussion zu Beginn der siebziger Jahre zunächst auf fundamentale Begründungszusammenhänge des Religionsunterrichts zwischen Gesellschaft, Schule und Kirche. Unter Beteiligung aller namhaften Fachvertreter wurden insbesondere der dem Fach zugrunde liegende Religionsbegriff erörtert, die Stellung der Bibel innerhalb des Curriculums sowie die Berücksichtigung des Schülers durch Lehrplan und Unterricht. Es entstand eine Literatur zu Grundfragen der Religionspädagogik auf einem vordem nur selten erreichten theoretischen Niveau, das jedoch in die Breite der Lehrerschaft kaum vermittelt werden konnte.

Im weiteren Verlauf des Jahrzehnts verebbte die Theoriediskussion mehr und mehr, zumal ein großer Bedarf an praktischen Hilfen entstanden war. Nach einer Zeit überbrückender Provisorien entstanden allerwege neue Religionsbücher und eine riesige Erweiterung des Marktes durch Medien und Ergänzungsmaterialien. Theoretische Publikationen konzentrierten sich zunehmend mehr auf Detailprobleme, vermochten aber übergreifende Fachdiskussionen nicht mehr anzustoßen. Inzwischen sind kritische Besinnungen auf den Status quo so selten geworden, daß

* Diskussionsvorlage für eine Tagung der im »Verlagsring Religionsunterricht« zusammengeschlossenen religionspädagogischen Verlage im November 1980 in Loccum. Erstveröffentlicht in: Katechetische Blätter 106 (1981) 256–260.

erste Stagnationssymptome sich mit allgemeinen Restaurationstendenzen verbinden, ohne hinreichend deutlich aufgedeckt und zum Pro und Kontra gezwungen zu werden.

Ein didaktisches Defizit

Neben dem – zweifellos auch marktgesteuerten – allgemeinen Schwund an kritisch begleitender Theorie halte ich ein Defizit an didaktischer Theorie für umfassender und weniger leicht zu beheben. Zwar berührt die erwähnte Grundlagendiskussion immer auch die didaktische Orientierung des Religionsunterrichts, doch liegen deren Ansätze so sehr in den fundamentalen Vorgegebenheiten des Religionsunterrichts, daß ihre Erörterung eher in theologischen und pädagogischen Bahnen erfolgt als im Rahmen fachdidaktischer Reflexion. Im übrigen aber täuscht der Büchermarkt: Nicht jeder Titel, der ein didaktisches Programm verspricht, hat didaktische Relevanz; allzu oft steht das Wort Didaktik für jedwede Unterrichtsrezeptur.

Eine Reihe konkreter Beispiele soll das didaktische Defizit erläutern.

1. Die vorhandenen Religionscurricula können als didaktische Koordinatensysteme nicht befriedigen. Einerseits ist die Verschränkung theologischer und gesellschaftlicher Themen ungelöst, andererseits mangelt es an vertikaler Folgerichtigkeit. Die religionspädagogisch zentralen Bereiche – beispielsweise die Themen »Gott« oder »Bibelverständnis« – bedürfen einer Aufbaufolge vom 1. bis zum 10. Schuljahr, die nur aufgrund detaillierter didaktischer Analysen realisierbar ist. Die derzeitigen Lehrpläne lassen für wichtige Bereiche eine vertikale, didaktisch reflektierte Systematik vermissen. Ein teilweise beliebiges, immer aber uneinheitliches Niveau religiöser Bildung ist die Folge.

2. Von besonderem Gewicht ist das Defizit an religiöser Sprachlehre. Die Lehrpläne und noch stärker die Religionsbücher sind fast nur inhaltsorientiert, also auf thematische Komplexe ausgerichtet, ohne daß eine Vermittlung von Auffassungs- und Erfahrungskategorien für religiöse Wirklichkeit mit notwendiger Umsicht besorgt wird. So beginnt man etwa mit dem Bibelunterricht, fragt aber nicht, welche Sprach- und Bildschulung vonnöten ist, um die Verstehensvoraussetzungen für biblische Texte zu schaffen. Die Mißachtung der religiösen Grammatik durch die Religionspädagogik hat zur Folge, daß das religiöse Wissen und Verstehen der Schüler von jener amorphen Gestaltlosigkeit bleibt, wie das trotz regulären Religionsunterrichts allgemein zu beobachten ist.

Zwei wichtige Kapitel religiöser Sprachlehre, die fundamental für jede Religionsdidaktik sind, doch leider völlig mißachtet werden, will ich näherhin erwähnen.

Zum einen handelt es sich um eine Symboldidaktik. Das Symbol ist *die* spezifische Ausdrucksgestalt religiöser Erfahrung und Kommunikation, ohne deren Verständnis die Religionen in ihrer eigentlichen Mitte nicht erschlossen werden können. Außerdem verliert die Wirklichkeit ihre Hintergründigkeit, wenn eine Bildung des Symbolverständnisses unterbleibt: Die Fähigkeit zum Sinnerleben und Sinnverstehen schrumpft, metaempirische Gegebenheiten werden als irreal verdrängt, die menschlichen Erfahrungsfähigkeiten verkümmern und erfassen nur noch ein Spektrum banaler Alltäglichkeit.

Zum zweiten handelt es sich um eine Bilddidaktik. Hier fehlt es fast an allem. Weder können wir die lapidare Frage beantworten »Was ist ein Bild?«, noch wissen wir hinreichend genug über das Verhältnis von Wort und Bild, Bild und Spiritualität, noch gibt es Studien über spezifische Bildkategorien wie Kultbild, Meditationsbild, Ikone, erzählendes Bild und deren didaktische Bedeutung. Je bunter im letzten Jahrzehnt die Religionsbücher wurden, um so beliebiger, lauter und verwirrter wurde ihr Bildermarkt. Ich kenne heute kein einziges Religionsschulbuch, das ich in Bildauswahl und graphischer Gestaltung als didaktisch sensibel und im Sinne religiöser Bildung als weiterführend betrachte. Einige unter diesen Büchern sind im Blick auf Bild und Graphik sogar besonders mißglückt und konträr zu jeder religiösen Sensibilisierung.

Ein hermeneutisches Defizit

Mit dem »Problemorientierten Religionsunterricht« ging eine hermeneutische Phase zu Ende, noch bevor sie ihre wichtigsten Äcker bestellen, geschweige denn deren Ertrag ernten konnte. Die neue didaktische Programmatik erweiterte den Wirklichkeitsbezug des Religionsunterrichts und gleichzeitig den Zugang zu vielfältigen Medien. Andererseits wuchs mit der Möglichkeit, über (fast) alles im Religionsunterricht zu sprechen, ein oft zuchtloser didaktischer Dilettantismus, der sich keiner hermeneutischen Verantwortung mehr unterzieht.

1. Festzustellen ist eine Vernachlässigung der hermeneutischen Fähigkeiten im Umgang mit Texten. Vorrangig trifft dieses Defizit den Bibelunterricht. Der Problemorientierte Religionsunterricht hat hier eine Unbekümmertheit, um nicht zu sagen Schludrigkeit, in der Auslegung biblischer Perikopen forciert, die jeden erschüttert – so hoffe ich –, der die hermeneutisch sensibilisierte Bibeldidaktik der sechziger Jahre kannte.

Hier ist nur Rückschritt und neue Unkenntnis festzustellen. Zu meinem Erstaunen haben selbst viele Fachkollegen das hermeneutische Denken in ihrem didaktischen Horizont gestrichen, als hätten sie vordem nur den Zwängen des Trends gehorcht.

Vergleichbare Hilflosigkeit wie bei Bibeltexten entsteht bei allen sonstigen Texten, soweit sie nicht lediglich vorgelesen und assoziativ problematisiert werden sollen. Das Verweilen beim Wortlaut, die Auslegung am Leitfaden der Sprache gilt schnell als Überforderung, und weil es an dispensierenden Unterrichtstheorien nicht mangelt, hat jeder, der will, hinreichende Entschuldigungen für sein Nicht-Wollen und Nicht-Können bereit.

Begleiterscheinung dieses hermeneutischen Defizits ist einerseits ein ungeheurer Materialverschleiß im Unterricht, andererseits ein Verzicht auf poetische und stille Texte, die sich dem vordergründigen Unterrichtskonsum entziehen.

2. Das hermeneutische Defizit zeigt sich weiterhin in einer gewissen Überlieferungsschwäche des Religionsunterrichts. Da ein lebendiges Symboldenken ausfällt, die tradierte theologische Sprache meist fremd bleibt, können viele Glaubensinhalte, aber auch die Wurzeln christlicher Feste, die Bedeutung alten Brauchtums und die Relevanz der Heiligenlegenden nur noch mangelhaft oder überhaupt nicht mehr vermittelt werden.

3. Eine Verdrängung der historischen Dimension des Religionsunterrichts hängt hiermit zusammen. Die Kirchengeschichte ist zu einer Randerscheinung im tatsächlichen Religionsunterricht geworden. Selbst die Geschichtlichkeit vieler Fragestellungen bleibt ausgeklammert. Im allgemeinen Bewußtsein rangiert die historische Dimension des Religionsunterrichts als eine didaktische Sonderprovinz, für die es spezielle Bücher, aber kaum Lehrplandesiderate gibt.

Ein Defizit an Schulkultur

Der Religionsunterricht hat in seiner jüngsten Entwicklung ein Selbstverständnis gewonnen, das ihn in die Tiefe und Breite der menschlichen Wirklichkeit voll einbindet. Damit begründet sich auch eine Verpflichtung des Religionsunterrichts gegenüber dem gesamten Schulleben. Die Wahrnehmung dieser Verpflichtung scheint jedoch nur selten zu erfolgen.

Auch vom eigenen Interesse her wird zu wenig beachtet, daß Qualität und Wirkung des Religionsunterrichts in hohem Maße vom allgemeinen Niveau der Schule abhängig sind. Soweit ich sehe, verweist auch das religionspädagogische Schrifttum nirgendwo auf die inneren Zusammenhänge zwischen humanem Klima der Schulwelt und der Sache des Religionsunterrichts. Wollte jedoch der Religionsunterricht seine Programmatik nicht einmal im eigenen schulischen Erfahrungsfeld ernst nehmen, ginge dies zu Lasten seiner konkreten Wirksamkeit und Glaubwürdigkeit.

1. Bedeutsam ist deshalb die Gestaltung der Klassenzimmer: welche Wohnlichkeit sie haben; in welchen Sitz- und Kommunikationsformen die Schüler einander zugeordnet sind; welche Aktivitäten (zumal musische Aktivitäten) den Schülern durch die Ausstattung der Klassenräume möglich sind; ob es Geschirr und Gerätschaften gibt, die gemeinsames Essen und Trinken erlauben, etc. Von der Bejahung oder Verneinung dieser Fragen ist die Wirksamkeit des Religionsunterrichts weit mehr abhängig, als es die Religionspädagogik realisiert.

2. Nicht minder bedeutsam sind die schulischen Umgangsformen, die Feste und die öffentlichen Aktivitäten. Durch seine wesensgemäße Rückbezogenheit auf die Zeiten und Feste des Jahres könnte der Religionsunterricht weit mehr zur Gestaltung des Schullebens beitragen, als es offensichtlich geschieht.

Insgesamt geben die heutigen Schulen reichlich Anlaß, ein Defizit an Schulkultur und räumlicher Geborgenheit zu beklagen. Solange unsere auf öffentliche Schulen bezogene Religionspädagogik diese Verhältnisse als »normal« hinnimmt, hat sie ihren eigenen Auftrag m. E. nicht verstanden.

Ein spirituelles Defizit

Die letzten Jahre haben eine Hinwendung zu meditativen Praktiken nahezu Mode werden lassen. Der religionspädagogische Markt hat davon profitiert und mancherlei Anregungen für meditative Unterrichtsformen vermittelt. Das ist ein Gewinn.

Dem steht ein religionspädagogisches Gesamtangebot gegenüber, das eher konsumgängig wirkt und auf Verbrauch eingerichtet ist:

1. Die Religionsbücher haben die Möglichkeit der Farbe und der Illustration voll genutzt, sind aber dabei oftmals dem Stil der Werbegraphik verfallen und lassen insbesondere den Versuch vermissen, durch Text und Gestaltung zur Innenseite ihrer Themen zu führen.

2. Die Lehrerschaft gewöhnt sich ihrerseits immer mehr daran, mehrere, oft verschiedenartige Medien in *einer* Unterrichtsstunde »einzusetzen«. Die Fähigkeit, bei einem einzelnen Text oder Bild zu verweilen oder gar über eine lange Zeit hin vielfach darauf zurückzukommen, weicht

einer Mentalität, die das flüchtig benutzte Material als verbraucht betrachtet. Im Hintergrund steht die Angst, das einzelne Medium sei mit seiner Bekanntgabe fast schon erschöpft, so daß die Schüler durch neue Reize bei der Sache gehalten werden müßten. Letztlich ist die innere Beziehungslosigkeit des Religionslehrers zur Sache Ursache solcher Konsummethodik.

3. Mit besonderer Deutlichkeit kann das spirituelle Defizit an den Gottes-Kapiteln der Religionsbücher abgelesen werden. Durchweg erfolgt hier eine Darlegungsweise, die von außen kommt, aber auch außen verbleibt. Es sind Lektionen über inadäquate und adäquate Gottes*vorstellungen*, im Kern christliche Varianten der Religionskritik, gegen die nichts zu sagen wäre, würden sie nicht weithin für das Ganze stehen. Abgesehen von gelegentlichen Zitaten, die auf die Mitte verweisen, unterbleiben Entwürfe für unterrichtsgemäße Wege nach Innen. Die Verschränkung von Gotteserfahrung und Selbsterfahrung ist eine noch unbekannte didaktische Dimension.

Kritik des problemorientierten Religionsunterrichts

Problemorientiert? Was heißt das? Das Wort ist häßlich. Soweit ich mich selbst rückwärtsblickend kontrollieren kann, habe ich es gemieden. Einerseits mag man sagen, es gebe überhaupt kein menschliches Fragen, das nicht »problemorientiert« wäre, was also soll dieser didaktische Sonderstatus für den Religionsunterricht bedeuten? Andererseits ist zu erwägen, ob es das überhaupt geben kann: eine Problem-Orientierung? Solange ich vor einem Problem stehe, bin ich eher ratlos und desorientiert. Genügt die Ausrichtung auf eine Fragestellung bereits pädagogischen Intentionen?

Manche mögen das Wort auch nicht und sprechen lieber von einem themenorientierten Religionsunterricht. Natürlich meinen sie mit diesem Typus ein Gegenmodell zum früheren Bibel- oder Katechismusunterricht, aber thematisch waren jene Formen ja auch, so daß die didaktische Kennmarke »themenorientiert« nicht gerade eine faszinierende Programmatik anzeigt. Eher steht zu vermuten, daß der »themen- und problemorientierte Religionsunterricht« ein Verlegenheitsetikett ist, hinter dem sich kein allzu profiliertes Programm verbirgt. Jedenfalls möchte ich gleich zu Beginn dieser Philippika meine in den letzten Jahren gewachsene Abneigung gegen dieses didaktische Konzept bekennen, so daß, wer immer will, sich von vornherein mit Gegenwehr wappne.

Was ist das für ein Neuansatz des Religionsunterrichts, der sich auf diesen begrifflichen Nenner bringen läßt? Bereits 1973 schrieb Peter Biehl: »Der sogenannte problemorientierte Religionsunterricht in einer ›Schule für alle‹ steht in der Gefahr, ein ›Unterricht für alles‹ zu werden; er verliert seine fachspezifischen Merkmale und damit auch seine pädagogische Berechtigung.«[1] Biehl beschrieb das Konzept des themenorientierten Religionsunterrichts damals folgendermaßen: »Das wesentliche Unterscheidungsmerkmal ist darin zu sehen, daß für den Unterricht nicht mehr bestimmte Stoffe konstitutiv sind, sondern einmal der *Schüler* als Subjekt des Lernprozesses sowie in seiner Rolle im sozialen System der Schule,

[1] *Peter Biehl,* Zur Funktion der Theologie in einem themenorientierten Religionsunterricht, in: Hans-Bernhard Kaufmann (Hrsg.), Streit um den problemorientierten Unterricht in Schule und Kirche, Frankfurt a. M. 1973, 64.

und zum anderen lebensgeschichtlich und gesellschaftlich bedeutsame *Situationen* und *Themen,* welche die in den Situationen strittigen Sach- und Wertentscheidungen in übergreifender Perspektive aufnehmen. Schüler, Situation und Thema kommen nicht als Vor- und Anwendungsfeld bzw. als ›Kontext‹ für die ›eigentlich‹ gemeinte Sache in Betracht, sie sind vielmehr selbst primär ›Gegenstand‹ des Unterrichts, während die Inhalte Medienfunktion im Lernprozeß haben, mit deren Hilfe Denkprozesse gefördert, Vorstellungen und Einstellungen geklärt, Situationen und Verhaltensweisen verändert werden. Es ist in der Pädagogik nicht ausdiskutiert, ob die Inhalte diese Medienfunktion nur wahrnehmen können, wenn sie *zugleich* in ihrer spezifischen Eigenart respektiert, d. h. nicht einseitig funktional gesehen werden ...«[2]

Bevor ich mich mit dieser Bestimmung des problemorientierten Religionsunterrichts befasse, soll nicht übersehen werden, daß das strittige Etikett eine sehr komplexe Entwicklung repräsentiert, in der ich meinen eigenen Ort habe und die ich in ihrer Tendenz heute so wenig wie damals negiere. Diese Entwicklung hat uns einen außerordentlichen Zuwachs an Wirklichkeit im Religionsunterricht gebracht, eine thematische Offenheit, die vordem unvorstellbar war. Ich bin auch nicht der Ansicht, die Ablösung bisheriger Praxis durch neue Trends dürfe in pauschalen Gegenbewegungen erfolgen. So sollte keine Kritik den Ertrag der voraufgegangenen Arbeit ignorieren oder abwerten: die größere Rationalität in den Begründungen der Lehrinhalte, ihre schülerbezogene und situative Sensibilität, die Überwindung eines ausschließlich materialen Bibel- und Katechismusunterrichts, die Abwehr einer indoktrinierenden, schulisch nicht legitimierbaren Dogmatik ... die Einbeziehung religionswissenschaftlicher, sozialpolitischer, psychoanalytischer und ideologiekritischer Arbeitsweisen und Inhalte ... solche Ergebnisse bleiben Gewinn, die um jeden Preis in der weiteren Entwicklung der Religionspädagogik bewahrt werden müssen.

Dennoch: Schwächen sind nicht minder vorhanden und inzwischen unübersehbar geworden. Die wichtigsten sollen hier aufgezeigt werden, mit der Absicht, sie auf diese Weise überwinden zu können.

Funktionalisierung der Lerninhalte

Das wesentliche Charakteristikum des problemorientierten Religionsunterrichts, so hatte es oben geheißen, sei darin zu sehen, »daß für den Unterricht nicht mehr bestimmte Stoffe konstitutiv sind«, sondern der

[2] *P. Biehl,* a. a. O., 65.

Schüler und die situativ begründete Thematik, so daß die Inhalte nur noch »Medienfunktion« haben. Ähnlich formulierte Hans-Bernhard Kaufmann: »Für die Auswahl der Ziele und Inhalte des Unterrichts sind die allgemeinen Aufgaben der Erziehung und der Schule maßgebend.«[3] Die radikale Anwendung dieses Prinzips war bereits drei Jahre früher in den »Mainzer Thesen zum Religionsunterricht in der Grundschule«[4] veranschaulicht worden. Diese Thesen bestreiten dem Religionsunterricht ein fachliches Proprium, vielmehr habe er den sozialisierenden und emanzipatorischen Auftrag der Grundschule schlechthin zu thematisieren. Bewußt wird abgelehnt, daß der Religionsunterricht in der Grundschule unmittelbare Vorarbeit für die spezifischen Arbeitsgänge späterer Schulstufen zu leisten hätte. Soweit die Bibel überhaupt noch verschämte Erwähnung findet, so doch nur als »Medium emanzipatorischen Religionsunterrichts«, und zwar an letzter Stelle des Katalogs (»paradigmatische historische Texte, unter anderem auch biblische Texte«). Maßgeblich für diese Funktionalisierung der Unterrichtsinhalte, wie sie die spätere Diskussion um den problemorientierten Religionsunterricht aufnimmt, ist die curriculare Neuvermessung der Lehrpläne, wie sie seit etwa 1968 erfolgte: »Unterricht, der die Situation der Schüler reflektiert und rationalisiert, ist auf paradigmatische Verfahrensweisen und Inhalte angewiesen, an denen dieser Rationalisierungsvorgang erhellt werden kann. Mit diesem Ansatz ist prinzipiell festgestellt, daß der ›Stoff‹ keinen Eigenwert hat, vielmehr ist für einen Unterricht, der von der vom Kinde eingebrachten und von der für das Kind womöglich durch Unterricht zu erschließenden und zu klärenden Situation ausgeht, stets nach dem *Funktionswert* des Stoffes in *diesem* Zusammenhang zu fragen ... Daraus folgt, daß biblische Texte nicht prinzipiell aus dem Unterricht ausgeschlossen werden müssen. Die Frage hat dann darauf zu zielen, *welche* biblischen Texte in welchen Situationen die beschriebene Funktion erfüllen können. Denn auch die biblische Tradition hat keinen Eigenwert ...«[5]

In diesem curricularen und sogenannten schülerorientierten Konzept hat also nichts mehr Eigenwert, alles wird funktionalisiert und ausschließlich von seiner Funktionsbedeutung her taxiert. Dabei werden die Funktionen auf allgemeine Emanzipationsziele bezogen, die viel zu

[3] *H.-B. Kaufmann,* a.a.O., 36.

[4] Die Thesen entstammen einem von Gert Otto und Hans Rauschenberger gemeinsam durchgeführten Seminar im WS 1969/70 und wurden zuerst in Evangelische Kommentare, 3. Jg., 1970, 325ff veröffentlicht. Vgl. meine Kritik an den Mainzer Thesen in: *Hubertus Halbfas,* Aufklärung und Widerstand. Beiträge zur Reform des Religionsunterrichts und der Kirche, Düsseldorf 1971. Dazu Gert Ottos Replik in: *Gert Otto,* Schule und Religion. Eine Zwischenbilanz in weiterführender Absicht, Hamburg 1972, 72ff.

[5] Mainzer Thesen, a.a.O., Pos. 6.2.1. und 6.2.3.

formal und inhaltsleer sind, um die anstehenden Funktionsanalysen orientieren zu können. Infolgedessen fallen Inhalte, deren »Funktionen« zu komplex und subtil sind, um von einem von Sozialisationstheorien besetzten Bewußtsein überhaupt wahrgenommen zu werden, a priori aus dem Lehrplan heraus. Unter dem Aspekt seines Funktionswertes ist »Gott« natürlich auch nur noch ein Popanz, sei er nun repressiv oder emanzipatorisch, denn jede Funktionalisierung eines Inhaltes bedeutet auch dessen Instrumentalisierung. Das mag im Rahmen empirischer Sachstrukturen angehen, die nicht-empirisch vermeßbare Wirklichkeit ist diesen Taxonomien per se nicht verfügbar. Wie etwa sollte der Funktionswert von Giottos Arenafresken bestimmt werden, von Hieronymus Boschs Antonius-Triptychon, Giorgiones »Gewitter«, oder von van Goghs »Sternennacht«?

Welchen Funktionswerten kann der Pfingsthymnus des Hrabanus Maurus, die Liebesdichtung Walthers, die Mystik Eckeharts, der Don Quichote Cervantes, die Dichtung Hölderlins, die Lyrik Gottfried Benns unterstellt werden? Welchen Nutzeffekt sollte eine Beschäftigung mit dem Quetzalcoatl-Mythos haben, das Interesse für Masken, die Freude an Märchen, eine Interpretation von Heiligenlegenden, die Lektüre von Knud Rasmussens Forschungsberichten? Zwar kann man für jedes der genannten Beispiele »Funktionswerte« nennen, aber was sind das für kläglich formalisierte Aspekte! Welcher Reduktion auf stupide Gebrauchsmuster käme das gleich! Hier bliebe nichts als Barbarei!

Eine Pädagogik, für die der »Stoff« lediglich mediale Bedeutung behält, der beliebig austauschbar und einem puren Zweckkalkül unterworfen wird, muß im gleichen Zuge den Eigenwert der Dinge aus dem Blick verlieren. Dort unterstellen sich nicht mehr Lehrer und Schüler in gemeinsamem Bemühen dem Anspruch der Sachen, weil deren Eigenwert und Anspruch – entgegen der denkerischen und handwerklichen Moral von drei Jahrtausenden – bestritten wird. Das bedrückende Gegenstück zu dieser Pädagogik ist der Niedergang jeglicher Anständigkeit im Umgang mit Materialien: Alles wird auf Gebrauchswert und Fassade ausgerichtet, es gibt eine befristet kalkulierte Haltbarkeit, eine optische Wirkung, aber hinter den angeleimten Profilen, vorgebauten Verkleidungen und imitierten Materialien versteckt sich der Niedergang handwerklichen Könnens und Gewissens.

Dieser Funktionalismus hat wohlbekannte Ahnen. Thomas Hobbes, der das Denken als reine Funktion der Sinnesorgane versteht, ist ihr neuzeitlicher Begründer. George Berkeley erklärt den Nutzen zum Maßstab der Wahrheit. Auguste Comte verzichtet bewußt auf eine Erforschung des Wesens der Dinge, er hält sich an die pragmata, das äußerlich Gegebene und empirisch Greifbare. Seit William James und

John Dewey, dem für die Pädagogik wichtigsten Mann, unterliegen die Phänomene dann nur noch der Frage nach ihrer Verwendbarkeit und ihrer Wirkung. Der Wahrheitsgehalt einer Idee wird an ihren Folgen abgelesen. Dewey spricht deshalb vom instrumentellen Charakter der Ideen. Über die amerikanischen Curriculumtheorien hat dieser behavioristische Pragmatismus voll auf die deutsche Pädagogik übergegriffen und zeitweilig jede Gegenwehr gelähmt. Spätestens die ersten Folgen haben ihn jedoch als jenes zu eng geschnürte Wirklichkeitskonzept entlarvt, als das er philosophiegeschichtlich längst vorher erkannt war.

Nun soll meine Kritik an der Funktionalisierung der Lerninhalte freilich nicht bedeuten, der Religionsunterricht sei diesem Trend komplett erlegen. Die Lehrpläne haben die in der reinen Theorie entworfene Medialisierung der Inhalte keineswegs ohne Abstriche mitgemacht. Aber die Tendenz war und ist wirksam und muß in ihrer Auswirkung noch deutlicher aufgezeigt werden.

Schülerorientierung der Lerninhalte

Der neue Religionsunterricht ist durch seine gleichgewichtige Ausrichtung auf die Begriffe »Schülerorientierung«, »Situationsorientierung« und »Themenorientierung« gekennzeichnet. Alle drei Positionen sind wechselseitig miteinander verknüpft, so daß kein einziger Topos isoliert genommen werden kann, ohne die übrigen je einzuschließen. Im Blick auf den Schüler bedeutet Unterricht hier: Die Lernziele werden nicht von vorgegebenen Traditionen abgeleitet, sondern aus der Analyse der jeweiligen Schülersituation. Zwar ist der schülerorientierte Unterricht auch geplanter, zielbestimmter Unterricht, es werden aber keine inhaltlich bestimmten Ziele vorgegeben, sondern »im Prozeß des Unterrichts gefunden«. Die Formulierung von den »objektiven und subjektiven Bedürfnissen der Schüler« wird fast immer angeführt, um eine funktionale Normbestimmung ausweisen zu können.[6]

Vieles von dem, was die schülerorientierte Programmatik verfocht, gilt weiterhin. Aber es sind nicht die auf der curricularen Ebene angesiedelten Ziele, vielmehr die nicht ideologisch bestimmten *pädagogischen* Intentionen. Man könnte sie unter dem Wort Peter Bichsels zusammenfassen, daß zwar jederzeit der Schüler an der Schule, nicht aber die Schule am Schüler scheitern könne. Die von formalen Lernzielen bestimmte, mit curricularer Strategie und konflikttheoretischer Zielsetzung versehene Schüler-

[6] Meinerseits habe ich unter dem Etikett der Schülerorientierung der problemorientierten Schulpädagogik den größten Tribut geleistet. Vgl. *H. Halbfas*, Lehrerhandbuch Religion, Düsseldorf/Stuttgart/Zürich 1974, 14f. Mit diesem Beitrag möchte ich einige jener Kurzschlüssigkeiten korrigieren.

orientierung hat die *pädagogische* Qualität unserer Schulen wenig verändert. Man kann sich durchaus versiert in dem genannten didaktischen Koordinatensystem bewegen, ohne je einen eigenen, lebendigen Blick für seine Schüler zu entwickeln. Leider ist deshalb jene Paradoxie keine Seltenheit, daß diese sogenannte Schülerorientierung und eine gleichzeitige Schülervergessenheit Hand in Hand gehen können.

Die primäre Basis eines schülerorientierten Unterrichts ist die persönliche Beziehung zwischen Lehrer und einzelnen Schülern. In einem Bericht über Walter Kempowski als »Schulmeister« finde ich eine Fülle kleiner Beobachtungen, welche die gemeinte Schülerorientierung deutlich machen kann:

»Die Kinder fühlen sich nicht wirklich angesprochen, wenn der Lehrer sich nur ganz allgemein an sie wendet: ›Kinder, hört mal her.‹ Jedes Kind muß das Gefühl haben: der kennt mich... Das ist wie beim lieben Gott. Der ruft ja auch, ›Adam, wo bist du?‹ und nicht etwa: ›Wo bist du, Mensch?‹«

Der Lehrer führt häufig Pausenaufsicht, nicht nur aus Abneigung gegen zigarettenrauchverqualmte Lehrerzimmer. Die Pause bietet gute Gelegenheit, Kontakt zu den Kindern zu finden oder Kinder zu beobachten, von denen er sich noch kein Bild hat machen können...

Worauf es ihm immer wieder ankommt: daß sich das Lesen und Schreiben tatsächlich aus einem Erlebnis entwickelt, daß die Kinder es mit einem Text zu tun haben, an dessen Entstehung sie selbst beteiligt waren...

Der Lohn der guten Leistung ist bei Walter Kempowski eine Spezialität, eine Rarität: der »Lobes-« und der »Lebens-Gutschein«, der »Freundlichkeitsgutschein« und der »Bonbongutschein«, aber auch der »Saufgutschein« und der »Böse-Gutschein«. Die kleinen Lobezettel mit den merkwürdigen Bezeichnungen sind eigenhändige Werke des »Schulmeisters«, und von den Kindern werden sie eifrig gesammelt und sehr geliebt – man kann so schön über sie lachen. Allerdings gibt es für einen »Hosengutschein« keine Hose und für einen »Kaktusgutschein« keine Stachelpflanze. Zum Gutscheinspiel gehört der Überraschungsspaß der Lotterie mit unvorhersehbaren Regeln... Oder Kempowski läßt auch die Kinder selbst bestimmen, was die Gutscheine wert sein sollen – nur dürfen sie dabei nicht für ihre eigenen Gutscheine etwas aussetzen. Und am Ende kommen aus dem Pult des »Schulmeisters« vielleicht kleine Autos, Briefmarken, und wer jetzt die richtigen Gutscheinbilder hat, ist fein heraus.

Kempowski sagt auch, wie man es jedenfalls nicht machen darf: »Wer als Lehrer denkt, er habe im ersten Schuljahr Kinder vor sich, denen er nur sagen muß: Dies ist ein *d* – der versündigt sich an den Kindern.« Immer muß vom Gegenständlichen ausgegangen werden, wenn ein neuer Buchstabe eingeführt werden soll, und zwar muß man, davon ist Kempowski überzeugt, »einen Begriff suchen, der tiefenpsychologisch verankert ist«. Wenn es um das *d* geht, könnte es beispielsweise das »Dach« sein, bei *m* die »Mutter«, bei *f* das »Feuer« oder das »Fenster«. Für *k* war früher der »Keller« gut, aber seit so viele Häuser keine Keller mehr haben, kennen die meisten Kinder auch das Kellererlebnis nicht mehr...

Das ganze Schuljahr, sagt Kempowski, »ist wie ein weit aufgehaltener Trichter, in den ich die Kinder mit allen ihren Gaben einfange und aufs Typische verdichte – sehr achtsam muß ich dafür sorgen, daß jeder, in jeder Ecke der Klasse dabei zu seinem Recht kommt.«[7]

Diese achtsame Sorge, daß jeder, in jeder Ecke der Klasse, zu seinem Recht kommt, ist die eigentliche und grundlegende »Schülerorientierung«. Sie verlangt einen reifen, mit sich selbst identischen Menschen, der innerlich frei genug ist, um seine Schüler individuell wahrzunehmen, und der sie mit genügend Zuneigung und Phantasie liebt, um mit jedem in lebendigem Kontakt zu stehen. Eine solche »Schülerorientierung« hat in den letzten zwanzig Jahren eher gelitten. Die Schulsysteme sind größer und anonymer geworden, die Lehrerausbildung »wissenschaftlicher«, d.h. auch mehr schülervergessen als vordem, die Lehrer haben sich stärker in ihre Privatheit zurückgezogen, in der sie außerhalb der »Dienstzeit« nicht gerne belästigt werden.

Man kann alle Ziele des schüler-, situations- und problemorientierten Unterrichts vehement verfechten, ohne auf diesem Wege seinen Schülern ein persönlicher Lehrer und Freund zu werden, ohne sich von ihnen betreffen und fordern zu lassen. Stellt dies die systemdefinierte »Schülerorientierung« des curricularen Feldes nicht ganz wesentlich in Frage?

Aktualisierung der Lerninhalte

Der Situationsbegriff, wie er in der Theorie des problemorientierten Religionsunterrichts verwendet wird, ist auf einen Schüler bezogen, dessen »Bewußtsein« und dessen gesellschaftliche »Problemsituation« zum eigentlichen Thema des Religionsunterrichts avancieren. Die »Anwendungssituation« dieses Religionsunterrichts »ist der gesamtgesellschaftliche Prozeß, in dem es um die Verständigung über die Sinninterpretationen und Grundnormen für eine humane Existenz in der Gesellschaft geht... Der christliche Glaube, wie er in unserer Gesell-

[7] Kempowski der Schulmeister. Beschrieben von Michael Neumann, fotografiert von Lars Lohrisch, Braunschweig 1980, 23; 29; 58; 96; 31; 34.

schaft gelebt wird, hat teil an dem kommunikativen Prozeß der Normen- und Sinnvergewisserung. Es ist aber nicht zu übersehen, daß er nicht allein und nicht mehr vorherrschend das Normen- und Sinnpotential bestimmt... Statt dessen hat sich dieser Prozeß in den politischen und subkulturellen Bereich verlagert... Der Religionsunterricht will qualifizieren für eine Anwendungssituation, die in der gesellschaftlichen Praxis durch offene Auseinandersetzung über die Grundnormen und Motivierungen bestimmt ist.«[8] In Konsequenz dieser Zielsetzung werden die Inhalte dieses Unterrichts durch zwei Merkmale bestimmt:

- Sie sollen die reale Situation des Schülers in der Gesellschaft abbilden.
- Sie sollen zu offenen Fragehaltungen anleiten, die nicht vorschnell auf dogmatische Antwortsysteme festgelegt werden.

Mit diesen Kriterien gewinnt die Theorie des Religionsunterrichts erstmals äußerst kritische Handhaben gegenüber der eigenen Tradition. Historischen Inhalten wird keineswegs ein Recht im Unterricht bestritten, vielmehr werden sie weiterhin als notwendig erkannt, doch müssen sie sich der Analyse unterziehen lassen, welche Inhalte in welchen Situationen der beschriebenen Zielsetzung dienen können, d.h. die Tradition wird auf ihren Funktionswert für die emanzipatorische Zielsetzung befragt.

An dieser Stelle ist eine Einschaltung geboten, die schwelenden Mißverständnissen wehrt: Es geht mir keineswegs um eine pauschale Abwehr der soeben skizzierten Ziele. Ich bin weiterhin der Ansicht, daß Religionsunterricht und Schule insgemein dem Mündigwerden der Schüler in je altersgemäßen Schritten dienen müssen, und sage statt Mündigkeit auch gerne Emanzipation. Ich halte auch einen traditionskritischen Maßstab für die Auswahl der Unterrichtsinhalte für unbedingt angemessen und denke nicht daran, mit den zahlreichen Traditionalisten der Gegenwart zu fraternisieren. Aber gerade wegen einer menschenwürdigen Zukunftsorientierung unserer Kinder bleibt doch die notwendige Frage, ob die beschriebene »Anwendungssituation« des Religionsunterrichts nicht nach allen Seiten hin zu kurz greift. Ob mit diesem Aktualismus der Lerninhalte, der eine zwingende Konsequenz ihrer Funktionalisierung ist, nicht ein neues Banausentum produziert wird, das mit den selbst beschworenen Orientierungsgrundlagen nicht zu leben vermag und allen übrigen die Schreckensvision einer geschichts- und traditionsvergessenen Gesellschaft einflößt – soweit uns diese jammerhafte Unkultur nicht schon längst von vorne erreicht hat und ständig höher überspült.

[8] *Siegfried Vierzig*, Der Schüler im Unterricht. Thesen zu einer schülerorientierten Didaktik am Beispiel des Religionsunterrichts, in: Halbfas/Maurer/Popp (Hrsg.), Neuorientierung des Primarbereichs. Bd. 2: Lernen und soziale Erfahrung, Stuttgart 1974, 166.

Man braucht nur den katholischen »Zielfelder«-Lehrplan für die Sekundarstufe I anzuschauen, um die Mißachtung der eigengeschichtlichen Traditionen schwarz auf weiß zu finden. Natürlich war der von diesen Plänen abgelöste Religionsunterricht trotz und wegen seines biblischen und dogmatischen Materialismus noch ungleich geistloser und geschichtsfeindlicher. Aber die jetzige Lösung ist tendenziell ein eklektizistisches Modell. Weder behebt es den bestehenden Analphabetismus gegenüber der religiösen Sprache, noch führt es zu einer eigengeschichtlichen Identität. Christentumsgeschichtliche Perspektiven fallen fast ganz aus, der literarische, künstlerische, spirituelle Reichtum der Vergangenheit wird von dem in immer noch schmalen Spuren sich orientierenden Konfessionsunterricht kaum an einem Zipfelchen erfaßt – und die Ideologie des problemorientierten Religionsunterrichts liefert nun auch noch das wissenschaftstheoretische Alibi für einen heimatlosen Aktualismus. Meine weiteren Thesen werden mehr hierzu sagen. Sie thematisieren nachfolgend die wichtigsten defizitären Folgen dieses Denkens.

Niedergang der hermeneutischen Kultur

»Der problemorientierte Religionsunterricht wird vorwiegend exemplarisch-thematisch arbeiten«, hatte Hans-Bernhard Kaufmann gesagt, im Blick auf die methodische Problematik dieses Verfahrens aber sofort beigefügt: »Die Form wird durch einen Unterricht im Lehrgangscharakter vorbereitet bzw. begleitet, um bestimmte Grundinformationen und Grunderfahrungen zu vermitteln. Zum Teil wird der thematisch konzipierte Unterricht durch orientierende Unterrichtsabschnitte ergänzt werden müssen.«[9] Hinter dieser thetischen Formulierung – deren Vorstellung nie eingelöst wurde – steht die Einsicht, daß die ständige Abfolge von problemorientierten Fragestellungen keine hermeneutischen und methodischen Voraussetzungen vermittelt, um eine sachgemäß angeleitete Auseinandersetzung mit den jeweiligen Themen, bzw. ihrer Vermittlungsgestalt, leisten zu können. Wer etwa über »Vorurteile« unterrichten will und dazu die chinesische Parabel »Der Axtdieb« heranzieht, bedarf der interpretatorischen Voraussetzung, um mit diesem Text angemessen umgehen zu können. Die hermeneutische Sorgfalt, sich zunächst des Genus »Parabel« zu vergewissern, die ihr immanente didaktische Struktur zu reflektieren und die Erwägung, wie mit den Schülern diese Geschichte »den Text entlang« erarbeitet werden könnte, diese hermeneutische

[9] *H.-B. Kaufmann*, Thesen zum thematisch-problemorientierten Religionsunterricht (1970), in: Kaufmann, a.a.O., 38.

Sorgfalt scheint durch das okkupierende Problembewußtsein unnötig zu werden. Vorgegeben ist jetzt ja »das Problem«, ein thematischer Entwurf, der Fragen und zugleich ein Lösungspotential umfaßt. Den auf dem Weg vom Problem zur Lösung eingesetzten Medien wird nur noch ein flüchtig-transitorischer Charakter zuerkannt. Das heißt, die Eigenbedeutung des Mediums, der Sachanspruch des Textes wird heruntergespielt, und lediglich ein schmaler Funktionswert innerhalb einer partiellen methodischen Schrittfolge bleibt anerkannt, so daß alle derart »eingesetzten«(!) Medien nur unter sehr eingeschränkten, thematisch vorgegebenen Rest-Aspekten zur Sprache kommen.

Für sehr viele Texte (historische Quellen, literarische Gattungen, biblische Zeugnisse) können innerhalb einer thematisch-problemorientierten Sequenz die Verstehensvoraussetzungen grundsätzlich nicht erarbeitet werden. Es gibt hier einen gestuften hermeneutischen Zusammenhang, in dem unterschiedliche Informationen, aber auch unterschiedliche methodische Reflexionen und Übungen wichtig sein können. Das ist für ein didaktisches Unterrichtskonzept, in dem der Text nur einen auf Minuten[10] festgelegten partiellen Funktionswert hat, ein uninteressantes, ja abwegig empfundenes Ansinnen.

Für das hermeneutische Bewußtsein der Lehrer bedeutet diese seit 1970 dominierende Praxis einen ungeheuren Niedergang. Nur Jahre vorher war ja erst das Verständnis der hermeneutischen Aufgabe erarbeitet worden, etwa mit Martin Stallmanns »Die biblische Geschichte im Unterricht« (1954; 1963), Hans Stocks »Studien zur Auslegung synoptischer Evangelien im Unterricht« (1959); Ingo Baldermanns »Biblische Didaktik. Die sprachliche Form als Leitfaden unterrichtlicher Texterschließung« (1963); katholischerseits wurde diese Arbeit aufgenommen durch Hubertus Halbfas, »Der Religionsunterricht« (1965), Wolfgang Langer, »Kerygma und Katechese« (1966) und Günter Stachel, »Der Bibelunterricht« (1967). Dann kam 1968 meine »Fundamentalkatechetik. Sprache und Erfahrung im Religionsunterricht« einerseits als Eröffnung des Religionsunterrichts für die ganze Wirklichkeit, andererseits im Bemühen um eine weiterführende hermeneutische Sensibilisierung gegenüber einem breiten Aufgabenfeld – danach brach die Entwicklung ab. Für viele ältere Hochschullehrer war das neue Aufgabenverständnis erst in Konturen wahrnehmbar geworden, vielen jungen Kollegen, die in jenen Jahren auf die expandierenden Hochschulen nachrückten, wurde »die neue Hermeneutik« lediglich ein Etikett, das man bereits als archiviert ansah, wohl hauptsächlich deswegen, weil die Bibel von einem

[10] Man vergleiche die zahlreichen veröffentlichten Unterrichtsvorschläge (die nun alle »Projekt« heißen); das jeweilig benannte Medium darf stets nur Minuten innerhalb des materialaufwendigen Unternehmens in Anspruch nehmen.

Jahr aufs andere von ihrer Mittelpunktstellung zum Aschenbrödel-Dasein verdrängt werden konnte, so daß nun nirgendwo mehr eine textliche Autorität existierte, der gegenüber man hermeneutische Verantwortung hätte üben müssen. Hinzu kam natürlich noch der große Bruch in der germanistischen Tradition, der folgenreiche Schwenk aus der Tradition Schleiermachers, Diltheys, Heideggers und Gadamers in die nüchterne Pragmatistik linguistischer Analysen, der vergleichbare Traditionsbruch im literarischen Curriculum, der ungeheure Sprung von der Kunsterziehung zur »Ästhetischen Kommunikation«..., so daß unterm Strich selbst auf den Hochschulen heute Professoren in großer Zahl lehren, denen der Umgang mit Texten und Bildern ebenfalls nur noch »problemorientiert« gelingt.

Die von H.-B. Kaufmann einst genannten Lehrgänge, die das hermeneutische Handwerkszeug zum Umgang mit Sachstrukturen hätten vermitteln sollen, haben nie eine didaktische Gestalt gefunden. Infolgedessen steht die Schule (leider die Schule insgesamt und nicht nur der Religionsunterricht) vor einem erschütternden Defizit an hermeneutischer Kultur: Wie geht man mit Bildern unterschiedlicher Gattung um? Wie wird ein lyrischer Text interpretiert? Wie erschließt man eine Legende, wie eine Mythe, wie eine Väter-Sage, wie einen Psalm? Im biblischen Bereich ist der Umgang mit Quellenscheidung, synoptischen Vergleichen, formkritischen Unterscheidungen, redaktionsgeschichtlichen Zusammenhängen ebenfalls nicht mehr als *didaktische* Aufgabe bewußt. Die nach wie vor gültige und für jede hermeneutische Sensibilisierung grundlegende Programmatik Baldermanns: »Die sprachliche Form als Leitfaden unterrichtlicher Texterschließung« dürfte zahllose Religionspädagogen schlechthin irritieren und zum Offenbarungseid ihrer interpretatorischen Hilflosigkeit zwingen.

Was geblieben ist, ist grobschlächtig. Medien aller Art werden in massenhaftem Konsum vernutzt. Sie werden nicht mehr in behutsamen kleinen Schritten auf ihre eigenen Aussagen hin befragt, sondern unter vorgegebenen thematischen Problemstellungen Fremdbefragungen ausgeliefert. Auf diese Weise werden Texte, Bilder, Filme, Tonbänder als »Aufhänger«, »Anschauungsmaterialien«, »Diskussionsunterlagen«, »Anwendungsbeispiele« mißbraucht, büßen aber die Würde ihrer eigenständigen Bedeutung oft vollständig ein. Am beschämendsten ist dieses Schicksal biblischen Texten zuteil geworden, die als Alibiträger einer Problemerörterung aufgenötigt werden. Infolgedessen geschieht der Umgang mit diesen »Medien« unter thematisch-funktionalem Aspekt. Es regieren Pauschalperspektiven, vage Redensarten, allgemeine Sentenzen; die sorgfältige Bemühung um Hintersinn und Zwischentöne, um leise Stimmen und das Nicht-Sagbare ist selten geworden.

Verringerung des Sachwissens

In einem problemorientierten Konzept, das dem »Stoff« seinen Eigenwert bestreitet, um statt dessen nach seinem Funktionswert im »schülerorientierten« situativen Zusammenhang zu fragen, wird der Unterricht immer inhaltsloser. Das ist zwangsläufig der Fall, weil sich das Interesse nicht mehr auf Sachen, sondern auf Strukturen und Lösungswege, also auf letztlich formale Prozesse richtet. Die curriculare Theorie definiert diese formalen Zielsetzungen als Qualifikationen. Sie regieren heute unsere Lehrpläne.

Die bewußte Herausstellung von Fähigkeiten, die Schüler erwerben sollen, ist nicht grundsätzlich kritikwürdig. Einwände sind aber vonnöten, wenn die formale Zielsetzung alle Unterrichtsinhalte für austauschbar und letztlich gleichgültig erklärt, wie es die Grundaxiome der problemorientierten Unterrichtstheorie tun. Wenn die »Sachen« ihre je einmalige »Kostbarkeit« verlieren, wenn sie nicht mehr der Liebe würdig sind, nicht mehr faszinieren, keine Leidenschaft mehr wecken, wenn sie in ihrem Anforderungscharakter jeden, der sich auf sie einläßt, nicht auch je in ihre Schule nehmen, dann endet dort auch alle Bildung und reduziert sich auf funktionalisierte Ausbildung.

Eine Vätergeschichte, die nur noch »problemorientiert« in den Blick kommt, enthüllt den Schülern nicht mehr die Gestalt jenes Abraham, den Paulus »Vater des Glaubens« nannte und auf den Kierkegaard eine Lobrede schrieb. Solche Porträts, wie sie Elie Wiesel im immer neuen Bedenken der Patriarchengeschichten und im lebenslangen Umgang mit dem jüdischen Midrasch entwirft[11], sind nur dem möglich, der an Ort und Stelle verweilen kann, der seine Liebe daran hängt und davon überzeugt ist, daß jede intensive Beschäftigung mit einer Sache zu Überraschungen führt, die weder funktional noch planbar sind. Gewiß, der Prophet Amos fand in den vergangenen zehn Jahren eine vage Renaissance, doch wohl nur deswegen, weil sein Protest dem eigenen sozialkritischen Pathos entgegenkam. Aber Gestalten wie Elija oder gar Ijob wurden statt dessen geradezu fremd, denn solchen Existenzen gegenüber ist jedes problemorientierte Interesse von intellektualistischer Dümmlichkeit bestimmt.

Bibelkenntnisse sind als Resultat eines problemorientierten Religionsunterrichts nicht mehr zu erwarten. Es geraten ja nur noch einzelne Perikopen ins vorwegentworfene Problemfeld – mit ebenfalls vorweg bestimmtem Bedeutungsausschnitt. Aber ein ganzer Zyklus, sei es die Urgeschichte, das Buch der Richter, die Samuelzeit, der Prophet Jeremia... solche Texte im großen Zusammenhang zu lesen ist dieser

[11] *Elie Wiesel,* Adam oder das Geheimnis des Anfangs. Brüderliche Urgestalten, Freiburg 1980.

egalisierenden selbstbezogenen Unterrichtsdidaktik ein nicht vertretbares Unternehmen, weil es sich funktional im rationalistischen Kontext nicht mehr legitimieren läßt. Ob ein materiales Bibelwissen tatsächlich so gleichgültig ist?

Es gab eine Zeit, die mehr als die Bibel den homerischen Mythos studiert hat. Man hat ihn von innen erfüllt, hat mit Homers Sprache und Bildern gelebt. War es nur idealistische Versponnenheit? Hat diese Liebe keinen Ertrag, keine Bedeutung für unsere Kultur gezeigt, auch wenn sie nicht auf meßbare Begriffe zu bringen ist? Selbst der große Freud wäre in Verlegenheit geraten, wenn er ohne die mythische Symbolik des alten Hellas seine Deutungsraster hätte entwerfen müssen. Und was ist mit den Märchen, Sagen, Legenden, mit Balladen, Liedern, Dramen, Geschichten und Romanen aus vielen Generationen? Wer diese Traditionen zuvor beckmesserisch auf Funktionswerte und Effizienz überprüfen will, sollte sich letztlich durch seine eigene Blamage überprüft sehen. Eine Schule, die mit dieser erzählenden, deutenden, orientierenden Tradition nichts mehr anzufangen weiß, weil ihr die Frage nach dem Eigenwert solcher Überlieferung nur Verlegenheiten und Unmut bereitet, hat ihren pädagogischen Offenbarungseid geleistet.

Unsere Schüler müssen weder christlich noch fromm sein, um dennoch die Bibel kennenzulernen. Das ist zunächst einmal eine Frage menschlicher Offenheit und elementarer Orientierung. Aber auch dogmatische, liturgische und kirchengeschichtliche Kenntnisse bilden in einem beschränkten Umgang jenes lebensnotwendige Sachwissen, das keiner sonderlichen Legitimation bedarf, um unterrichtet zu werden.

Mein Problem ist, daß die Orientierungsmöglichkeiten immer formaler, bildloser, dürftiger, schwindsüchtiger werden, je geringer das sachhaltige, sinnstiftende Wissen fundiert ist. Nein, es geht nicht primär um die Fähigkeit, sogenannte Probleme im Klassenzimmer diskutieren zu können, ein »Problemlösungspotential« zu entwickeln, »Anwendungssituationen« zu simulieren, sondern um die Begegnung mit erfahrungsgesättigten, bildhaften Inhalten, die – verarbeitet, innerlich und äußerlich bewältigt – ein Leben lang begleiten und sowohl unbewußt wie bewußt das eigene Leben stützen und orientieren. Das bedeutet mein Plädoyer für eine narrative Unterrichtskultur, für ein sinnenhaftes, begeisterndes Erzählen, in dem tausend und eine fremde Geschichte vermittelt und bedacht werden, so daß sich von Jahr zu Jahr ein Sachwissen anreichert, eine Welt eröffnet, eine bildende Betroffenheit ergibt, von der ein nur »wissenschaftsorientierter«, begriffsdürrer Problemunterricht nicht einmal träumen kann, zumal er »den Stoff, aus dem die Träume sind«, als dysfunktional zu seinen Zielen ablehnen wird.

Neigung zur Selbstbezogenheit

Kehren wir noch einmal zum theoretischen Ansatz zurück. »Problemorientierung als didaktischen Grundbegriff« definiert Hans-Bernhard Kaufmann als »die Orientierung des Lernens an Aufgaben, Themen, Konflikten unserer Lebenswelt in ihrer personalen, interpersonalen und gesellschaftlich-politischen Dimension. Das Auswahlkriterium ist die Relevanz der Aufgaben, Themen usw. einerseits im Blick auf den gegenwärtigen Entwicklungsstand und die -aufgaben einer Gesellschaft (empirisch und normativ), andererseits aus der Perspektive des einzelnen, der Gruppe und der Institutionen und ihrem Lerninteresse.« Die hier genannte »Relevanz« bezieht Kaufmann »sowohl auf das biologisch begründete Selbsterhaltungs- und Überlebensinteresse als auch auf kulturelle und religiöse Sinn-Normen.«[12] Deutlich in dieser »allgemeinen Bestimmung des Begriffs Problemorientierung« ist die Tendenz zu einer Selbstbezogenheit, die alle »Relevanz« von den bewußt verfügbaren Eigeninteressen her bestimmt sieht. Was sich auf den Nenner dieses gesellschaftlichen und individuellen Interesses nicht bringen läßt – es ist im jeweiligen Relevanzausschnitt eine einseitig rezipierte Wirklichkeit – fällt als Lerninhalt aus. So begegnet man in diesem Unterricht letztlich nur sich selbst, der eigenen Zeit, der eigenen Gesellschaft, den eigenen Konflikten, Ängsten und Wünschen, den eigenen Fragen, Motivationen und Zukunftserwartungen. Was immer an historischen Stoffen und fremden Erfahrungen aufgenommen wird, es muß in entscheidender Hinsicht zu den eigenen Interessen funktional sein, so daß Wirklichkeiten, die nicht in die formale kognitive Relevanzschablone eingepaßt werden können, in diesem Unterricht ignoriert werden. Die über Jahre unaufhörlich malträtierten Themen wie »Vorurteile«, »Außenseiter«, »Angst«, »Idole und Stars« u. ä. m. sind bezeichnend für das entstehende Problembewußtsein. Man kann solche Komplexe in langen Sequenzen unterrichten, mit großem Medienaufwand und einem dennoch schmalen Zuwachs an Weltverständnis, wenn diese Themen im engen Raster sozialpsychologischer Muster bleiben. Es wärc eine erhellende Aufgabe, die zahllosen Unterrichtsskizzen zu diesen Lieblingsthemen der problemorientierten Didaktik daraufhin zu untersuchen, welche historische Dimension die Entwürfe gewinnen, ob sie die Eindimensionalität des sozialwissenschaftlichen Materials übersteigen und metaphysische Hintergründigkeit erreichen, oder ob sie sich in den üblichen Sozialklischees erschöpfen.

[12] *H.-B. Kaufmann*, Der problemorientierte Unterricht und sein Kontext, in: Kaufmann, a. a. O., 16f.

Bereits H.-B. Kaufmann hat seiner Begriffsbestimmung des problemorientierten Unterrichts den Einwand beigefügt, die Orientierung an selbstbezogenen Aufgaben, Konflikten und Themen führe zu »einem kurzatmigen Aktualismus und zu einem Distanzverlust« und fördere deshalb »die Tendenz zur Anpassung.«[13] In der Folgezeit sind diese Einwände, die Kaufmann Forschungsaufgaben nannte, unter den Tisch gefallen, aber ihre Berechtigung tritt immer deutlicher hervor. Natürlich sollen die Schüler sich selbst finden können, zu einer tieferen Erfahrung ihrer menschlichen Möglichkeiten gelangen, aber es steht zu befürchten, daß dieses Ziel papieren bleibt, solange es mit hausgemachtem begrifflichen Argumentationsgeklapper angestrebt wird, statt es in »Fahrten und Abenteuern der Seele« einzuholen, die bis ans Ende der Welt führen, durch unbekannte mythische Dimensionen, abgründige Erfahrungen, symboltiefe Metamorphosen.[14] Um diese Welt für unsere Didaktik zu erobern, ist allerdings mehr als eine Bekehrung notwendig.

Mißachtung der allgemeinen Schulkultur

Die problemorientierte Didaktik kommt sozialpolitischen Interessen besonders entgegen. Ihre bevorzugten Stichwörter, um die sich letztlich das gesamte theoretische Gefüge dreht, sind: Sozialisation, Situation, Emanzipation; Lernziele und Lernzielbewertung; Religionskritik, Interaktion, Kommunikation, Konflikt, Therapie... Nach meiner subjektiven Beobachtung scheint es eine innere Affinität gewisser Lebensstile zu diesem didaktischen Syndrom zu geben. Wie dies zusammenhängen mag, will ich hier nicht verfolgen, aber wenn ich genau genug hingesehen habe, korrespondiert das genannte Interessenspektrum mit dem sogenannten Projektunterricht bei nahezu vollständiger Interesselosigkeit und Gleichgültigkeit für jene differenzierte Bandbreite schulischen Lebens, das uns im Erbe der Reformpädagogik heute zugänglich ist. Der Vergleich zwischen Projektunterricht und allgemeiner Schulkultur ist an dieser Stelle aufschlußreich. Zunächst fällt ein ungebärdeter Theorieaufwand in zahlreichen Veröffentlichungen zum Projektunterricht auf; wissenschaftlich verfremdeter läßt sich kaum noch von Unterricht sprechen. Gemessen an den Schriften Montessoris, Kerschensteiners, Petersens, Kurt Hahns, Makarenkos, A. S. Neills, die allesamt Schlichtheit und Verständlichkeit der Sprache kennzeichnet, sind die Theoretiker des Projektunterrichts von einer verstiegenen Begrifflichkeit, in der sich Sozialisations-

[13] Ebd., 17.

[14] Die gemeinte Diskussion veranschaulicht in einer faszinierenden Weise Heinrich Zimmer mit seinem gleichnamigen Buch »Fahrten und Abenteuer der Seele«, Düsseldorf 1979.

und Handlungstheorien gewichtig kreuzen.[15] Im Verhältnis zu diesem terminologischen Aufwand ist die schulische Realität der Projekte eher normal bis unscheinbar. Was hier an Aktivitäten, Kooperation, fächerübergreifenden Möglichkeiten verhandelt wird, ist im Spektrum der Reformpädagogik schon vorentworfen, nun aber isoliert und mit theoretischem Aufwand herausgestellt. Lehrern und Studenten, denen die verkopfte Schulpädagogik keine Handlungsmöglichkeiten mehr zeigt, sehen darin den einzigen Lichtschein, der aus dem verbalen Leerlauf führen könnte.

Aber was mobilisiert der Projektunterricht tatsächlich? Gewiß einzelne thematische Programme des problemorientierten Religionsunterrichts. Für begrenzte Zeit auch eine sonst verschlafene Klasse, vielleicht sogar ein paar Kollegen, die erstmals entdecken, daß man tatsächlich kooperieren kann. Das ist nicht wenig und dennoch allzu bescheiden. Ähnlich wie der problemorientierte Religionsunterricht eine Engführung der Religionsdidaktik bedeutet, signalisiert die Modernität des Projektunterrichts eine Vernachlässigung – um nicht zu sagen eine Mißachtung – der allgemeinen Schulkultur. Zum Vergleich diene ein Blick auf Maßstäbe für Schulhaus und Klassenzimmer, welche die Reformpädagogik vermittelt hat: Zwischen Wohnstube und Werkstatt angesiedelt, Voraussetzung und Niederschlag zahlreicher manueller Tätigkeiten, waren diese Räume den Kindern Darstellung und Erfahrung ihres eigenen kreativen Lebens. Was ist davon geblieben? Wo hat die problemorientierte Didaktik einen Seitenblick für das Wohlbefinden von Kindern und Lehrern im Klassenraum übrig gehabt? Ich kenne nicht einmal Nebenverweise auf den pädagogischen Kontext von »Mensch und Raum«, zwar solche von Montessori, Petersen, Freinet; philosophische von Ludwig Binswanger und Otto Friedrich Bollnow und zwei neue Voten von Hildegard Kasper und Friedemann Maurer,[16] aber keine Stimme aus dem religionspädagogischen Lager. Es scheint gerade so, als sehe man nicht, wie sehr allgemeine Schulkultur und Religionsunterricht wechselseitig verschränkt sind.

Und welches Augenmerk findet die problemorientierte Didaktik für manuelle Arbeiten im (Religions-)Unterricht? Gemeint sind nicht einzelne »Projekte«, vielmehr jene handwerklichen Techniken, die zur Basis eines gesunden Schulalltags gehören und in deren Praxis sich der Lernprozeß vollzieht. Als Beispiele seien genannt die »Übungen des täglichen Lebens«, wie sie die Montessori-Schulen pflegen, das Schuldrucken nach Freinets Anregung, die Vielzahl der kreativen, musischen Tätigkeiten, die die Waldorf-Schulen auszeichnen ...

[15] Vgl. etwa *Bernhard Suin de Boutemard,* Projektunterricht: Beispiel Religion, Düsseldorf 1973.

[16] *Hildegard Kasper* (Hrsg.), Vom Klassenzimmer zur Lernumgebung Langenau-Albeck 1979; *Friedemann Maurer,* Lernen als räumliche Erfahrung, in: Die Deutsche Schule 73 (1981); 260f.

Solche Aktivitäten bilden das Fluidum, das Anregungsmilieu des *regulären* Schullebens. Leider überläßt man diesen Reichtum fast ganz den alternativen Schulen, beneidet zwar deren Möglichkeiten, aber resigniert für die eigenen Systeme. Wenn überhaupt eine Fachdidaktik, so hätte die Religionspädagogik hier allen Anlaß zur gesamtschulischen Vermittlung einer manuellen Unterrichtskultur.[17] Damit einher gehen die Wiederkehr von Fest und Feier, Singen und Musizieren, Spielen und Wandern. Problemorientiert läßt sich das alles nicht tun. Auch sind dies keine Themen, sondern eher ein »Haus«, das Lehrer und Schüler, aber auch die Schüler untereinander zusammenführt und beheimatet. Ein solches »Haus« läßt sich mit Funktionsaspekten nicht begründen, es wächst nicht unter der Hand solcher Lehrer, denen die Hingabe an eine Arbeit, die Mühe mit einem Werkstoff, die Freude am Tun kein Eigenwert sins, sondern entsteht durch eine Zuwendung zum Schüler, die diesen in seinen verschütteten Grundbedürfnissen erkennt, mit Kopf *und* Hand lernen zu wollen. – Solange eine schuldidaktische Theorie sich nicht dadurch ausweisen kann, daß sie zum Singen und Spielen, zu manueller Arbeit und zweckfreiem Fest im Schulleben beiträgt, ist sie nicht wirklich legitimiert.

Egalisierung des didaktischen Denkens

In meiner Kritik des problemorientierten Religionsunterrichts habe ich die theologische Rechtfertigung dieses Konzepts durch den Korrelationsbegriff nicht berücksichtigt. Das soll auch jetzt nicht geschehen, um keine theologische Grundsatzdebatte nebenhin anzuschneiden. Wohl aber muß gesagt werden, daß der allgemeine Konsens für die Korrelationsformel das problemorientierte Konzept nahezu monopolisierte. Seitdem sich diese Korrelationsdidaktik im öffentlichen Bewußtsein durchgesetzt hat, planiert sie mit der Rücksichtslosigkeit einer Walze die ehedem differenzierte didaktische Landschaft. Ist es heute eigentlich noch bekannt, daß der Begriff Religionsdidaktik keine einheitliche Sachstruktur kennt, sondern eine Anzahl höchst verschiedener und höchst anspruchsvoller Einzeldidaktiken umfaßt? Zum Beispiel eine Literaturdidaktik, der die gattungsreiche biblische Literatur zugehört; dann die fundamentale Symboldidaktik, für die erst wenig Aufmerksamkeit erschlossen ist, und – hieran angeschlossen – eine Didaktik mythischer Wirklichkeit; es gibt eine Didaktik der dogmatischen Sprach- und Lehrtradition; eine ganz andere Didaktik der Werte und Normen; eine Kirchengeschichtsdidak-

[17] Vgl. hierzu den Beitrag »Montessori-Pädagogik und Religionspädagogik«, S. 192.

tik, eine Bilddidaktik... Was hat die problemorientierte Korrelationsdidaktik in ihrer Egalisierungstendenz in unserem Bewußtsein und Aufgabenverständnis davon übrig gelassen? Es mag sein, daß die Formel vom problem- und themenorientierten Religionsunterricht in ihrer scheinbar wertfreien und formalen Blässe jenes Koalitionsangebot darstellte, auf das sich in Jahren allgemeiner Desorientierung zunächst einmal die perplexe Religionspädagogenschaft festlegen ließ. Nunmehr aber ist genug Zeit verflossen, um die Unzulänglichkeiten dieses Allerwelts-Programms zu erkennen. Wenn wir wieder anfangen wollen, im Detail didaktisch zu denken, statt mit einer Generalformel alle ungelösten Aufgaben zuzudekken, sollte die uneingeschränkte Gültigkeit der problemorientierten Korrelationsdidaktik ihr Ende gefunden haben.

ENTWÜRFE

Prinzipien zur Lehrplanentwicklung

Über Lehrplantheorien

Wohl kein anderes schulpädagogisches Thema hat in den siebziger Jahren soviel theoretischen Aufwand provoziert wie die Curriculum-Forschung. Über einige Jahre hat es fast kein gewichtigeres Interesse als eben das curriculare gegeben. Das dreibändige »Curriculum-Handbuch«, herausgegeben von Karl Frey, ist dafür der greifbarste Ausdruck geworden.[1] Man sollte meinen, wenn nach diesem immensen Aufwand wissenschaftlicher Anstrengungen neue Lehrpläne erarbeitet werden, müßten die Resultate entsprechend reif sein – wenn, ja wenn diese jahrelange Curriculum-Diskussion nicht mit einer solch theoretisch-fachchinesischen Verstiegenheit geführt worden wäre, daß die vielen Praktiker, die an Lehrplänen mitarbeiten, hier nicht bald abgewinkt hätten. In der Tat bietet das erwähnte paradigmatische Curriculum-Handbuch genügend ungenießbare Partien, um die Frustration gegenüber praxisfernen Theorien zu verstehen. Eben deshalb will ich meinerseits all das kluge – möglicherweise aber genauso oft auch törichte – wissenschaftliche Abrakadabra nicht weiter bemühen, sondern mit eigenen Worten und ohne Rückgriff auf Literatur sagen, was mir für den nächsten Schritt der Lehrplanentwicklung zu beachten notwendig scheint. Dabei lasse ich das meiste außer acht, was für die Curriculum-Diskussion konstitutiv war, und konzentriere mich ganz auf didaktische Binnenstrukturen des Lehrplanes.

Zu erinnern wäre lediglich an einige curriculare Organisationsstrukturen, welche die Theorie zur Konstruktion von Lehrplänen bzw. Lehrplansequenzen erörtert hat.

Da ist zunächst der (vorrangig von Jerome Bruner vorgelegte) Strukturansatz, der bei den möglichst grundlegenden und allgemeinen Gegebenheiten eines Faches anknüpft. Mit ihm verbindet sich die Absicht, den Schülern nicht eine Anhäufung von Einzeldaten zu vermitteln, sondern

[1] Curriculum-Handbuch, hrsg. von Karl Frey. 3 Bde., München 1975.

sie mit den jeweiligen Sachstrukturen vertraut zu machen, so daß sie aus sich heraus befähigt werden, sich eigenständig weitere Inhalte zu erarbeiten.

Mit diesem Strukturansatz verknüpfbar ist die Idee des Spiralcurriculums: Die Schüler begegnen auf jeder neuen Stufe bestimmten Essentials einer Disziplin, jedoch wird der Inhalt jeweils in unterschiedlicher Form dargestellt. Auf einer elementaren Stufe mag etwa der Inhalt vorrangig handelnd erschlossen werden, auf einer zweiten Stufe dominiert die bildhafte (ikonische) Vermittlung, und erst auf der dritten Stufe erreicht der Inhalt eine begriffliche Vermittlungsform. Für die Grundfragen des menschlichen Lebens fordert Bruner, daß sie von Anfang an den Unterricht zu bestimmen haben und in stets sich ändernden Erschließungsformen oftmals wiederkehren.

Gegen den Bruner'schen Strukturansatz wird geltend gemacht, daß er sich bevorzugt auf Grundbegriffe (basis concepts) beziehe, aber der Förderung von Fertigkeiten und Einstellungen (zum Beispiel Lesen lernen, Verständnis für metaphorischen und symbolischen Ausdruck gewinnen, kooperatives Verhalten einüben) wenig Aufmerksamkeit widme. Insoweit der strukturelle Ansatz an Strukturen der Wissenschaft anknüpft, wäre zu fragen, ob diese wissenschaftlichen begrifflichen Topoi didaktisch und pädagogisch sinnvolle Ausgangspunkte für eine Curriculumorganisation sein können. Hinzu kommt, daß es wohl nur in den wenigsten Disziplinen – wenn überhaupt – gelingen mag, ein einheitliches Strukturschema zu erheben. Vielmehr dürften alle Schulfächer, zumal der Religionsunterricht, sehr unterschiedliche Sachbereiche vereinen, die auch didaktisch-strukturell verschiedene Fundamente und deshalb keine einheitliche Aufbauform gestatten. Beispielsweise liegen die didaktischen Ansätze des Bibelunterrichts, der systematischen Glaubensdarlegung, der Sittenlehre, der Kirchengeschichte und der Religionskunde weit auseinander, und so sehr ein Curriculum alle diese verschiedenen Sachbereiche in ein einheitliches System integrieren muß, ist es andererseits unmöglich, die verschiedenen strukturellen Ansätze zu ignorieren.

Infolgedessen müssen die verschiedenen Sequenzen eines Curriculums unterschiedliche Didaktiken berücksichtigen. Ein einheitliches Schema für die Strukturierung der Inhalte ist nicht möglich. Sofern ein Curriculum selbst zu differenziertem didaktischen Denken und Verhalten anleiten soll, ist deshalb ein mehrdimensionales Schema in der Aufgliederung und Abfolge der Lernprozesse notwendig. Dazu reichen begriffliche Themenangaben nicht aus, vielmehr sind die verschiedenen Strukturansätze zu verdeutlichen und didaktisch schrittweise zu entfalten.

Im Blick auf eine stoffverteilende Lehrplanstruktur hat Klafki mehrere Möglichkeiten aufgeführt: einmal eine lineare Strukturierungsform, welche die Lernziele und die ihnen zugeordneten Inhalte linear aneinandergereiht; dann einen lockeren Aufbau ohne zwingende Konsekutivität der Inhalte; dies ist die am häufigsten praktizierte Lehrplanform; schließlich eine diskursive Strukturierungsform, die zwischen den einzelnen Elementen in ihrer Ausrichtung auf ein Gesamtziel keinen zeitlich kontinuierlichen Zusammenhang wahrt. Meistens mischt sich diese Form mit den vorhergehend erwähnten. Die von Klafki genannten »Möglichkeiten« sind aber nicht zu beliebiger Auswahl wohlfeil und auch nicht undifferenziert allen Sequenzen eines Curriculums in gleicher Weise aufzuerlegen. In den folgenden Überlegungen soll hier genau unterschieden und für eine bessere didaktische Qualität der Lehrpläne votiert werden.

Längsschnitt-Systematik

(Vertikale Konsekutivität)

Was unter diesem Stichwort zu verhandeln ist, ist eigentlich selbstverständlich, wenngleich bislang noch nicht geleistet. Es geht um die innere Folgerichtigkeit der Lernprozesse, um Anknüpfung und Weiterführung im Sinne einer strukturellen Konsekutivität. Damit ist gemeint, daß die Inhalte eines Lehrplanes nicht primär horizontal ausbalanciert werden, also innerhalb der einzelnen Klassenstufen, sondern zunächst eine vertikale Ordnung im Sinne einer didaktischen Folgerichtigkeit (Konsekutivität) finden. Das ist nicht in erster Linie ein Verteilungsproblem, sondern eine Aufgabe gründlicher didaktischer Analyse und einer darauf basierenden Strukturierung. Nehmen wir als Beispiel die »Gotteslehre«. Die didaktische Analyse ist zu umfangreich, als daß ich sie an dieser Stelle vorlegen könnte, aber der von ihr getragene Strukturentwurf ist skizzierbar.

Ohne Zweifel sind alle Sequenzen eines Religionscurriculums von diesem basic concern betroffen, doch soll die implizite Dimension hier außer acht bleiben. Grundlegend im Elementarbereich – das sind die Kindergartenjahre einschließlich des 1. Schuljahrs (in diesem Fall) – ist ein Handeln in Ganzheiten. Über Gott wird wenig gesprochen, es werden weder Lehrformeln noch Begriffe vermittelt, sondern Lebenszusammenhänge im Jahreszeitenlauf aufgesucht und miteinander begangen. Das Feiern der Zeiten und Feste, das Spiel des Brauchtums im Kirchenjahr, die Lieder und Geschichten, in denen sich die innere Substanz des gefeierten Mysteriums erschließt, das sind solche Ganzheiten, die primär handelnd erlebt werden und die zugleich eine Gotteserfahrung einschließen, für die jede »Lehre« zu dünn und oberflächlich ausfällt. Natürlich ist über die

Modi des gefeierten Kirchenjahres viel zu sagen. Man kann unter ein und demselben Titel alle nur möglichen Wertigkeiten vereinen, mit oder ohne Seele leben, doch können solche Fragen einer inneren Erfahrungsvermittlung hier nicht erörtert werden.

Für die weiteren Grundschuljahre dominiert eine ikonisch-narrative Vermittlung. Sie vollzieht sich von drei verschiedenen Ausgangsebenen her: erstens von bildhaft erzählenden biblischen Texten, in denen die Gotteserfahrung zur Sprache kommt; zweitens von einer symbolisch-ikonischen Ebene her, durch die sich die bis ins Unbewußte reichenden Sprach- und Erfahrungsformen erschließen; drittens von einer Deutung und Vertiefung der eigenen kindhaften spirituellen Erfahrungsmöglichkeiten her. Alle drei Ansätze sind in unterschiedlicher Gewichtung im Ablauf des 2. bis 4. Schuljahres aufeinander zu beziehen.[2]

Die voranstehende Strukturierung für den Primarbereich bleibt auch die Matrix für das Sekundarstufen-Curriculum. Für die fünften Schuljahre, die sich auf weiterführenden Schulen mit neuen Klassenkameraden, neuen Lehrern und neuen Anforderungen neu finden müssen, empfiehlt sich in gewisser Analogie zum 1. Schuljahr eine erneute Beachtung des Kirchenjahres und seines integrierenden Brauchtums. Das geschieht weniger breit angelegt, aber doch möglichst handelnd, weil anders die Religionsklassen die kommunikativen und atmosphärischen Grundbedingungen für einen Unterricht über »Gott und die Welt« nicht gewinnen würden. Des weiteren bestimmen die Klassen 5 bis 10 folgende Ausgangsebenen (die hier alle paradigmatisch auf die Gottesthematik hin beschrieben werden):

Erstens die biblische Gotteserfahrung, unter vertiefter Aufnahme zentraler Texte, die bereits der Grundschulunterricht vermittelt hat, jedoch um weitere Zeugnisse ergänzt.

Zweitens der weiterführende Umgang mit symbolischen Werkzeugen (Yantras) der Selbst- und Gotteserfahrung.

Drittens die Einbeziehung nichtchristlicher Weisen der Gotteserfahrung und Gottesvorstellung. Die Voranstellung von Erfahrung bedeutet hier einen Verweis auf den Vorrang spiritueller Wege vor dogmatischen Formeln.

Viertens eine schrittweise erfolgende Anleitung zur Selbsterfahrung als eines mystischen Weges der Gotteserfahrung.[3]

Fünftens analytisch-kritische Klärung der wichtigsten Gottesvorstellungen und ihrer Bestreitung, der Relationen zwischen Gottesbild und

[2] Eine Realisierung dieses Ansatzes lege ich in meinen bei Benziger, Zürich, und Patmos, Düsseldorf, erscheinenden Religionsbüchern (1–4) für die Grundschule vor.

[3] Vgl. hierzu mein Buch: Der Sprung in den Brunnen. Eine Gebetsschule, Düsseldorf 1981.

Menschenbild, des Mißbrauchs als auch der Notwendigkeit der Gottesidee.

Die genannten Ausgangsebenen stellen keine inhaltlichen Curriculumsequenzen dar, allenfalls thematische Dominanten einer Sequenz. Die didaktische Struktur einer Sequenz ergibt sich erst aus der Verschränkung verschiedener Ausgangsebenen. Beispielsweise könnte eine Sequenz heißen: Das Mandala als Symbol der Selbsterfahrung, der Welterfahrung und der Gotteserfahrung. In diese Thematik können alle oben genannten Erfahrungsebenen einbezogen werden: biblische Zeugnisse, Übungen und Erfahrungen christlicher (islamischer und buddhistischer) Mystik, Klärungen des Offenbarungsverständnisses und der politischen Verantwortung... Thematisch geurteilt gehört das Mandala-Symbol zur zweiten Ausgangsebene der obigen Zählung. Innerhalb der curricularen Abfolge dürfte es jedoch erst für die letzte oder vorletzte Klasse der Sekundarstufe realisierbar sein. Eine inhaltliche Konkretisierung und vertikale Systematik ist also mit den genannten Strukturierungsansätzen noch nicht geleistet.

Wie schon gesagt wurde, ist nicht jede Curriculumthematik in vertikaler Konsekutivität zu entwerfen. Geboten ist diese Aufgabe allein für die »Essentials« des Religionsunterrichts wie Gott, Gebet, Jesus, Kirche, Liturgie, Schöpfung, Religionen.

Hier sind allerdings klare Sequenzen zu entwerfen, die einander fundieren und weiterführen. Das könnte innerhalb *einer* Sequenz (bei Zuordnung auf zehn Schuljahre) für die Gottessymbolik etwa folgendermaßen aussehen:

A. Elementare Symbolerfahrung im Primarbereich
   1. Licht als Gottessymbol
   2. Die Sonne als Gottessymbol
   3. Symbolik des Runden (weiterführende Aspekte)
   4. Einfaches Mandala im Typ des Hildegardis-Codex

B. Aufbauende Symbolerfahrung im Sekundarbereich
   5. Mandala II im Typ der Navajos
   6. Labyrinth-Symbolik
   7. Mandala III im Typ des Nikolaus von Flüe
   8. Der Kreis als Symbol Gottes und des Selbst
   9. Mandala IV im Typ des linearen Yantra
   10. Mandala V im Typ des Hildegardis-Codex und im Rahmen der Mystik des Meisters Eckehart.

Formalreligiöse Fähigkeiten

Es ist ein Erbe früherer, ausschließlich aus der Tradition abgeleiteter Lehrpläne, daß auch die heutigen Religionscurricula fast nur von thematischen Inhalten bestimmt sind, die Entwicklung formalreligiöser Fähigkeiten hingegen so gut wie nicht beachten. Gemeint sind die Qualifikationen, religiöse Sprache verstehen und lesen zu können. So beginnen immer noch alle Curricula mit biblischen und glaubenskundlichen Inhalten, »problemorientiert«, gut geschüttelt und gemischt, aber ob die jeweils erforderlichen Verstehenskategorien für die Erschließung dieser Inhalte grundgelegt wurden, ist durchweg keine Sorge der Pläne. Man kann aber auch als sehr junger Schüler nicht voraussetzungslos die Bibel lesen oder Symbolen begegnen oder Glaubensformeln lernen, ohne sich in die jeweilige Grammatik dieser unterschiedlichen Sprachen einzuüben. Die Folge dieses Defizits ist an jeder heutigen Schule immer noch überprüfbar; zwar haben die Kinder zahlreiche Religionsstunden absolviert, sind aber trotz eines sporadischen Erinnerungsvermögens letztlich in Sachen Religion Analphabeten geblieben. Sie haben Einzelthemen und -texte »besprochen«, die jeweilige Problem*struktur* aber nicht handhaben gelernt, so daß sie unfähig bleiben, sich mit weiteren Themen und Texten aus eigenem Vermögen zu befassen. Wenn wir »Sprache« einmal nicht auf das gesprochene oder geschriebene Wort allein bezogen sehen, sondern im weiteren Sinne auf jeden religiösen Ausdruck, sei er verbal, ikonisch oder gestisch, handelt es sich hier um eine elementare religiöse Sprachlehre, die vor und neben allen sonstigen Inhalten eine durchgehende Kategorie des Religionscurriculums sein muß. Diese Kategorie ist nicht sporadisch zu berücksichtigen, wie es beispielsweise die »Zielfelderpläne« recht launisch und unsystematisch tun, sondern vom 1. Schuljahr an kontinuierlich zu entfalten. Dabei kommt der Grundlegung im Primarbereich erhöhte Bedeutung zu. Entgegen der verbreiteten Ansicht, etwa erst vom 3. Schuljahr an solche Aufgaben wahrzunehmen, muß allerdings mit Nachdruck auf eine solide Grundlegung im Anfangsunterricht gedrängt werden. Bereits hier beginnt die Einführung in ein erstes Sprach-, Symbol- und Bibelverständnis.

Würde man innerhalb der aufgewiesenen Kategorien (s. Schema S. 45) vorgehen, wäre mehrfacher Gewinn zu erhoffen. Einmal im Rahmen der Lehrerbildung: Die Lehrer gewännen ein differenziertes Bewußtsein ihrer didaktischen Aufgaben. Die Erschließung religiöser Inhalte wäre zukünftig nicht länger nur Wissens- und Einstellungsfunktion, sondern in alledem eine Frage des Sprach- und Verstehensniveaus. Ohne »grammatikalische« Kenntnisse in den Kategorien Sprache, Symbol und Bibel würde sich der Religionslehrer nicht mehr mit jenem didaktischen

Beispiel für die Entfaltung der Kategorie »Religiöse Sprachlehre« im Primarbereich:

	Sprachverständnis	Symbolverständnis	Bibelverständnis
1. Schuljahr:	Einfache Metaphern	Einfache Symbole: Licht Herz Tür	Israel – Land und Leute
2. Schuljahr:	Weitere bildliche Redensarten und Sprichwörter	Sakramentale Grundsymbole: Wasser Brot Die Sonne als Gottessymbol	Israel – Kult und Feste
3. Schuljahr:	Analoge Sprachformen: Das Gleichnis	Symbolische Elementarformen: Kreis Kreuz	Die Bibel als Buch – Einfache biblische Sprachformen
4. Schuljahr:	Symbolische Sprachformen: Die Legende Einfache Paradoxa	Komplexe Symbolfelder: Brunnen Labyrinth Lebensbaum Berg Wüste Garten Haus	Biblische Wundergeschichten Einfache synoptische Lesarten Einfache alttestamentliche Quellenvergleiche

Dilletantismus seiner Aufgabe stellen, wie es heute noch allenthalben geschieht. Die für alle Religionscurricula konstante Sparte »Religiöse Sprachlehre« wäre eine wesentliche Voraussetzung dafür, den Lehrer in die *didaktische Dimension* seines Faches einzuführen. Der andere Gewinn fiele den Schülern zu. Mit einer systematischen formalreligiösen Bildung kommen sie erst in den Besitz der fundierenden Auffassungskategorien für alle Modi religiösen Ausdrucks. Was immer ihnen in verbaler, ikonischer oder gestischer Gestalt – sei es im Christentum, sei es in anderen Religionen – begegnet, ihre Sinne sind geschult, den jeweiligen Ausdruck wahrzunehmen und methodisch angemessen danach zu fragen.

Natürlich ist der hier exemplifizierte Ansatz für beide Sekundarstufen weiterzuführen, kontinuierlich und im Sinne didaktischer Folgerichtigkeit. Dafür ist die voranstehend geforderte vertikale Systematik innerhalb der Kategorien Sprache, Symbol und Bibel unerläßlich. Vermieden würde auf diese Weise, in Zukunft weiterhin in jener Beliebigkeit zu verfahren, wie dies heute noch geschieht. Im allgemeinen weiß derzeit ja kein Religionslehrer eines 5. Schuljahres, was er nach Beendigung der Grundschulzeit an elementaren Kenntnissen und Qualifikationen sicher voraussetzen darf. Darum beginnt in den weiterführenden Schulen immer wieder alles von vorne. Man kommt aus den »Einführungen« nicht heraus und flüchtet irgendwann in die Geschwätzigkeit sogenannter aktueller oder existentieller Probleme, die ohne methodische Disziplin aus dem Handgelenk und mittels vernaschter Texte »durchgesprochen«, d.h. andiskutiert werden.

Für die Struktur unserer Religionsbücher wäre als selbstverständliche Konsequenz aus diesen curricularen Überlegungen zu fordern, daß sie neben allen thematischen Kapiteln explizite Kurse religiöser Sprachlehre für alle Klassen einrichten. Erwünschte Nebenwirkung dieser Veränderung könnte sein, daß die Bücher in Grundstruktur wie Detail didaktisch besser durchdacht und gestaltet würden. Auf die Dauer dürfte in unserer Gesellschaft als Folge solcher Sprachlehre ein angemessenes Niveau in der Auseinandersetzung mit religiösem Ausdruck zu erwarten sein.

Wiederholung und Weiterführung

In den heutigen Curricula und Religionsbüchern ist Wiederholung kein sonderlich erkennbares didaktisches Prinzip. Beispielsweise gibt es kein Reihenwerk, das mit betonter Absicht ein bereits einmal verwendetes Bild oder gar einen schon einmal vorgelegten Text erneut aufnähme. Ehedem hatten wir zwar Lehrpläne, die – wie ich 1964 kritisierte – »in der Dauerrille des Kirchenjahres« mehrfach bestimmte Inhalte wiederholten, ohne daß der erneute Durchgang andere Perspektiven und Tiefen vermittelt hätte, heute scheinen eine stärkere Konsumeinstellung, innere Unruhe und Angst vor der eigenen Sprachlosigkeit jedoch ein Zurückkommen auf bereits unterrichtete Inhalte zu verwehren. Möglicherweise sind es nur noch die Waldorfschulen, in denen das wiederholende Verweilen bei einer Sache zu den wichtigsten Prinzipien ihres Unterrichts zählt. Man weiß, daß die einmalige Begegnung zu flüchtig ist und kein volles Kennenlernen gestattet. Erst beim wiederholten Hören und Sehen gelingt es dem Kind, sich in eine Wirklichkeit tiefer einzuleben, in ihr sich zu bewegen und zugleich von ihr sich bewegen zu lassen.

Einen ähnlichen Zug zur Besinnlichkeit entbehren unsere derzeitigen Lehrpläne und Religionsbücher. Beispielsweise bieten sie mancherlei Gottesdarstellungen, aber keine einzige symbolisch offene Form, die über alle Schuljahre hinweg dem wachsenden, sich vertiefenden Gottesverständnis Orientierung und Verinnerlichungshilfe bieten könnte. Für mein Verständnis und meiner Erfahrung gemäß wäre ein solches Bild die einer Vision der Hl. Hildegard von Bingen nachgestaltete Buchmalerei »Die wahre Dreiheit in der wahren Einheit«[4]. Ein solches Bild lediglich in einem einzelnen Jahrgangs-Religionsbuch zu zeigen, ohne mehrfach darauf zurückzukommen, heißt, es zu mißachten. Es aber mit erweiterter Erfahrung zu füllen und zugleich die eigene Erfahrung von diesem Bild ordnen zu lassen, wäre die hier anstehende didaktische Notwendigkeit. Gewiß wird dergleichen nicht für viele Bilder möglich sein. Daß sich die Schüler daran »leid« sehen und dem Bild eine Zurückweisung aus Überdruß geben könnten, dürfte nur dann zu erwarten sein, wenn sie es nicht im Verständnis des alten Sanskrit-Wortes »Tat tvan asi – Das bist du selbst!« sehen lernen.

Natürlich gibt es weitere Bildthemen, die eine ähnliche Wiederholung verlangen. Ich denke jetzt allerdings nicht an eine Wiederholung desselben Bildes, sondern an eine Wiederaufnahme und Weiterführung des Themas. Beispielsweise sollte dies bei den wichtigsten Symbolen der Fall sein. Es genügt nicht, wie oben vorgeschlagen, im 4. Schuljahr die Symbolkomplexe Brunnen, Labyrinth und Lebensbaum aufzugreifen, wenn die späteren Jahre diesen Weg nicht weitergehen wollen. Das kann durch Wieder-Holung alter Geschichten und Bilder und daneben durch vertiefende neue Materialien geschehen. Jede bedeutsame Geschichte, die Schülern nur einmal erzählt wird, ist eine in den meisten Fällen vergeudete Geschichte, und jedes nur einmal angeschaute Symbol ist immer ein mißachtetes Symbol. Unsere Curricula lassen eine derartige didaktische Erfahrung leider nicht gewinnen. Zwar könnte man einwenden, dies sei Sache der Schulbücher, doch scheint mir ein solcher Einwand zu kurz gegriffen. Die Wiederaufnahme und Weiterführung früherer Unterrichtsinhalte ist nämlich nicht als ein Problem der Buchausstattng abzutun, vielmehr als Anforderung an die didaktische Struktur des Curriculums selbst zu verstehen. Würden unsere Religionscurricula stärker als bisher von tatsächlichen Strukturansätzen bestimmt und weniger von Zielfeldern, die dann lediglich mit funktional verstandenen Einzelthemen aufgefüllt werden, könnten alle bisher genannten Desiderate leicht realisiert werden. Vertikale Systematik, didaktische Folgerichtigkeit, Wiederholung und vertiefende Weiterführung wären der Gewinn.

[4] Vgl. in diesem Buch S. 64f.

Verschränkung

Für die Zielfelderpläne gilt das Korrelationsprinzip als konstruktiv. Ihre Intention ist es, alle theologischen Inhalte in eine wechselseitige Beziehung zu den Schülererfahrungen in unserer Gesellschaft zu setzen. Um nicht einerseits »religiöse« und andererseits »sozialkundliche« Themen nebeneinanderzustellen, wurde ein sogenanntes Didaktisches Strukturgitter angeboten, das ermöglichen soll, die einzelnen Themen mit den verschiedenen Erfahrungsbereichen (Eigenes Leben – Leben mit anderen – Begegnung mit Religion und Religionen – Leben mit der Kirche) zu verschränken. Die gewünschte Korrelation kommt jedoch nicht durchgehend zustande. Das liegt sowohl an der vierfachen Ausgrenzung und Gegenüberstellung von Erfahrungsbereichen, deren tatsächliche Struktur nicht durch ein Nebeneinander der »Sparten« Ich – Du – Religion – Kirche, sondern in einer anders zu bestimmenden Verschränkung gegeben ist. Ursächlich für die Zweigleisigkeit vieler Lehrplaninhalte ist aber auch das schulmäßige Verständnis von Theologie, Religion und Kirche. Die zentralen Inhalte dieser Sparten sind im Prinzip deduzierte Traktate der theologischen Disziplinen. Sie wurden in ihrem curricularen Ansatz nicht didaktisch erschlossen, sondern allenfalls neu etikettiert und als Lehrstoff verteilt. Infolgedessen hat der Zielfelderplan eine Spaltung des Religionsunterrichts in Glaubenskunde und Lebenskunde kräftig unterstützt.

Die »Glaubenskunde« blieb erfahrungsfern, die »Lebenskunde« glaubensfern. Das Didaktische Strukturgitter hat somit nicht mehr als eine nachträgliche theoretische Alibifunktion erfüllt. Für die Schulpraxis gewann es keine wirksame Bedeutung.

Dem angezeigten Problem liegt ein Defizit theologischer Reflexion zugrunde. Es handelt sich um eine Verhältnisbestimmung von Offenbarung und Erfahrung, von christlichem Glauben und natürlicher Theologie. Wie die religionspädagogische Realität zeigt, muß es sich dabei keineswegs um die Folgen von Karl Barths radikaler Absage an die theologia naturalis handeln,[5] auch die katholische Praxis leidet zumindest unter einem falschen *Neben*einander, einer Addition von Natur *und* Gnade, Offenbarung *und* Universalgeschichte, Gott *und* Welt, Glaube *und* Erfahrung. Die alte Unterscheidung von natürlicher und übernatürlicher Gotteserkenntnis ist keineswegs überwunden, die theologische Begrifflichkeit assoziiert immer noch Sonderwelten, die Traktate der Dogmatik vermögen nicht die menschlichen Alltagserfahrungen aufzubrechen, zu vertiefen oder zu verändern.

[5] Barth milderte seine Position freilich in »Kirchliche Dogmatik« IV, 3, wenngleich diese Modifikation weniger beachtet wurde als seine ursprüngliche Absage an jede natürliche Theologie.

Was hier zu leisten wäre, will ich mit wenigen Postulaten akzentuieren:

Die Verschränkung von Theologie und Anthropologie bedarf einer umfassenden Aufarbeitung. Es muß jedem Religionslehrer darstellbar werden, daß und inwiefern sich Offenbarung als Erfahrung ereignet, und umgekehrt: daß alltägliche Erfahrungen auch eine Erfahrung der Transzendenz, die freilich der sprachlichen Befreiung bedarf, mit einschließen.

Infolgedessen muß es möglich werden, theologisch so zu sprechen, daß diese Rede auch dann noch als sinnvoll, anregend und die eigene Erfahrung vertiefend, sie möglicherweise sogar qualitativ verändernd erlebt wird, wenn der Adressat seinerseits weder christlich glaubt noch überhaupt an Gott glaubt. Ein Satz mit dem Wort »Gott« darf in seiner Bezogenheit auf den Menschen nicht bedeutungsleer werden, wenn dieser sich als Atheist versteht. Und eine Anleitung zum Gebet sollte so welt- und lebensöffnend sein, daß auch der »religiös Nichtpraktizierende« dadurch Hilfestellung zu einem qualitativ anderen Leben gewinnen kann.[6]

Die Realisation dieser Verschränkung von Glaube und Erfahrung – aber auch: Kirche und Welt! – ist an eine erfahrungsbezogene, erfahrungsstiftende Sprache gebunden. Eine abgrenzende, definierende und systembildende Sprache der objektivierenden Begrifflichkeit ist hierzu nicht in der Lage. Je weniger der Religionspädagoge sein theologisches Wissen in die eigene Lebensform assimilieren kann, um so abgesperrter bleibt seine Theologie. Die Aufhebung dieser Wirklichkeitsspaltung gelingt allein durch eine entgrenzende, mehrdimensional beziehbare Sprache, wie sie in den erzählenden Traditionen der analogen und symbolischen Sprachformen gegeben ist. Metapher und Symbol bieten Sinngestalten an, die auch der Nichtglaubende annehmen und mit eigener Erfahrung ausfüllen kann, ohne daß das je gegebene Verständnis die volle Sinnperspektive ausmessen könnte. Vielmehr vertieft sich der Sinngehalt mit der eigenen menschlichen Reife und ermöglicht so Christen wie Nichtchristen, Jungen wie Alten, Reifen und weniger Reifen ein je befriedigendes, zureichendes Verständnis.

Für die Lehrplankonstrukteure ergibt sich aus diesen Postulaten eine Reihe grundlegender Konsequenzen:

Erstens: Der soziale und der theologische Bereich (die Kategorien Ich/Wir und Religion/Kirche) sollten nicht nebeneinandergestellt und lediglich durch Querverweise verbunden, sondern vom Ansatz her verschränkt werden.

[6] Ein didaktisches Modell für dieses Postulat wollte ich mit meiner Gebetsschule »Der Sprung in den Brunnen« vorlegen. Vgl. dazu auch in diesem Buch S. 142–161.

Zweitens: Die jeweiligen »Themenfelder« sind nicht aus der traditionellen theologischen Systematik zu deduzieren, aber ebenso wenig von einer vordergründigen schülerorientierten Didaktik her zu postulieren. Die theologische Deduktion führt ins katechetische Getto. Die ebenso platte Schülerorientierung verkennt durchweg deren unbewußte geistige und geistliche Bedürfnisse hinter ihren konventionellen oberflächlichen Bedürfnisvorstellungen. Die Begründung der Lehrplaninhalte durch eine originär didaktisch reflektierte Analyse ist darum für den Lehrplan grundlegend.

Drittens: Lehrpläne sind mehr als Stoffverteilungspläne. Darum genügen nicht Themenangaben ohne gleichzeitiges Bedenken der Vermittlungsproblematik. Die voranstehend geforderten formalreligiösen Fähigkeiten gehören in diesen Kontext. Sie leisten keineswegs nur eine religiöse Alphabetisierung der Schüler, sondern auch eine fundamentale Bildung – und zumal sprachliche Sensibilisierung – der Lehrer. Ohne dieses didaktische Vermittlungsprogramm ist eine Verschränkung von Theologie und Anthropologie nicht zu leisten.

Bilder in Religionsbüchern

»Eine Mutter mit Kind wird von einer Frau auf der Straße angesprochen: ›Was haben Sie für ein hübsches Kind‹, worauf die Mutter sagt: ›Das ist noch gar nichts, Sie sollten mal sein Foto sehen‹«. Diese bezeichnende Geschichte findet sich in einer Reklame für Fotoapparate. Der weitergehende Werbetext kommentiert: »Die Geschichte ist sicher etwas übertrieben, aber sie zeigt, wie wichtig Bilder heute für uns sind.«

Tatsächlich umgibt uns tagaus, tagein eine optische Überflutung, die über Bilder unterschiedlichster Art Verkaufserfolge und unbewußten Einfluß anstreben. Es scheint, als sei der Wert – oder muß man sagen: die Verwertbarkeit? – der Bilder erst jetzt voll entdeckt worden. Aber ist es wirklich so?

Das optische Zeitalter

Gewiß gab es zu keiner Zeit vor uns so viele und so unterschiedliche Bilder wie heute. Von kleinauf werden die Kinder mit Bildern umgeben: Sie finden sie auf den Tapeten der Kinderzimmer, auf dem Flaschenwärmer, dem Töpfchen, dem Strampelchen. Die frühesten Spielzeuge sind mit zusätzlichen Bildern gekennzeichnet, ganz zu schweigen von der Flut der Bilderbücher, die sich schon den Zweijährigen empfehlen und sie dann über alle weiteren Jahre begleiten. Noch nie waren die Schulbücher bildfreudiger und zugleich farbiger als heute.

Aber nicht nur die Kinder werden so bedacht. Auch die Erwachsenen zeigen sich begierig auf Bilder: Wöchentlich kaufen sie üppig illustrierte Zeitschriften; unter den Zeitungen sind jene am auflagestärksten, die ihren Text mit einem hohen Bildanteil auflockern; kein Tag vergeht, an dem nicht bunte Werbebroschüren ihre Wünsche zu steuern versuchen, die Straßen der Dörfer und Städte sind von großformatigen Bildwänden flankiert, und vor allem das Fernsehen liefert täglich an die zehn Stunden laufende Bilder in mehreren Programmen.

Das Bild wird funktional eingesetzt als Blickfang, Reizmittel und Prägestock des Unterbewußten. Was immer man verkaufen will, selbst politische Ideen, alles wird mit Bildern verkoppelt, über Bilder vermittelt, an die Assoziationswerte der Bilder gebunden, sei es positiv oder negativ. Dabei ist nichts zufällig, sondern Ausfluß einer bewußten Strategie. Man weiß, daß Bilder um so einflußreicher sind, je tiefer sie an die in der Tiefenseele gespeicherten, archetypisch strukturierten Bedürfnisse rühren und von dorther mit psychischer Energie und Dynamik erfüllt werden.

Mehr als ehedem dient das Bild heute vor allem der Information: Vorab gilt dies für das Fernsehen, aber auch für die Reportagen der Tagespresse und der Illustrierten. Auch die Schulbücher und der immer bedeutsamer gewordene Sachbuch-Markt verbinden ihre Informationsaufgaben mit einer üppigen Bebilderung. Die Kehrseite dieser Überflutung ist freilich ein optischer Defekt des heutigen Menschen: Geboten wird eine unerhörte Informationsfülle, fast immer präpariert, so daß wir nur die fertigen Ansichten, die Formeln, die Klischees der Dinge gezeigt bekommen. An die Vorgänge selbst kommen wir kaum heran, allenfalls an das, was sie nach dem Wunsch anderer für uns bedeuten sollen. Sogar wenn wir uns selbst auf den Weg in die Welt machen – nach unserer Intention, um noch mehr zu Gesicht zu bekommen –, lernen wir dabei am intensivsten unser Transportmittel, Auto oder Flugzeug, kennen. Wir sind dem schnellen Wechsel des Milieus, der Landschafts- und Geschichtsräume nicht gewachsen und erfassen meist nur das, was wir schon kennen. So suchen wir denn, um dem Drang des Konkreten standzuhalten, die Allerweltsformel, die jede Sondergestalt einebnet.

Die optischen Reize in unserer Welt haben inzwischen überhandgenommen. Aber während wir hunderttausend Dinge nur noch mit Universalformeln bewältigen können, bleiben wir auf der Jagd nach dem Nie-Gesehenen und werden dabei zunehmend unfähiger für das Nie-Beachtete. So entwickelt sich gerade wegen der eskalierenden Bildinflation eine ebenso wachsende Bildentfremdung, die mehrere Wurzeln hat. Die eine liegt in der quantitativen und beliebigen Häufung aller nur möglichen Bilder. Die andere Ursache ist mit dem Charakter der Zufälligkeit und beliebigen Austauschbarkeit gegeben, denn mit dem nur-informativen Bild und wohl noch mehr mit dem Reklamebild geht eine Zerstörung des inneren Bildsinnes einher. Diese Zerstörung des inneren Bildsinnes äußert sich zunächst in einer Entfremdung gegenüber nicht-informativen Aussageformen. Das sind Bilder, die hinter die Zufälligkeiten des millionenfach Vorhandenen zurückgreifen, um hier eine nicht-zufällige, das ist eine symbolische Gestalt, zu finden. Der an die unterhaltende Bilderflut gewöhnte Geist empfindet solch wesenhafte Bilder als nichtssagend oder langweilig und verliert zugleich das Sensorium für die Frage, welche Wirklichkeiten in vordergründigen Illustrationen verflachen, statt in strenger Reduktion auf das Nicht-Zufällige zu klärenden Innenbildern werden zu können. Bevor wir der religionsdidaktischen Reichweite dieser Überlegungen nachgehen, muß freilich zunächst das hier zugrunde gelegte Bildverständnis erläutert werden.

Was ist ein Bild?

Das deutsche Wort Bild umfaßt ein breites Bedeutungsspektrum, das die lateinischen Begriffe *effigies, exemplum, figura, forma, signum, simulacrum, species, statua, symbolum, typus,* insbesondere aber *imago* (griechisch eikōn, eidōlon) einschließt. Die folgende Deutung kann diese Vielfalt nicht ausschöpfen. Angesichts der komplexen Fülle, die das lateinische Assoziationsfeld aufweist, ist es nicht unbedenklich, hier einzelne Akzente auszuwählen. Dennoch sei dieses Risiko akzeptiert mit der Entscheidung für eine Bilddimension, die sich – wenngleich immer weniger vertraut – religionspädagogisch doch als unabdingbar erweist.

Die altsächsische Form von Bild ist *bilidi.* Der germanische Wortstamm *bil-* deutet auf numinose Kraftgeladenheit; *bilidi* meint ursprünglich ein (numinoses, göttliches) Wunderzeichen, also einen geheimnisvollen Vorgang, in dem sich eine verborgene Wirklichkeit ihren sinnhaften Ausdruck schafft. Die althochdeutsche Form des Verbs *biliden* bedeutet folglich, einer noch ungeformten Wirklichkeit Wesen und Gestalt zu geben. Erst das jüngere *bilidōn* leitet zur heutigen Bedeutungsverengung im Sinne des Abbildes über: eine vorgebildete Gestalt nachbilden. Bildwerdung ist demnach ursprünglich ein numinoser Schöpfungsvorgang, der seinen Grund in einer Erfahrung hat, die allem schon »Gehabten«, »Definierten«, »Bekannten« vorausgeht, in eine Zone hinein, aus der der Mensch vorbewußt lebt und träumt, dann auch denkt, ohne den Urgrund rational je zu erreichen, geschweige denn, ihn vermessen zu können. Unser heute überwiegendes Verständnis von Bild, nämlich eine schon vorhandene Gestalt nachzubilden, ist eher verflachend und vordergründig und schöpft die eigentliche Bedeutung nicht aus.

Wir verstehen unter Bild nachfolgend die Erscheinung einer tiefer gründenden Wirklichkeit, die keineswegs Trug oder willkürliche Fiktion ist, sondern ein Anzeigen unsichtbarer Realität. Deshalb führt das wirkliche Bild von seiner sinnhaften Gestalt in die gestaltlose Tiefe, aus der es aufgestiegen ist. Während Abbilder lediglich darauf angelegt sind, Sichtbares wiederzugeben, wollen Bilder sichtbar machen. Sie bestehen nicht aus der Wiedergabe äußerlicher Merkmale, sondern in der Manifestation geistiger Wirklichkeiten.

Von hierher wird eine innere Korrespondenz zwischen dem Bild und der Seele des Menschen faßbar. In einem Bild begegnen wir der anschaubaren Gestalt einer tief in uns selbst wirkenden Urbildlichkeit. Während diese Urbildlichkeit mehr Disposition als realisierte Form ist, bringt das Bild einen ihrer Aspekte, der dennoch eine Ahnung des Ganzen einschließt, zur sichtbaren Darstellung. Indem das Bild dem noch Ungeformten Form gibt, befreit es das vordem Unbefreite zu sich selbst. Es enthüllt das Wesen des Dargestellten, das dem äußeren Blick gewöhnlich ebenso verhüllt ist wie der nur gedanklichen Vergegenwärtigung. Ein Bild ist um so wahrer, je mehr es dem Zufälligen enträt und zum Ausdruck eines im Konkret-Singulären durchscheinenden Urbildes wird. Ein solches Bild bringt den Betrachter vor sich selbst: Es deutet ihm die in seiner Seele wirksamen Urbilder und erlöst auf diese Weise die auf Gestaltwerdung angelegten Seelenkräfte zu orientierender Klarheit. Wer – beispielsweise – »vor dem Bild eines Hauses der Wirklichkeit Haus ›inne‹ wird, erfährt damit etwas von der Ursehnsucht des Menschen nach Wohnen und Zuhausesein, die sich manchmal nur rationalisiert im Streben nach dem ›eigenen Haus‹ auszudrücken vermag (und die im Höhlen- und Hüttenbauen der Kinder ihren frühen elementaren Ausdruck findet). Die Wirklichkeit des Hauses ist für ihn fortan mehr als architektonisches Gebilde, das man unter praktischen und ästhetischen Gesichtspunkten ansieht und zum Ziel der Realphantasie macht. Er erlebt in Häusern das Urbild ›Haus‹, dessen Bedeutung in die tiefe menschliche Daseinsthematik von Geborgenheit und Unbehaustheit reicht. Das wirkliche Haus ist ihm über das Bild zum ›Bild‹ geworden, das ihn betrifft. Obgleich also das Bild die Erscheinung des Urbildes ist, wird das Urbild erst vom Bilde her bildhaft. Aber indem Wirklichkeit zur Intensität des Bildes gesteigert wird, also eine tiefgründige Beziehung zu ihrem Urbild gewinnt, ist sie für den Betrachter, der ›im Bilde‹ ist, intensiver und bedeutungsträchtiger da als für den, der die Wirklichkeit ›bloß‹ betrachtet. So sind Bilder, die nicht das Zufällige konterfeien, ungeachtet ihres Inhalts, immer religiös, indem sie die Wahrheit eines Urbildes offenbar machen und vertreten. Sie zeigen, *wie* das Profane sakral ist: als ganz es selbst in verdichteter Bedeutsamkeit.«[1]

Je mehr wir freilich die Korrespondenz zwischen Bild und Seele, äußerer und innerer Bilderwelt bedenken, um so stärker drängt sich eine theologische Überlegung auf. Die Kirchenväter nämlich lehrten, die imago Dei sei der Seele des Menschen eingeprägt, und die Schule des Meisters Eckehart führte fort, damit der Mensch ganz zu sich komme,

[1] *Brigitta Werner,* Die Illustrationen der Religionsbücher, in: Hubertus Halbfas, Fundamentalkatechetik. Sprache und Erfahrung im Religionsunterricht, Düsseldorf/Stuttgart 1968, 187f.

müsse er alle zufälligen Bilder abstreifen und ganz ein-gebildet werden in das Bild der Gottheit. Gemäß der psychoanalytischen Anthropologie C. G. Jungs korrespondiert das Gottesbild mit dem Archetypus des Selbst, dem seinerseits eine Symbolik entspricht, die von jeher die Gottheit versinnbildlichte. Demnach spricht Jung vom Gottesbild »als einer Spiegelung des Selbst« und umgekehrt vom Selbst als imago Dei in homine.[2] Wenn das so ist, sind die nicht zufälligen Bilder einer letzten und universalen Ganzheit Epiphanien, durch deren Ein-bildung der Mensch in Übereinstimmung mit den ihn konstituierenden Urbildern gelangt, dann kann ihn nichts tiefer »bilden«, das heißt also mit sich selbst und seinem göttlichen Grund in Übereinstimmung bringen, als diese Imagination wesentlicher und notwendiger Bilder.

Der Bilderstreit

Auf den ersten Blick widerspricht unsere religiöse Bestimmung des Bildes der Bilderfeindschaft in den prophetischen Religionen. Es muß gerade dem Religionsdidaktiker zu denken geben, daß Monotheismus und Bilderstreit immer gleichzeitig auftreten, als werde der monotheistische Glaube durch das Bild in seiner unbedingten Reinheit gefährdet. Freilich darf eine solch verallgemeinernde Frage nicht übersehen lassen, daß es in den verschiedenen Bilderverboten der westlichen Religionen stets auch um verschiedene Inhalte und spezifische Vorbehalte ging.

Die erste konsequent monotheistische Religion der Weltgeschichte ist von ihrem revolutionären Anfang an eine bilderfeindliche, wenngleich nicht vollständig bildlose Religion. Die Darstellung des einzigen Weltgottes Aton konzentrierte sich auf die Symbolik der Sonnenscheibe, die mit ihren Strahlenhänden die königliche Familie und ihre Opfergaben segnete. Die überlieferte Darstellung des Sonnengottes Re-Harachte in Menschengestalt, mit einem Falkenkopf und der Sonne, wurde durch Echnatons Monotheismus verfehmt, und zugleich wurde ein unvergleichlich gnadenloser Bildersturm gegenüber allen sonstigen Götterbildern entfesselt. Solange nämlich die Bilder standen, galt in ihnen die jeweilige Gottheit weiterhin präsent.

Anders ist demgegenüber die biblische Bilderfeindschaft begründet. Ursprünglich zielte das zweite Gebot »Du sollst dir kein Gottesbild machen« auf die Herstellung von Jahwebildern. »Die Anfertigung eines

[2] *Carl Gustav Jung*, Versuch einer psychologischen Deutung des Trinitätsdogmas. Ges. Werke XI, Olten [2]1973, 207.

Jahwebildes hätte den Tod des authentischen Jahwebildes bedeutet.«[3] Das ist nicht so, weil das alte Israel Gott betont geistig verstand – vielmehr gab es bis zu Jesaja wenig Hemmungen, Jahwe massiv anthropomorph zu beschreiben –, wohl aber hielt man das materielle Bild mit Gottes Souveränität für unvereinbar. Allgemein galt nämlich das Bild als eine Manifestation, die das Abgebildete zugänglich und verfügbar machte. Das strikte Bilderverbot wollte dieser Versuchung, sich Gott verfügbar zu machen, generell wehren. Die Disposition zu jener Gesetzgebung aber lag wohl auch schon damals in einer jüdischen Begabung, die ganz mit dem Wort und nicht mit dem Bild arbeitet.

Auch für den heutigen Juden gilt ja noch, daß er »keine« Augen, wohl aber sensible Ohren habe, wie denn auch dieses Volk stets groß war im Umgang mit der Sprache und der Musik, aber ziemlich bedeutungslos in der bildenden Kunst.

Nun kann man natürlich einwenden, das biblische Bilderverbot habe nur dem Kultbild gegolten, doch ist dies ein fast überflüssiges Bedenken, denn in archaischen Kulturen umfaßte die religiös-kultische Welt noch alles und eine Kunst außerhalb des religiösen Bedeutungsbereichs wäre unvorstellbar gewesen. Das Verbot des Gottesbildes bedeutete deshalb zugleich das Ende aller Bilder. Die Bibel bietet infolgedessen keine Ansätze für ein gemäßigtes Bilderverbot, wie ja auch das orthodoxe Judentum diese Strenge gegenüber Bildern immer noch wahrnimmt. (Die Säkularisierung der Kunst unter hellenistischem Einfluß, wie sie sich etwa in den synagogalen Fresken von Dura-Europos zeigt, war wohl eher eine Ausnahme aufgrund einer vorübergehenden Liberalisierung des gläubigen Denkens.)

Von wiederum anderer Art ist das Bilderverbot im Islam. Gemeinsam mit der Bibel ist dem Koran, daß auch er »das Bild« nirgendwo generell verbietet, aber gemeinsam ist ihm ebenfalls die grundsätzlich religiöse Wertung aller Bilder jener Zeit. Unterscheidend kommt hinzu, daß man im damaligen Arabisch zwischen »Bild« und »lebendigem Vorbild« nicht trennen konnte.[4] Die Hadit-Literatur bezeichnet deswegen die Maler als die schlechtesten Menschen, weil diese sich anmaßen, Menschen- oder Tiergestalten zu schaffen und sich so gottähnlich aufzuspielen, ohne ihren Schöpfungen Lebensodem einhauchen zu können. Das islamische Bilderverbot meint deshalb die Darstellung von Mensch und Tier, nicht aber von Pflanzen und toten Dingen, weil denen kein Lebensodem zukomme. Zugleich soll das islamische Bilderverbot die Gefahr der Vergötzung

[3] *Herbert Haag*, Das Bild als Gefahr für den Glauben, in: ders., Das Buch des Bundes. Aufsätze zur Bibel und zu ihrer Welt, hrsg. von Bernhard Lang, Düsseldorf 1980, 265.

[4] *M. Ş. Ipşiroğlu*, Das Bild im Islam. Ein Verbot und seine Folgen, Wien 1971, 22.

bannen. Abgebildete Lebewesen wurden verstümmelt, etwa durch Vernichtung des Kopfes oder sonstige Degradation. Ein Teppich, der auf dem Boden liegt, darf figürliche Darstellungen haben, da man diese ja mit Füßen tritt, während dieselben Bilder an der Wand nicht geduldet werden. Für die islamische Moschee ist diese Ablehnung des Bildes bis heute mit kompromißloser Strenge eingehalten worden. Es hat sich stattdessen eine kunstsinnige Ausschmückung der Wände mit ornamentalen Mustern entwickelt, anstelle der Bilder aber gibt es kalligraphisch gestaltete Schrifttafeln.

Eine weiterentwickelte Problemstellung bringt der Streit um das Bild im Christentum. Zunächst fällt der interessante Umstand auf, daß sich an keinem anderen Topos das konfessionelle Kolorit so deutlich unterscheidet wie an der Bilderfrage: Während die orthodoxe Christenheit ihren Ausdruck in der Ikone fand, die katholische Tradition eine nahezu unbegrenzte Bilderfreude in einem breiten künstlerischen und volkstümlichen Spektrum entfaltete, ging die lutherische Reformation einen Weg zurückhaltender und oft irritierter Bildtoleranz, dagegen kämpften Karlstadt, John Knox, Calvin und Zwingli rigoros gegen jede Abbildung des Göttlichen oder biblischer Szenen. Der Heidelberger Katechismus duldet die Bilder »nicht in der Laien Bücher in den Kirchen«, da Gott »seine Christenheit nicht durch stumme Götzen, sondern durch die lebendige Predigt seines Wortes will unterwiesen haben« (Frage 98) und auch heute noch führt von Karl Barths Meinung, daß »die Geschichte des Christusbildes nur eine peinliche Geschichte sein kann«, die an Argumente des byzantinischen Bilderstreites anknüpft, eine breite Front der Bilderskepsis bis zu pastoralen Ratschlägen, daß beispielsweise einem Kreuz ohne Corpus der »Vorzug vor einem solchen mit Corpus« zu geben sei, oder daß es durchaus bedenklich sei, »Retabeln aus katholischer Zeit, selbst solche von hohem Rang, wieder aufzustellen, ohne die Tendenz dieses Andachtsbildes zu durchschauen ...«[5]

Die grundlegende Auseinandersetzung um das Bild fand freilich in den Jahrhunderten der ausgehenden Antike statt. Wir erreichen die christliche Bildproblematik darum am besten, wenn wir uns diesem frühen Konflikt zuwenden.

»Ich sehe, daß du noch heidnisch lebst« sagt der Apostel in den gnostischen Johannesakten zu einer Neubekehrten, die er mit einem Bild, das ihn selbst darstellt, antrifft (Act Joh 26). Ähnlich rügt Eusebius eine Frau, die wohl zwei Philosophenbilder für die Bilder Christi und Pauli genommen hatte, damit nicht der Anschein entstehe, als trügen Christen nach Art der Götzenverehrer ihren Gott im Bilde herum. Die Einwände

[5] *E. Hertzsch*, Art. Bild, in: RGG, 3. Aufl. I, 1276.

gegen einen christlichen Bildgebrauch entwickelten sich zunächst aus der Polemik gegen das heidnische Götterbild. Die Unmöglichkeit eines Gottesbildes war für alle vorgebrachten Argumente die Ausgangsposition. Statt materieller Darstellungen wurde die geistige Eingestaltung betont: Gott werde schauen, wer reinen Herzens sei, das aber bedeute nichts anderes, als ein Bild Gottes zu werden, wobei für dieses »Bild« der Gott-Logos selbst der Maler ist. (So Eusebius in seinem Brief an die Kaiserin Konstantia, die christlichen Bildern freundlich gesonnen war.) In diese Auffassung wurde eine Ablehnung von Christus- und Heiligenbildern bald einbezogen. Jene, die in der Doxa Gottes seien, könnten nicht in totes, schändliches Material eingefangen werden (Epiphanius von Salamis). Als ganz unmöglich aber galt eine Darstellung »des unbegreiflichen Sohnes Gottes«. Auch den Verweis auf die Menschwerdung Christi ließ Epiphanius nicht zu, da Christus doch der dem Vater gleiche sei und der die Toten lebendig Machende. Sein Bild verehren hieße, zwei Herren, einem toten und einem lebendigen, zu dienen. Ähnlich lauteten die Argumente gegen Heiligenbilder. Die Diener des himmlischen Königs, heißt es bei Amphilochius von Ikonien, könnten nicht durch Tafelbilder oder Statuen geehrt werden, sondern durch Erzählen ihrer Taten, durch deren Niederschrift und insbesondere durch tätige Nachfolge. Insgesamt betonten die Väter immer wieder, das eigentliche Bild sei nicht ein Artefakt, sondern das von Christus in uns geschaffene; dieses innere Bild durch ein Leben der Nachfolge zu realisieren galt als der wahre Weg.

Ein grundsätzlicher Wandel in dieser Haltung zum Bild vollzog sich in der Ostkirche im 6. und 7. Jahrhundert. Anknüpfungspunkt dafür war die antike Wertung des Porträts. Für antikes und nachantikes Empfinden vertritt das Porträt den Dargestellten. Eine neue Frömmigkeitshaltung, in der dieses heidnische Erbe pulsiert, drängt nun nach einer Bildgattung, die es erlaubt, durch das Bild mit dem Dargestellten in Verbindung zu stehen, so daß der Heilige jetzt an allen Orten gegenwärtig sein, angerufen und verehrt werden kann: Das christliche Bild wird zur Ikone, meist handlichen Tafeln, »die keinen anderen Zweck als den haben, den Heiligen präsent zu machen«.[6] Infolgedessen wurden diese Bilder nun in den Alltag getragen: Über den Türen angebracht beschützen sie das Haus, sie finden sich an Brunnen, auf Schiffen, in Gefängnissen. Auch trägt man nun kleine Ikonen wie Amulette am Körper. Zugleich entstehen vielfältige Formen der Verehrung: Man stellt Kerzen oder brennende Lampen davor auf, wäscht, salbt, beweihräuchert und küßt sie. Für die liturgischen Verehrungsformen lieferte der Kaiserkult das Schema. Da das Bild den Dargestellten vertritt, konnte es nun auch, wie das Kaiserbild, dazu

[6] *Hans Georg Thümmel,* Art. Bilder, TRE, VI, Berlin 1980, 32.

dienen, vor ihm vollzogene Rechtshandlungen zu legitimieren. Zugleich entstanden Selbstlegitimationen der Bilder: Es werden Wunderwirkungen bezeugt, und auch auf Schmach reagiert das Bild: Die verletzte Ikone blutet, oder der Heilige straft den Übeltäter auf andere Weise.

In eben dieser Zeit entwickelt sich eine erste Bilderlehre. Der Vorwurf der Idolatrie wird zurückgewiesen, und es wird dargetan, daß die Verehrung letztlich allein Gott gelte, der schon immer durch Materielles gewirkt habe, so wie etwa einst durch den Stab des Moses, so jetzt durch Ikonen. Die breite Front der Bilderskeptiker kann diese Rechtfertigung nicht überzeugen. Im großen Bilderstreit des 8. und 9. Jahrhunderts knüpfen die Ikonoklasten an die überlieferten Einwände an. Sie betonen erneut Gottes Grenzenlosigkeit, die auch im Christus- und Heiligenbild nicht festgelegt werden dürfe. Die Ikonodulen gestehen die Nichtdarstellbarkeit Gottes zu, argumentieren aber mit der Menschwerdung Christi, die es erlaube, den Christus, der Fleisch wurde, in Menschengestalt zu zeigen. Die Inkarnation Christi wird also von beiden Seiten als Einwand beansprucht: Während die Bildergegner von der göttlichen Natur und Verklärung Christi ausgehen, pochen die Bilderfreunde auf die Geschichtlichkeit der Menschwerdung. Entsprechend wollen sie Kreuzesdarstellungen, die Evangelienbücher und eben auch Ikonen als heilsträchtige Manifestationen anerkannt sehen, denen zwar nicht Anbetung, wohl aber Verehrung zieme, zumal die dem Bild erwiesene Verehrung auf das Urbild übergehe.

Äußeres Sehen und inneres Schauen

Der Bilderstreit wurde in der Sache nie entschieden. Die heutige geteilte Christenheit spiegelt weiterhin die divergierenden Positionen. Zwar gilt die Frage gegenüber den archaisch-religiösen Ursprüngen des Streits insoweit geklärt, als es sich ausschließlich um christliche Bildthematik handelt, und zwar um deren Einbindung in gottesdienstliche oder andere religiöse Zwecke, doch steht die Religionspädagogik damit weiterhin vor dem Problem, was theologisch legitim, was fragwürdig ist, welche Bilder dem unterrichtlichen und katechetischen Gebrauch zu empfehlen, welche abzulehnen sind. Nicht zuletzt stehen alle Religionsdidaktiker vor dieser Hürde, etwa wenn es um die Bebilderung von Religionsbüchern geht, und sofern sie überzeugt sind, daß die bis heute praktizierte Beliebigkeit keine verantwortbare Lösung darstellt. Ich will deshalb versuchen, nachfolgend ein didaktisches Fazit aus den bisherigen Überlegungen zu ziehen.

Zunächst geht es um die nüchterne Einsicht, daß keine Religion Gott bildlos versteht. Zwar kennt die Mystik in ihren verschiedenen religiösen Varianten eine Aufhebung jeder Bildlichkeit in spannungsreichen Paradoxien, aber das ist einerseits die Grenzerfahrung einzelner Menschen, andererseits vermag selbst die paradoxe Sprache der Mystiker nicht auf eine bildtiefe Metaphysik zu verzichten. Für die Volksfrömmigkeit gilt um so mehr, daß gerade die »bildlosen« Religionen sich durch eine sehr plastische bildliche Vorstellungswelt in ihren Überlieferungen auszeichnen. Gerade in dieser satten Bildhaftigkeit ihrer Traditionen sind sie der Nährboden aller lebendigen Gläubigkeit und Theologie, ohne den der Baum der Religionen keine Blätter und Früchte mehr tragen könnte.

Aus diesem Grunde sind die symbolischen Figurationen für Gott weder im Judentum noch im Islam je angefochten worden. Die Bibel umschreibt Gott als Hand, Arm, Auge, Feuer, Sonne, Rad, Kreis, Fels, Berg, Turm, Burg usw. Jesus tut es in seiner Weise mit immer neuen Gleichnisgeschichten, die Gott unbekümmert »ins Bild setzen«. Gewiß handelt es sich hier um die Bildhaftigkeit des Wortes, aber dennoch sind es mächtige Bilder, die darin vor das innere Auge des Menschen gestellt werden.[7] Sie konstituieren die Anschaubarkeit des Glaubens, so wie ja auch Symbole, Riten und Feste in ihren Sinnenhaftigkeiten den Glauben des Volkes tragen, nicht aber dogmatische Lehrsätze und theologische Literatur. Nach Schleiermacher muß der Glaube in allem vom Anschauen ausgehen. Dem widerspricht nicht Pestalozzis Einsicht, daß Bilder die innere Anschauung gefährden, wenngleich Pestalozzi von keinerlei Unterscheidung der Bilder ausgeht, sondern in seiner Allgemeinheit wohl in erster Linie die damalige illustrierende Bilderwelt vor Augen hat. Damit aber treffen wir uns wieder mit unseren Ausgangsüberlegungen über die Zerstörung des inneren Bildsinnes durch eine bunte, in der Auswahl zufällige Bilderflut und über das Wesen des Bildes, das wir jenseits alles Beliebigen und Belanglosen erkannten. Letztlich treffen sich in diesem Vorbehalt auch die jüdisch-christlichen Bilderverbote: daß nämlich die unerschöpfliche Gottheit nicht auf eine Gestalt fixiert werde, die sie götzenhaft macht und die darum keine befreiende, sondern eine eingrenzende und bedrängende Wirkung auf die menschliche Seele ausübt. Aber da die alte Bilderabwehr in ihrer eigenen Kategorienanmut nur pauschal verfahren konnte, u. a. deshalb, weil im jeweiligen Zeitkontext keine kategorialen Ausfaltungen religiöser Bildgattungen vorla-

[7] Dem Verhältnis von Wort und Bild sei hier nicht nachgegangen, zumal Günter Lange sich dieser Frage immer wieder zugewandt hat. Vgl. *G. Lange*, Bild und Wort. Die katechetischen Funktionen des Bildes in der griechischen Theologie des 6. bis 9. Jahrhunderts, Würzburg 1969; *ders.*, Bild und Wort, in: G. Lange, Bilder des Glaubens. 24 Farbholzschnitte zur Bibel von Thomas Zacharias, München 1978, 8–19.

gen, müssen wir heute fragen, ob es neben außenbestimmten Bildgattungen nicht auch solche gibt, die – ohne sich selbst zum Ziel zu machen – als Medium der Ent-bildung von aller Kreatur und zur Imagination (Ein-Bildung) des Bildes Gottes im Menschen dienen können.

Man kann gleich vorweg anmerken, daß wir solche Bilder, die den Menschen vor seine tiefste Wahrheit bringen, nicht in den klassischen Werken der großen abendländischen Kunst finden. Die Museen sind Tempel unersättlicher Schaulust, wie auch überall dort, wo berühmte Bilder in Kirchen betrachtet werden können – etwa in Colmar Martin Schongauers Madonna; oder jene des Matthias Grünewald in Stuppach; die Altäre Riemenschneiders in Creglingen, Detwang, Rotenburg, Münnerstadt; die großen bedeutenden Schnitzaltäre in Schleswig, Kalkar, Breisach ... – nirgendwo Beter anzutreffen sind, sondern Menschen, die ästhetische Freude suchen. Diese Kunst dient der Augenweide. Sie setzt Menschen voraus, die sie genießen wollen und dies um so mehr tun, je freier sie mit ihren Blicken das Bild durchwandern können.

Der schärfste Gegentypus zu dieser klassischen Kunst ist das Meditationsbild, sowohl das fernöstliche als auch das in Vergessenheit geratene christliche Meditationsbild. Die bedeutsame Studie Heinrich Zimmers über das indische Kultbild hat die Sondergestalt dieser religiösen Bildkategorie außerordentlich eindringlich beschrieben.[8] Zimmers Interpretation erschließt einen Bildbereich, der bislang dem religionsdidaktischen Bewußtsein fremd geblieben ist. Ich will deshalb eine religionspädagogisch grundlegende Unterscheidung von äußerem Sehen und innerem Schauen im Anschluß an Zimmers Deutung des indisch-tibetischen Yantras vorlegen.

Es handelt sich beim äußeren Sehen und inneren Schauen um zwei grundverschiedene Vorgänge, die durch keinerlei Übergänge voneinander ableitbar sind. Das Auge, das in die Welt hineinblickt, findet sich einer verwirrenden Fülle gegenüber, die der volle Blick nicht gleichzeitig zu erfassen vermag. Nur wenn das Blickfeld eingeengt wird, tritt der einzelne Gegenstand deutlich hervor, aber er muß genau fixiert werden, um bewußt wahrgenommen zu werden. Sein Umfeld ist dabei zwar noch präsent, aber nur unscharf, und um es genauer zu kennen, muß sich das Auge vom zuvor fixierten Gegenstand lösen, um sich dem nächsten Ausschnitt zuzuwenden. Will das Auge aber die in seinem Blickfeld vorliegende Vielfalt ganz verarbeiten, muß es hin und her gehen, ein Merkmal um das andere fixieren und wieder loslassen. Das bedingt eine schweifende Beweglichkeit des Blicks, wobei das Auge sich der Dinge bemächtigt, die vor ihm liegen, sie ergreift und wieder verläßt.

[8] *Heinrich Zimmer,* Kunstform und Yoga im indischen Kultbild (Berlin 1926), Frankfurt a. M. 1976.

Ganz anders das innere Auge. Es hat nicht die Macht auszuwählen und zu verweilen, wie es selbst will oder wie die Dinge es fesseln, denn es gehorcht nicht dem Willen, gleich dem äußeren Gesicht. Das innere Auge ist Erscheinungen ausgesetzt, die sich aufdrängen und dabei verdrängen können, was die Tiefe zu schauen besitzt. »Es ist wie ein dunkler Brunnen, über dessen Rand nicht immer, und immer wechselnd [unerwünschte] Gestalten sich beugen, die sich auf seinem Grunde spiegeln..., und vergebens zittert der Spiegel im Grunde, der ihr Bild nicht tragen will: es bleibt und bleibt... Wo nicht ein mächtiger, in Yoga geschulter Wille waltet, gelingt es kaum, den Spiegel rein zu halten von unerwünschten Bildern und leeren Gleichgültigkeiten.«[9]

In diesem Prozeß bietet das Yantra dem Gläubigen Hilfe an. Yantra heißt ein Kultbild, das zum inneren Schauen anleiten will, aber es hat keinen Selbstwert, sondern nur instrumentellen Charakter. Das Wort Yantra bedeutet Werkzeug, Gerät oder Apparat, dessen sich der Mensch zu einer spezifischen Verrichtung bedient. Dieses Verständnis nimmt dem indischen Kultbild jede numinose Eigenbedeutung. Zimmer definiert es äußerst prosaisch als einen zu psychisch-sakralen Funktionen zweckmäßig konstruierten Apparat. Dabei ist es gleichgültig, ob es sich um rein geometrisierende Gebilde handelt, die aus Kreisen, Quadraten und anderen linearen Figuren bestehen und die man zum Zweck der Meditation in den Sand ritzen kann, oder ob es figurale Kultbilder sind, denn das Figurale ist niemals notwendiger Bestandteil des Yantras. So unterschiedlich die Bilder also auch in ihrer Erscheinungsform ausfallen können, so identisch sind sie doch in ihrer instrumentellen Funktion.

Die Gestaltung dieser Kultbilder »als graphischer Spiegel übernatürlicher Wesenheiten« ist jeder subjektiv-künstlerischen Dekoration abhold. »Kunst« nämlich, soweit sie jenseits des Mythos steht, verfolgt »mögliche«, individuell entworfene und meist experimentell variierende Ansichten, keine absolute Ordnung. In diesem Sinn ist das Kultbild jeder subjektiven Beliebigkeit entzogen. Es enthält sich aller Willkür, um dem Gläubigen ohne falsche Ablenkung oder Überlagerung ein inneres Schaubild göttlich-personaler Wesenheit zu ermöglichen.[10] In ihrer materiellen Substanz sind diese Kultbilder reine Hilfskonstruktionen, denen keine eigene Sakralität eignet und die darum nach Gebrauch auch vernichtet werden dürfen. Soweit Yantras und Mandalas in Sand gezeichnet oder aus Ton gebrannt wurden, ist ihre vorübergehende Bedeutung evident. Aber auch den Yantras aus dauerhaften und wertvollen Materialien kommt kein sakraler Eigenwert, sondern nur eine instrumentelle Hilfsbedeutung zu.

[9] *Zimmer*, a.a.O., 75.

[10] Ausführlicher zum Wesen des christlichen Kultbildes in meinem Buch »Religion« (= Themen der Theologie), Stuttgart 1976, 86–90.

Wir haben hier also Kultbilder vor uns, denen gegenüber die Kritik der religiösen Bilderverbote ins Leere geht. Warum das so ist, wird noch deutlicher, wenn wir ihren Gebrauch betrachten.

Das Bild ist weder die Gottheit, noch deren Abbild, noch tritt ihre Wesenheit im Akt der Verehrung in das Bild hinein. Vielmehr erzeugt der Gläubige selbst »in seinem Inneren ein Schaubild göttlicher Wesenheit und projiziert es auf das Kultbild«.[11] Der Betrachter macht den Kern seines eigenen Wesens, die »Gottheit im Herzen«, zum Inhalt des Yantra. Das Meditationsbild ist also seinem Wesen gemäß nichts anderes als der innerste Kern des Andächtigen selbst. Ziel der Übung ist es, das Bild der Gottheit in sich selbst Gestalt werden zu lassen, wie es die Mystiker aller Religionen fordern: »Wenn ein Mensch Vischnu verehrt, ohne Vischnu zu werden, wird er keine Frucht der Verehrung ernten.« Dieser paradoxale Zusammenhang erfordert eine größtmögliche Allgemeinheit in der Gestalt des Yantra. Stimmungen und emotionale Spannungen im Bild würden ebenso subjektivierend wirken, wie jeder sonstige individuell-künstlerische Zug lediglich auf Oberflächlich-Zufälliges ablenken und eine Entbindung der Tiefe jenseits der flüchtigen Gestalten verhindern müßte. Eben darum ist das Kultbild in seinem Stil dem äußeren Sehen wesensfremd. »Es sucht das Auge nicht und hat ihm nichts zu sagen, wie es nicht betrachtet, sondern fixiert sein will. Auch wenn es formal ganz aus Abbildern von Dingen der Welt äußerer Sichtbarkeit aufgebaut ist, spiegelt es reine innere Anschauung, der es als Typus entstammt. Und steht im allgemeinsten seines Stils eben unter den eigenen Gesetzen dieser inneren Anschauung.«[12]

Das Gottesbild im Religionsbuch

Ein schnelles Urteil könnte meinen, daß wir mit diesen Yantras doch eine abwegige Spur verfolgen, die zu keiner im christlichen Kontext hilfreichen Orientierung führt. Ein genaueres Zusehen aber mag zeigen, daß der christlichen Bildtradition das innere Gesicht ebenfalls nicht fremd ist, wenngleich ein bewußtes Wissen hierum seit langer Zeit nahezu erloschen war und seit Alfons Rosenbergs »Christliche Bildmeditation« sich erstmals wieder anmeldet.[13]

Auch christliche Kultbilder müssen »verallgemeinernd« sein. Individuelle Gesichter, schmückende Details und erzählende historische Hinter-

[11] *Zimmer*, a.a.O., 50.
[12] *Zimmer*, a.a.O., 72.
[13] *Alfons Rosenberg*, Christliche Bildmeditation, München 1975.

gründe würden nur auf das Zufällige fixieren. Kultbilder sind Symbole, die die göttliche Dimension transparent machen. Darum dürfen sie sich nicht selbst zum Gegenstand der Aufmerksamkeit setzen, soll doch der innere Blick des Beters »durch sie hindurch« auf die ewige Wirklichkeit gerichtet werden. Darum betet das Volk meist vor unscheinbaren Gestaltungen. Keines der künstlerisch bedeutenden Werke wird als »Gnadenbild« verehrt. Meist sind die geschnitzten Formen sogar nachträglich unter starren, kegelförmigen Gewändern verhüllt, die nur noch den Typus, aber keine individuelle Eigenart mehr erkennen lassen. Wenn aber die Madonna ihr zeitloses Antlitz, das die Ikonen und die vielen geschwärzten Gnadenbilder zeigen, verliert und menschlich näherrückt, wird sie zum Vorwand des Mutter-Kind-Themas oder zur Figuration der verehrten Frau, so daß in diesen Bildern römische und florentiner Mädchen, Nürnberger Bürgerinnen und flämische Kaufmannstöchter begegnen, jeweils in zeitbetonte konkrete Umwelten hineingestellt, die das Marienleben zu einer Darstellung subjektiver Intentionen werden lassen, dem Kult aber wesensfremd bleiben, selbst dann, wenn sie zu den Altären aufrücken.

Das Kultbild ist also der innerste Kern der religiösen Bilderwelt. Es bleibt ebenso wie das Yantra ein Instrument zur Einübung des Glaubens, das die Tiefe der Seele erschließen hilft, so daß die darin eingestifteten »Bilder« von den Bildern des göttlichen Heils aufgenommen und im Gläubigen selbst verleiblicht werden. Damit dies geschehen kann, dürfen christliche Kult- und Meditationsbilder ebensowenig wie das indische Yantra subjektiver Phantasie entspringen. Strenge Formgebung, Reduktion aller beiläufigen Attribute und jeder Emotionalität sind zwingende Erfordernisse. Erzählende, ausschmückende Bilder würden, statt von der Oberfläche und dem äußeren Sehen zu lösen, um so intensiver daran binden. Erst die Abstraktion von jeder Zufälligkeit macht das Kultbild zum Medium einer geistigen Wirklichkeit.

Eines der bedeutendsten christlichen Bilder dieser Art ist die illuminierte Tafel aus dem Hildegardis-Codex »Die wahre Dreiheit in der wahren Einheit« aus der Zeit um 1147.[14] Es ist kein Bild ausschmückender Erzählfreude und keine Augenweide, sondern ein Symbolwerkzeug, das den Blick nach innen lenkt. Die Grundgestalt wird durch konzentrische Kreise bestimmt: Das überhelle Licht des äußeren Kreises symbolisiert die bildlose Gottheit, die funkelnde Lohe des inneren Kreises den Göttlichen Geist, dessen Rund seinerseits die saphirblaue Menschenge-

[14] Das Original ist im letzten Weltkrieg verlorengegangen. Eine illuminierte Kopie besitzt die Benediktinerinnenabtei St. Hildegard, Eibingen bei Rüdesheim. Eine farbige Wiedergabe findet sich in meinem Buch »Der Sprung in den Bunnen«, Düsseldorf 1981, 120.

stalt des »Sohnes«, d. h. des Menschen schlechthin, umschließt. Im Kreis sind alle Gegensätze aufgehoben und dennoch alle Potenzen enthalten. Die innen- und die außengerichteten Kräfte befinden sich im Gleichgewicht. So ist der Kreis ein Symbol der Mitte und des Alls, der göttlichen Vollkommenheit, der kosmischen Universalität und der menschlichen Ganzheit in einem. Gewiß ist für den bildverwirrten Zeitgenossen eine solche Darstellung »uninteressant«. Es scheint ihm ein einziger Blick zu genügen, um wissen und sagen zu können, was hier zu »sehen« ist. Aber eben dieses schnelle Erschöpfen der äußeren Gestalt, die »lange Weile«, die dieses Bild einfordert, die spirituellen Dispositionen für den Weg nach innen, sind die entscheidenden didaktischen Kriterien, die an ein »Gottesbild« anzulegen sind. Diese Darstellung aus dem Hildegardis-Codex impliziert eine theologische, eine mystische und eine meditative Didaktik der Gotteslehre *und* des Gottesverhältnisses – bei gleichzeitiger Konvergenz zu den besten außerchristlichen Traditionen religiöser Erfahrung –, so daß von hierher die bisherigen »Bebilderungsversuche« zur Gotteslehre, aber auch ihr dogmatischer und spiritueller Weg, eine neue didaktische Begründung und Ausrichtung finden sollten.

Um es ganz deutlich zu sagen: Dem beschriebenen Gottessymbol wird hier ein bevorzugter Platz innerhalb der christlichen Tradition des Gottesbildes eingeräumt, alle gegenständlichen Darstellungen werden für ein Religionsbuch dagegen abgelehnt. Auch künstlerisch hochstehende Werke, auf die man meistens noch zurückgreift – beispielsweise ein mittelalterlicher Gnadenstuhl, Dürers Allerheiligenaltar oder Michelangelos Schöpfergott aus den Sixtinischen Fresken – halte ich ebenso für inakzeptabel. Das gilt schlechthin. Selbst verbale Einschränkungen oder kritisch formulierte Arbeitsaufträge können keine Alibis schaffen, und sogar der häufig anzutreffende Auftrag »Malt einmal, wie ihr euch Gott vorstellt!«, ist strikt abzulehnen, weil bereits die Anweisung oberflächlichem Problembewußtsein entspringt und auch eine verbal-kritische Aufarbeitung die unbewußt prägende Kraft des Bildes nicht überwinden kann. Wenn wir es erreichen könnten, in religionspädagogisch verantworteten Situationen prinzipiell und ausnahmslos auf gegenständliche Gottesbilder zu verzichten, einerlei welches Arbeitsmittel sie zu rechtfertigen scheinen mag, um statt dessen mit Gottessymbolen nach Art des Yantras zu arbeiten, wäre ein grundlegend neuer Weg beschritten, dessen didaktische Realisation freilich noch viel spirituelle Schulung erforderte. Natürlich steht für diese Bildkategorie die Darstellung aus dem Hildegardis-Codex hier nur als Beispiel. Der gleiche Bildtypus liegt vor auf dem bekannten Fresko aus San Clemente in Tahull/Spanien. Mit solchen Bildern können wir weder illustrativ noch argumentativ arbeiten, sondern – wenn überhaupt – nur spirituell. Ihnen gegenüber heben sich entscheidende Einwände der theologischen Bilderskepsis auf. Andererseits helfen sie, eine spirituell sensible Didaktik zu realisieren, die zugleich die räsonierenden Texte vulgarisierter Religionskritik, die höchstens falsche Gottesvorstellungen bekämpfen, durch eigene Erfahrungsanleitungen zu ergänzen vermag.

Bildgesegnet – Bildverflucht

Unsere bisherigen Überlegungen haben allein dem Gottesbild gegolten. Das mag der entscheidende Prüfstein für die Religionsdidaktik sein, aber isolierbar ist dieses Problem nicht. Auch in allen anderen Hinsichten besteht ein Bilderproblem, gibt es eine nahezu unaufhebbare Ambivalenz zwischen Segen und Fluch, wie es bei Hermann Broch in seinem Roman »Der Tod des Vergil« heißt: »Bildgesegnet und bildverflucht ist das menschliche Leben, nur in Bildern vermag es sich selbst zu erfassen, unbannbar sind die Bilder, sie sind in uns seit Herdenbeginn, sie sind früher und mächtiger als unser Denken, sie sind ein Zeitloses, schließen Vergangenheit und Zukunft in sich ein ...«

Wegen dieser tiefen Fundierung der Bilder in unserer Seele sprechen gerade die Religionen eine symbolische Sprache, die weit hinter die bewußte Gedankenwelt zurückgeht und den dort angelegten bildhaften Dispositionen erlösend und helfend entgegenkommt. In ihren Mythen und Riten, ihren Bräuchen und Symbolen erfährt der Mensch ein »bildgesegnetes« Angebot, die unbefreiten Schatten seiner Herkunft als auch die lastenden Zukunftsängste aufarbeiten und integrieren zu können. Wenn aber die unerlösten Bilder sich selbständig machen und über das Fühlen und Denken triumphieren, beginnt die Tyrannei der Dämonen. Seit jeher kennen die Religionen beide Herrschaftsformen der Bilder, die gesegnete und die verfluchte, und je mehr die Religionen im Erbe der säkularen Gesellschaft stehen, um so verwirrender mischen sich die Bilderwelten, bis zur beliebigen Präsenz aller Zeiten und Werte.

Eine bilddidaktische Konzeption unserer Religionsbücher ist ohne den Blick auf diese Situation nicht erreichbar. Unsere bisherigen Überlegungen könnten deutlich gemacht haben, daß die immer noch geübte Praxis, ein gedanklich konstruiertes Manuskript erst nachträglich zu »illustrieren«, zu keiner didaktisch vertretbaren Position führt. Auf diese Weise entstehen Religionsbücher, die um die Bilderverwurzelung ihrer Wirklichkeiten nichts wissen und deshalb fast ganz von Zufällen, Zeitmoden und werbegraphischen Gesichtspunkten regiert werden. Sehen wir zu: Ins Auge springt zunächst der unruhige Charakter vieler Bücher. Das gilt für Grundschulbücher ebenso wie für jene der Sekundarstufe, für katholische mehr als für evangelische. Extrem flackerig und laut wirkt der Band »Zielfelder 5/6«; aber auch die Exodus-Titel (zumal jene für das 3. und 4. Schuljahr) und die Trutwin-Reihe bei Patmos erstreben plakative Wirkung – oft um jeden Preis. Man sieht auf den ersten Blick, daß hier Werbe- und Gebrauchsgraphiker das Sagen hatten. Es ist verständlich, daß solche Leute die Wirkung ihrer Seitengestaltung in einer anderen Richtung suchen, als sie für den Religionspädagogen aufgegeben ist: Sie unterscheiden keinerlei Bildsorten, plazieren Fotos (sowohl informative Fotos wie Stimmungsbilder), Malerei aller Jahrhunderte, comicartige Zeichnungen, Karikaturen, Kultbilder etc. bunt durcheinander, mal einzelne Bilder extrem verkleinert, mal auf Seitenformat vergrößert (ohne daß Kriterien für diese Wertungen deutlich würden), und scheinen als leitende Gesichtspunkte »Auflockerung« und (werbegraphische) »Wirkung« zu verfolgen, also die Maximen der Konsumgängigkeit und der leichten Unterhaltung. Bei einigen Büchern werden von Seite zu Seite immer neue Grundfarben gewählt, meist kräftige, leuchtende Flächen, auf denen Texte und Bilder um so effektvoller präsentiert werden sollen. Mit ähnlicher Absicht erfolgt die Schriftgestaltung, zumal jene der Überschriften und Fangzeilen.

Der hiermit angedeutete Gesamtcharakter solcher Religionsbücher schwimmt im allgemeinen Strom der Zeit: Er wirkt kurzweilig, segmentierend und häppchenhaft; unterhaltend statt fordernd; zerstreuend statt sammelnd. Ohne Zweifel verfolgen solche Bücher eher eine konsumptive Tendenz, als daß sie willens wären, die Schüler zu ihren *eigenen* tiefsten Möglichkeiten zu führen, ihnen Unterscheidung statt Anpassung zu erlauben.

Besonders ärgerlich ist die graphische Gleichbehandlung der verschiedenen Kapitel: Die Seiten über Gott oder das Gebet unterliegen derselben effektheischenden Machart wie die Kapitel über Drogen oder Stars und Vorbilder.

Gewiß ist die durchgehende Einheit in der Gestaltung von Schulbüchern sehr wichtig, aber innerhalb dieses Zusammenhangs muß den didaktischen Erfordernissen der unterschiedlichen Themen, zumal jenen »inwendiger« Art, doch sehr sensibel Sorge getragen werden.

Insgesamt können wir die Wirkung der Bilderwelt und ihrer graphischen Präsentation im neueren Religionsbuch folgendermaßen resümieren:

Erstens: Die Funktion dieser Bücher ist ent-bildend. Die Vielfalt und Beliebigkeit der Bilder, ihre eher auflockernde als anfordernde Ausrichtung, unterstützen einen Zerstreuungsprozeß, der zum entbilderten, entbildeten, ent-stalteten Menschen führt.

Zweitens: Die graphische und illustrative Machart der neuen Religionsbü-

cher tendiert auf einen Verlust der Tiefe zugunsten einer in zufällige Bilder aufgelösten Oberfläche.
Drittens: Diese Religionsbücher entheben der Auseinandersetzung mit dem Bild, weil die Bilder meistens nur sekundär sind, lediglich begleitende Funktion haben, deshalb eher beiläufig illustrativ bleiben und also auch nur zu beiläufigen Hinweisen im Unterricht motivieren.
Viertens: Vor allem aber erfolgt eine Zerstörung des inneren Bildsinnes – konform mit den Vorgängen in der Gesamtkultur. Diese Zerstörung ist um so größer, je zufälliger – das heißt beliebiger, äußerlicher, austauschbarer – das Bildmaterial ist.

Sofern der Segen in der Menge liegt, könnte man die heutigen Religionsbücher »bildgesegnet« nennen, suchen wir ihn jedoch in der Wahrheit der Bilder, die nie im Äußeren liegt, fällt es schwer, viele Seiten unserer Religionsbücher nicht »bildverflucht« zu nennen. Unsere nachfolgenden Einzelstudien sollen dieses Urteil näherhin belegen. Um uns nicht in der Materialfülle zu verlieren, soll nur das Bibelbild untersucht werden. Die anschließenden Kapitel behandeln weitere zentrale Fragen der religiösen Bilddidaktik.

Bild und Bibel

Mit jeder neuen Kinderbibel und mit jeder Schulbibelausgabe stellt sich immer wieder die Grundfrage nach dem Verhältnis von Wort und Bild. Zumindest stehen Herausgeber und Verleger vor dieser Hürde, die trotz des Bilderstreits der byzantinischen Kirche nicht beseitigt erscheint, aber da es angesichts konkreter Entscheidungszwänge zu spät ist, elementare Prinzipienstreitigkeiten zu klären, fällt die immer klare Entscheidung zugunsten eines bestimmten Malers oder Zeichners bei meist völliger Unklarheit über die damit eingehandelten theologischen und didaktischen Probleme. Selbst innerhalb der heutigen Religionsbücher, deren Zustandekommen ja doch wohl religionspädagogisch gebildete Autoren und Lektoren vertreten, begegnen nach wie vor verblüffende Bibelillustrationen, die m. E. nicht einmal fragwürdig, sondern rundum verfehlt sind.

Den Vätern des Bilder-Konzils galt die zu ihrer Zeit undiskutierte Formel als selbstverständlich, daß ein Bild schweigendes Wort sei. Man ging hierbei von einer Konvertierbarkeit von Bild und Bibelwort aus, in der stillen Annahme, daß das, was das Wort überliefert, auch im Bild erscheinen könne. Diese Gleichsetzung von Bild und Wort führte zu folgenschweren Blickverengungen, die zunächst noch tolerierbar erscheinen, solange nämlich die mittelalterliche Lehre von der vierfachen Art der Bild-Einsicht lebendig war (die ja ihrerseits der Textexegese entstammt).[15]

An erster und unterster Stelle dieser Interpretationslehre steht die historische Einsicht. Hier handelt es sich um einfache Tatbestände. Wer nur diese Verstehensebene erfaßt, gilt als schlichter Geist. So erzählt die Bibel beispielsweise von Abraham, er habe zwei Söhne gehabt, einen von der Magd und einen von der Freien. Da ist nicht viel zu verstehen: es ist eine Darstellung, die man hinnehmen muß.

Anders wird dies schon auf der nächsten Verstehensstufe, die mittels der Allegorie eine tiefere Wirklichkeitsschicht erfassen hilft. So sagt Paulus, die beiden Söhne Abrahams repräsentierten den Alten und den Neuen Bund. Diese Interpretation durchleuchtet das Faktum auf seine heilsgeschichtliche Bedeutung, gibt ihm eine Perspektive, die in die Zukunft weist.

Nochmals tiefer in das Bild führt die Tropologia. Hier geht es um die Betroffenheit des schauenden Menschen. Er stellt sich der Darstellung »im Grund der eigenen Seele« und läßt sich von ihr fordern.

Die vierte und oberste Stufe der Bilderkenntnis, die Anagogia oder Hinaufführung, läßt den Betrachter die in der Sinnenhaftigkeit des Bildes nicht erfaßbaren »ewigen Freuden«, die alle Sinneserfahrung übersteigende geistliche Wirklichkeit erfahren.

Natürlich waren nicht alle Bildwerke von solch gesteigerter Tiefe. Es verlangt einen wachen Geist, Bildwerke daraufhin untersuchen zu können, »ob sie nur historisch oder schon allegorisch, tropologisch und sogar anagogisch gemeint sind.«[16] Für frühmittelalterliche Bilder ist allerdings grundsätzlich eine vielschichtige Bedeutung gegeben. Ein Baum beispielsweise ist hier niemals nur ein Baum im Sinne der Botanik, sondern immer auch mehrdimensionales Symbol mit wechselnder Bedeutung.

Solange also dieserart Lehre von der vierfachen Einsicht für biblische Bilder konstitutiv war, standen Text und Bild in mannigfacher fruchtbarer Spannung zueinander, ohne daß von ihrer Konvertierbarkeit die Rede sein könnte. Mit dem Verflachen dieses Bildsinnes aber und dem stets stärkeren rationalistisch-historischen Wirklichkeitssinn verengten sich Text- und Bildverständnis auf äußere Vorgänge. Der Baum wurde zu nichts anderem als »einem« Baum, Abraham schrumpfte zur historischen Figur, Psychologie ersetzte symbolische Wahrheit, und übrig blieb eine

[15] Vgl. hierzu *Herbert Schade*, Zur Bildtheorie im frühen Mittelalter, in: Christliche Kunstblätter, Linz/Donau 1959, Heft 4, 113ff.; *ders.*, Dämonen und Monstren, Regensburg 1962, 27f. Schade stützt sich auf Rhabanus Maurus, Allegoriae in sacram scripturam. Vgl auch *Henri de Lubac*, Exégèse médievale. Les quatres sens de l'écriture. Bd. I und II, Paris 1959.

[16] *H. Schade*, Dämonen, a.a.O., 28. Eine etwas ausführlichere Darstellung der Lehre vom vierfachen Text- und Bildsinn findet sich hinten S. 125f.

Art Historienmalerei, die von Schnorr von Carolsfeld bis zu den heutigen Kinderbibeln führt.

Zweifellos korrespondierten einstmals die bildlichen und die exegetischen Betrachtungsweisen, wie die Lehre vom vierfachen Bildsinn beweist. Je mehr sich aber ein rationalistisches Denken durchsetzte, um so mehr schwand der Sinn für symbolische, allegorische und mystische Bedeutungen. Die Bibel wurde immer mehr historisierend mißverstanden, die Illustration dieses Textverständnisses führte zu eindrucksvollen Szenen, deren Wirklichkeitsgehalt heute jedoch eher an Oberammergau denken läßt, als daß er in das Geheimnis der Botschaft verweist. In unseren heutigen Kinder- und Schulbibeln haben wir es bei der Mehrzahl der Publikationen immer noch mit den Auswirkungen dieser Entwicklung zu tun. Ihre wichtigsten Richtungen sollen nachfolgend kritisch untersucht werden, wobei von Anfang an zu beachten bleibt, daß die charakterisierten Tendenzen ineinander übergehen und sich meist nur durch ihre Akzentsetzung unterscheiden lassen.

Die historische Tendenz

Den primitivsten Ausdruck findet diese Illustrationsart in den Bibelcomics amerikanischer Herkunft. Ich gehe hier von der Heftserie »Die Bibel im Bild« aus, die seit 1976 in der von Cansteinschen Bibelanstalt in Bielefeld erscheint.[17] Der grundlegenden Frage, ob die Bibel überhaupt »comic-able« sei, und – wenn ja – in welchen ihrer Textgattungen, greifen diese Hefte vor. Sie unterwerfen die Bibel, durch keine Problemsicht gehemmt, dem üblichen Comic-Strickmuster, einerlei wie Kerygma und Geschichte eine Sprachform bestimmen. Man mag die Bildfolgen analysieren, wo immer man will, es zeigt sich, daß dieser Comic-Zuschnitt nur äußerst selektiv auf den Bibeltext zurückgreift.

Alle Passagen, die nicht unmittelbar handlungsaktiv und personifizierbar sind, entfallen. Infolgedessen werden Textdimensionen betont theologischer Relevanz wenig oder gar nicht beachtet. Historisierende Oberflächlichkeit ist die Folge.

Die eigentliche Problematik dieser Comic-Reihe liegt darin, daß ein beliebtes Genus jugendlicher Schmökerlust übernommen wurde, ohne die hermeneutischen Beziehungen zwischen Wort und Bild, Bibel-Sprache und Comic-Transfer didaktisch reflektiert zu haben. An dieser

[17] Die Bibel im Bild. Deutsche Bibelstiftung Stuttgart/von Cansteinsche Bibelanstalt Bielefeld, 1976. Die nachfolgende Kritik ist auszugsweise aus meinem Aufsatz »Die Bibel in Comics. Anmerkungen zur unterrichtlichen Auseinandersetzung« entnommen. In: Th. Karst, Kinder- und Jugendlektüre im Unterricht. Bd. 1: Primarstufe, Bad Heilbrunn 1978, 186–193.

Stelle berührt sich die hier kritisierte Reihe jedoch mit zahlreichen anderen Illustrationen zur Bibel, die den Bibeltext lediglich auf solche Informationen befragen, die im Bild vordergründig »darstellbar« sind.

Grundsätzlich ist davon auszugehen, daß die biblischen Schriften nach Absicht und Methode nicht historische Berichte sind, sondern kerygmatische Texte, deren Sprache geschichtliche Erfahrung nicht konterfeit, sondern deutet und auf die in der Immanenz transzendente Wahrheit hin bezeugt. Das geschieht in einer Weise, die sich historisch-gegenständlicher Anschaulichkeit bedient, um in und hinter aller Anschaulichkeit das Unbegreifbare ebenso zu benennen wie zu verschweigen. Für den an den Stil der Tagesberichterstattung gewöhnten Zeitgenossen liegt es nahe, die Tiefendimension dieser biblischen Sprache zu verfehlen und, statt zu ihrer Theologie vorzudringen, an der Außenfront vermeintlicher Information hängenzubleiben. Im Vergleich zur mittelalterlichen Lehre von der vierfachen Bild-Einsicht wird hier also nur die unterste Verstehensebene angestrebt, die stumpf ist gegenüber jeglichem Geheimnis.

Die Betrachter dieser Bilder werden in eine historisierende und psychologisierende Perspektive getrieben, in der die Bibel zum bizarren Abenteuer gerinnt. Dabei inszeniert die historisierende Perspektive eine theatralische Dramatik, die aus der »Botschaft« eine Konsumware macht. Wo allerdings das Wirklichkeitsverständnis auf die Surrogate der Trivialliteratur reduziert wird, besteht die Gefahr, daß diese »Bibel im Bild« selbst das letzte Fenster in die Weite mit billigen Bühnendekorationen zuklebt.

Ohne daß es sich um Comics handelt, liegt eine ähnliche historisierende Illustration in den Bibel-Bildern des Religionsbuches »Am Anfang« vor.[18] Die gezeichneten Bilder von Hetty Krist-Schulz inszenieren Schauobjekte ohne Hintergrund. Teilweise karikieren sich einzelne Figuren selbst, wie etwa der schnurrige Zachäus, öfter aber handelt es sich um Bühnenbilder, die Oberammergau-Impressionen vermitteln. Einerlei, ob es sich nun um das Gastmahl beim Pharisäer handelt, um die Kindersegnung oder um den Gang nach Emmaus, stets sind die Motive konventionell festgelegt, theatralisch verbraucht und ohne Mysterium. Für diese Art Illustration bedurfte es keiner hundertjährigen bibeltheologischen Forschung, um den geistlichen Sinn der Schrift wiederzuentdecken.

[18] Am Anfang. Ein Arbeitsbuch für den Religionsunterricht im 1. und 2. Schuljahr; hrsg. von Erich Bochinger u. a., mit Zeichnungen von Hetty Krist-Schulz (u. a.), Frankfurt a. M. 1976.

Die stilisierende Tendenz

Die historisierende Illustration bestimmte nicht die Religionsbücher der fünfziger und sechziger Jahre. Vorwiegend treffen wir dort stilisierende Bilder an, wie sie z. B. in einer der frühesten Nachkriegs-Kinderbibeln, in Herders »Kinder- und Hausbibel«[19], oder in der »Ravensburger Bilderbibel«[20] vorliegen. Wenn wir einmal absehen von einer Anzahl regional verbreiteter Religionsbücher, deren Illustration häufig unter jedem akzeptablen Niveau lag,[21] finden wir in Johannes Grüger oder Paul Lankes typische Illustratoren, deren Zeichnungen die damals einheitlich eingeführten Grundschulbücher[22] sowie eine Reihe religiöser Kinderbücher ausstatteten.

Was die Illustrationen jener Religionsbücher überzeugend darstellen, ist eine Verkümmerung des Weltbezuges.[23] Die Inhalte verbinden sich nicht mit der ursprünglichen archetypischen Bildwelt des Kindes. Sie verkörpern nicht bedeutungsträchtige Urbilder, welche die kindliche Einbildungskraft ansprechen und exemplarisch Zugang zur Tiefe des Wirklichen eröffnen. Die Illustrationen schwanken zwischen platter, aber unwahrer Gegenständlichkeit und idealisierender Typenbildung. Die Kleidung der Kinder zum Beispiel ist präzise wiedergegeben: Faltenröcke, Ringelsöckchen, weiße Kragen; das kultische Zubehör in den Kirchen ist geradezu gewissenhaft abgebildet. Aber durch diesen vordergründigen Realismus schreitet Jesus barfuß in frühmittelalterlicher Gewandung, während ihm die lieben Kleinen in ihren Ringelsöckchen mit aufwärtsgewandtem Blick und leerem Schablonenlächeln folgen. Die Einfalt der Kinder Gottes, schwächlich und unwahr vorgestellt, wird bildhaft ausgesprochen, indem man alle Personen mit einem aufreizend naiven Gesichtsausdruck ausstattet.

Man denkt sich Gotteskinder tugendsam, malt ihnen also niedergeschlagene Augen, emporgerichtete Blicke, schräg gehaltene Köpfe. Und daß die Christen ob ihres vorbildlichen Familienlebens getrost sein

[19] Kinder- und Hausbibel, mit vielen Bildern, Psalmen, Gebeten und Liedern und einem frohen Gang durchs Kirchenjahr. Hrsg. von Richard Beron OSB, Freiburg 1948.

[20] Ravensburger Bilderbibel, Das Neue Testament. Übersetzt und geschrieben von Josef Weiger, illustriert von Alice und Martin Provensen (New York 1953), Ravensburg 1957.

[21] Als Beispiel diene: An Gottes Hand. Katholisches Religionsbüchlein für das 1. Schuljahr, hrsg. von den bayerischen Bischöfen, München [3]1962.

[22] Es handelt sich um:
Jesus ich bin Dein. Religionsbüchlein für die Kleinen. (1. Schuljahr), Düsseldorf 1960.
Frohe Botschaft. Glaubensbuch für das 2. Schuljahr, Freiburg 1963.
Glaubensbuch für das 3. und 4. Schuljahr (mit den Bildern von Paul Lankes), Düsseldorf 1963.

[23] Die folgenden Ausführungen folgen der Kritik von Brigitta Brockmann-Werner: Die Illustrationen der Religionsbücher, in meinem Buch »Fundamentalkatechetik. Sprache und Erfahrung im Religionsunterricht«, Düsseldorf 1968, 189–191.

dürfen, drückt der bescheidene Stolz in der Pose der Kindeseltern aus, die gottwohlgefällig mit ihren Kindern Bauklötze legen. Während Abbilder sich durch Genauigkeit auszeichnen, also richtig sein wollen, Bilder das Wesentliche sichtbar machen, also wahr sein wollen, sind diese Illustrationen weder richtig noch wahr. Abbilder können sie nicht sein, die dargestellte Wirklichkeit gibt es so nicht. Und wenn man den Darstellungen deutende Absicht zusprechen will, sieht man zwar die Absicht, aber keine wahre Deutung. »Deutung« sieht hier dann so aus: Man hat gewisse Vorstellungen vom »Wesen des Gotteskindes«, von der christlichen Familie, von ihrem Leben und ihrem demütig kindlichen Verhältnis zu Jesus und seinen Nachfolgern. Dieses »Wesen« wird nun nicht wie beim Bild als »Tiefendimension« des Dargestellten im Relationengefüge der Form mitgegeben, sondern aufgetragen. Wir stehen vor dem Phänomen Kitsch, bei dem sich schwaches Erleben im Peripheren und Unechten sublimiert. Daß hier nicht tiefe und ursprüngliche Erfahrung nach Ausdruck verlangt, zeigt sich vor allem in der Hilflosigkeit, Jesus, Jünger und Heilige darzustellen. Überhaupt unfähig zu einer Form, flüchtet man zu formalen Elementen vergangener Epochen, ist aber nicht einmal zur Stilnachahmung fähig, endet in klassischem Kitsch minderster Güte oder grotesker Formlosigkeit und vermittelt ein Jesusbild, das die Züge eines frömmelnden Klosterbruders mit denen eines römischen Pantokrators vereinigt, aber nicht *den* Menschen sichtbar macht. Wenn wir uns erinnern, daß Bilder, auch Zerrbilder, auf das Gemeinte zurückwirken und unser Verhältnis zu ihm bestimmen, beruhigt allenfalls, daß es sich bei diesen Illustrationen nicht einmal um geglückten Kitsch handelt, der auf den Betrachter mit unerklärter Gefühlshaltung und wenig differenziertem Urteilsvermögen anziehend wirkt und tiefere Gefühlsschichten anzurühren vermag. Diese Bilder lassen, wenn sie nicht ärgern oder zur Satire herausfordern, schlechthin kalt. Es liegt darin die Chance, daß die Kinder später dieses Panoptikum unwahrer Gestalten hinter sich lassen und eigenständig Ausdruck für die religiöse Dimension ihres Lebens suchen, wenn diese nicht vordem verkümmert ist, weil man ihr weder Bilder noch Sprache bot, an denen sie wachsen konnte.

Die Schwäche des Lebensbezuges, im Formlosen offenkundig, begegnet aber auch verhüllt in ausgeprägtem Formbewußtsein. Besonderes Ausdrucksverhalten einer Stilepoche oder eines Künstlers wird als aussagemächtig erkannt, und die unterschiedliche Erlebnisdichte zwischen fremdem Ausdruck und eigenem blassen Lebensbezug wird mehr oder minder bewußt erspürt. Ohne daß die zugrunde liegende Erlebnisqualität adäquat nachvollzogen werden könnte, wird der fremde Ausdrucksstil angeeignet und effektvoll angewendet. Gehaltmäßig nicht mehr gedeckt, verfällt die Ausdrucksgestalt der Inflation: Auch die gekonnte Form spricht nicht, wenn sie leere Form ist. Unter diesem Aspekt sollte man eine andere Art von Illustrationen kritisch betrachten. Denn dort, wo weniger unbekümmert illustriert und harmonische Durchkomposition angestrebt wurde, ist das Ergebnis selten erfüllte Form, meistens akademischer Formalismus. Das Formprinzip solcher Darstellungen wirkt nicht von innen nach außen, sondern ist von außen auferlegt. Sie wirken gewollt symbolträchtig und krampfhaft expressiv, kurz: manieriert. Daß die ikonographisch strenge Typik der Gestalten, die spezifische Gestik, mittelalterlicher Malerei entlehnt, nicht wirklich nachempfunden, sondern nur nachgeahmt sind, verrät ihre stereotype Verwendung für die unterschiedlichsten Bildinhalte. Die übergroßen, die Physiognomie der Figuren beherrschenden Augen zum Beispiel bedeuten ursprünglich die Teilhabe an der unirdischen Schau, Zugehörigkeit zum Himmlischen. Wenn nicht nur, wie ehedem, der erhöhte Christus und seine Heiligen, sondern jedermann so ausgezeichnet erscheint: der Bischof, der firmt, Gottesdienstbesucher, die Angehörigen des Primizianten, Kinder am Krankenbett, ist die ursprüngliche Bedeutung dieses Formelementes klischeehaft entwertet.

Auch das Farbsymbol, ein anderes Beispiel, wird zur Formel herabgewürdigt, wenn man ein Brautpaar und eine Bürgerfamilie auf Goldgrund malt. Solche Mißgriffe zeigen, daß man zwar rein intellektuell mit der Bedeutung der Farbe hantiert, aber nicht um ihre geschichtlich besondere Erlebnisqualität weiß, die solche Bildkomposition verbietet, obgleich diese die Lehraussage, auf die sie zielt, rein formal richtig illustriert. Aber solche Richtigkeit ist nicht die Wahrheit des Bildes. Abstraktionen und Symbolismen sind in der frühchristlichen und mittelalterlichen Bilderwelt entstanden aus dem Schauer und dem Ergriffensein vor dem Numinosen, das natürliche Formen transzendiert und sich gegenständlicher Darstellung entzieht. In diesen Illustrationen sind sie nur noch bildliche Formel für verbale Lehrformeln: Lehre wird ins Bild gesetzt. In aller formelhaften Lehre verflüchtigt sich die Fülle des Lebendigen zu abstrakter Leere. So ist auch die »abgebildete Lehre« in den Religionsbüchern nicht mehr vieldeutiges Bild, dessen letzte Tiefe sich – wie die des Lebens – dem erklärenden Zugriff entzieht, sondern leblose Formel, die sich eindeutig entziffern läßt. Die Illustrationen verhalten sich zu Bildern wie ein Lehrsatz zur Unmittelbarkeit einer Erzählung oder eines Gedichtes. Sie lassen wissen, aber nicht erfahren. Sie eröffnen keine Welt, denn unsere Welt ist in ihnen nicht da.[24]

[24] Die Einzelnachweise für die Kritik der hier zugrundegelegten Religionsbücher finden sich am angegebenen Ort.

Der stilisierenden Tendenz ebenfalls zuzuzählen sind die Bibelillustrationen von Reinhard Herrmann, welche die seit 1973 in Einzelbändchen erscheinende »Elementar Bibel« schmücken.[25]

Ohne Zweifel sind die Herrmann'schen Zeichnungen mit dem stilisierenden Typ Grügers verwandt, und ein Schatten der bisher vorgetragenen Kritik trifft auch diese Illustration. Allerdings handelt es sich hier um eine verfeinerte Form. Die Ausführung ist sehr sorgfältig mit Liebe zum Detail gestaltet und gleichzeitig von hohem ästhetischen Reiz in der Art, wie Text und Bild auf jeder Doppelseite eine sensibel empfundene Einheit bilden. So gesehen gehört die »Elementar Bibel« zu den schönen Büchern des religionspädagogischen Marktes. An dieser Stelle geht es freilich nur um eine isolierte Beurteilung der Bilder.

Aus der Sicht der Herausgeberin[26] sind die wichtigsten bildnerischen Prinzipien folgende: Die Illustrationen sollen nicht nur ausschmücken, sondern den Text ergänzen, indem sie diesen näherhin erläutern und den Betrachter zu symbolischem Denken auffordern. Dazu dient ein Repertoire fester Gestaltungselemente, die den Kindern helfen sollen, die Sprache dieser Bilder zunehmend selbständig zu lesen. So werden die Figuren zunächst einzeln, ohne Überschneidung mit anderen Gestalten, eingeführt; erst danach werden ihre Umgebung und der szenische Kontext gezeigt. Requisiten (wie z. B. Stab, Kopfbedeckung, Kleidung, Wolken, Licht und Dunkel) dienen als leicht lesbare Bedeutungsträger. Durchgehend soll gelten: keine Unklarheiten, keine Nebensächlichkeiten, jedoch geheimer Sinn und symbolische Mehrdeutigkeit. Die Neigung zur klaren Zeichnung zwingt gleichzeitig zur Genauigkeit in allen Details und zur Folgerichtigkeit in der Chiffrensprache. Der Schüler soll ebenso genau hinsehen müssen und erste Erfahrungen mit verschiedenen Realitätsebenen gewinnen.

Insgesamt wollen diese Zeichnungen kulturgeschichtliche Detailtreue (unter entsprechender Berücksichtigung historischer Vorlagen) mit symbolischer Tiefe verbinden. Der Anspruch ist also hoch gesteckt. Kann er eingelöst werden? Das Problem liegt auch hier wohl in der Stilisierung, zumal der menschlichen Gestalten, wenngleich die strenge Formgebung eine starke Geschlossenheit der Bilder ermöglicht. Die ausgeprägte Stereotypie der Figuren ist freilich unübersehbar. Zwar hat die Sorgfalt des Zeichners dafür gesorgt, daß man jede einzelne Gestalt, und seien es die zwölf Söhne Jakobs oder die sieben Söhne Isais, unterscheiden kann,

[25] Elementar Bibel. Ausgewählt und in einfache Sprache gefaßt von Anneliese Pokrandt, gestaltet und illustriert von Reinhard Herrmann, Lahr/München 1973 ff. (Bis 1981 liegen 5 Teilbände vor. Die Teile 6 bis 8 sollen bis 1984 erschienen sein.)

[26] Vgl. *Anneliese Pokrandt*, Hinweise zum Verständnis der Texte und Bilder der Elementar Bibel. Teile 1–4, Lahr/München 1974 ff.

doch geschieht dies durch formale Differenzierung der Kleidung, der Haartracht oder irgendwelcher Attribute, so daß trotz aller Vielfalt im Detail eine gewisse Langeweile den Gesamtcharakter der Illustration prägt. Gleichzeitig kennzeichnet diese Detailgenauigkeit natürlich eine rationale Dominanz in vielen Bildern: Individualmerkmale, Bedeutungsgrößen, Stellung der Figuren und Farbgebung werden nach genau festgelegten, didaktisch bewerteten Kriterien gehandhabt. Das räumt eine gewisse unterrichtliche Brauchbarkeit ein, reduziert die intendierte Symbolik jedoch mehr auf ein definiertes Chiffrengefüge, als daß hier Offenheit und Uneinholbarkeit der Bedeutungen gewahrt blieben. Freilich gilt dieses Urteil nur tendenziell, denn natürlich partizipiert der Paradiesgarten oder das Gottessymbol vom Horeb an der symbolischen Mehrdeutigkeit der Bibel, wenngleich aber gerade die Gottessymbolik innerhalb der Reihe in einer fatalen Weise alle Fehler der jüngeren Bildtradition wiederholt: Adam und Eva steht »Gott« als ein orangegewandetes Männchen gegenüber, entsprechend direkt wird der Anthropomorphismus der jahwistischen Schöpfungsgeschichte ins Bild übersetzt, und auch die Gottesvision des Jesaja zeigt sich in einer so platten Direktheit an, daß kein Mysterium übrigbleibt, wohingegen die Gottesoffenbarungen an Mose und Elija in einer angemessenen symbolischen Zurückhaltung dargestellt werden. Eine nähere Untersuchung der Gotteshematik dieser Bilder kann deutlich machen, daß hier dem Text zu vordergründig illustrativ gefolgt wird: ob es sich nun um Jakobs Traum von der Himmelsleiter, um den nächtlichen Kampf am Jabbok, um Elijas Opfer auf dem Karmel oder um dessen Himmelfahrt handelt ... jeweils bleibt die biblische Darstellung auf einer naiv gegenständlichen Ebene und zugleich wesentlich eindrucksloser als zum Beispiel die *legitim* historisierenden Bilder anderer Szenen.

Eine entscheidende Überprüfung dieser Kritik – so dachte ich – können die neutestamentlichen Illustrationen Reinhard Herrmanns bieten, wie sie bislang in zwei Grundschulbüchern[27] veröffentlicht sind, und zwar in bunter, voller Farbigkeit. Aus diesem Grunde habe ich diese Bilder erst nach Niederschrift des voranstehenden Urteils hinzugezogen. Hier fällt jedoch die Illustration der »Jesus-Geschichte« völlig unter das Niveau des alttestamentlichen Teils der Elementar Bibel. Es sind kindertümelnde Bildchen mit einem klischeehaft stilisierten Jesus und rein äußerlich verbleibenden Szenerien, denen keinerlei Symbolkraft mehr eigen ist. Unwillkürlich erwecken sie den Eindruck einer Playmobil-Welt. Über den Typ dieser Bibelillustration ist nachfolgend mehr zu sagen.

[27] *R. Schindler, M. Rettich, R. Herrmann,* Alles ist neu. Fibel für den Religionsunterricht, Lahr/Frankfurt a. M. 1977; *K. Engelhardt, D. Haas, R. Hauswirth, H. Kaiser, R. Schupp,* Vieles ist anders (Religion 2), ebd. 1979.

Die kindertümelnde Tendenz

Die weitaus meisten der neueren Bibelillustrationen bemühen sich um betonte »Kindgemäßheit«, ohne sich immer darüber klar zu sein, inwieweit Inhalte der Lebenstiefe durch die Anpassung an kindliche oder auch nur vermeintlich kindliche Auffassungskategorien ihre eigentliche Substanz einbüßen. Ein Prototyp dieser Richtung ist Jacques Le Scanff mit der von ihm illustrierten »Patmos Bibel«.[28] Gleich das erste Bild des Schöpfergottes, der auch ein Räuber Hotzenplotz im roten Nachtgewand sein könnte, zeigt an, wie wenig innere Dimension hier erwartet werden kann. Alle weiteren »Offenbarungsbilder« verstärken diesen Eindruck, wie zum Beispiel Ezechiels Vision vor Gottes Thron, die ähnlich dümmlich wie das Schöpfungsbild erscheint. Insgesamt bleibt die Illustration von Le Scanff überaus schlicht, um nicht zu sagen: einfältig, als ob dies Kindern am ehesten entsprechen würde.

Eine ähnliche Kindertümlichkeit, allerdings ausdrucksstärker und in der Reduktion auf elementare Gesten bisweilen eindringlich, bieten die Bibelposter von Kees de Kort. Der um Hilfe rufende Bartimäus oder der mit seinem »Bett« fröhlich davonschreitende Gelähmte sind von beeindruckender Plakativität. Dennoch überwiegt in der Serie ein verniedlichender Zug. Das gilt gewiß für den kindertümelnden Zachäus, aber auch Gestalten wie Noach, Abraham oder Jesus können in ihrer puppenhaften Putzigkeit schwerlich überzeugen.

Eine den breiten Geschmack ansprechende Gefälligkeit überdeckt in diesen Bildern durchweg künstlerische Anspruchslosigkeit. Gefälligkeit ist aber kein Maßstab, eher ein Fallstrick. Darum gilt es achtzugeben, über gefälligen Harmlosigkeiten nicht den eigenen Anspruch an höchstmögliche Qualität aufzugeben, weil weder von der Bibel noch von den Kindern her das Mittelmaß akzeptiert werden sollte.

Andere Verlage glaubten, das Problem Bibel und Bild durch Rückgriff auf anerkannte und preisgekrönte Kinderbuch-Illustratorinnen lösen zu können. So wurden Annegert Fuchshuber und Marlene Reidel für ein Grundschul-Religionsbuch engagiert.[29] A. Fuchshuber illustrierte dort das Jesus-Kapitel in genau der gleichen Machart wie das oben kritisierte von R. Herrmann, nur das Herrmann sorgfältiger arbeitet. Fuchshubers Bibelbilder lassen sich jedoch unmittelbar mit deren Illustrationen aus der kindlichen Welt vergleichen. Dort stören ihre üblichen Umweltbilder keineswegs. Es sind zwar nicht gleich Kunstwerke, aber doch muntere

[28] Patmos Bibel. Altes und Neues Testament. Für die Jugend erzählt von A.-M. Cocagnac und Hans Hoffmann. Mit Bildern von Jacques Le Scanff, Düsseldorf 1967ff.

[29] Religionsbuch 1 »Ich bin da«. Erarbeitet von A. Baur, H. Kögel, J. Quadflieg. K.-O. Rentmeister. Gestaltet von A. Fuchshuber und M. Reidel, Donauwörth 1975.

Illustrationen, die Kinder zu eigenen Assoziationen motivieren können. Die Übertragung dieses Kinderbuch-Milieus auf biblische Inhalte und religiöse Szenen erweist sich freilich als unzulänglich. Was im unterhaltenden Kinderbuch noch gerne oder doch tolerant hingenommen wird, erregt im Religionsbuch Unmut, weil die biblische Szenerie in Bilderbuch-Ausgabe alle Größe um Gewicht und Anspruch bringt.

Nicht besser steht es um Marlene Reidel. Sie illustrierte ein »Buch von unserem Herrn Jesus«,[30] das historisierend, stilisierend und kindertümelnd in einem ist. Historisierend, weil Themen wie z. B. Auferstehung und Himmelfahrt in der gleichen Malweise dargestellt werden wie die Taufe Jesu oder die Jüngerwerbung; stilisierend, weil Landschaft und Architektur durch eine stark abstrahierende und vereinfachende Formsprache angedeutet werden, die Figuren hingegen nach bekannt steifem Muster durchgespielt werden (wofür die Abendmahlszene als besonderes Exempel genannt werden mag); kindertümelnd schließlich wegen der anspruchslosen Flächigkeit der Gestalten, die man sich als Akteure in einem (sehr schönen) Bilderbuch über Kinderverse[31] oder die Monate des Jahres[32] gerne gefallen läßt, als Repräsentanten der historia mundi aber keinesfalls. Zwar ist gegenüber den schlichten Fuchshuber-Bildern der selbstgesteckte Anspruch in diesem Reidel-Buch weitaus ehrgeiziger angelegt, aber dem machtvollen Text eben doch unterlegen.

Mehr der Comic-Machart verwandt sind die Jesus-Themen in »Exodus«[33] von Astrid Jacobs, leicht daherkommende Illustrationen, unprätentios, aber auch entsprechend oberflächlich. Dem unterrichtlichen Gespräch bieten sie wenig Ansporn und lassen die Kinder leider ganz auf ihrer alltäglichen Ebene.

Schließlich seien noch die Illustrationen von Jenny Dalenoord in der »Bibel für die Grundschule«[34] erwähnt. Es handelt sich hier um ästhetisch ausgewogene, farblich sehr reizvolle und duftige Bilder, die dem Buch eine freundliche, liebenswürdige Note geben. Leider ist die didaktische Funktion der Bilder damit aber auch schon erschöpft. Mit einer hier zweifellos gegebenen Kindgemäßheit ist ja noch nichts getan, wenn nicht zugleich tiefere Bedeutungen im Bild erschlossen werden. Zwar vermeidet Jenny Dalenoord die Vergegenständlichung der Transzendenz, wie wir sie bei fast allen anderen Zeichnern voranstehend beklagen mußten.

[30] *Ladislaus Boros* (Text)/*Marlene Reidel* (Bilder), Das Buch von unserem Herrn Jesus, Düsseldorf 1977.

[31] *Marlene Reidel*, Sprüchehaus. Die schönsten Kinderreime, München 1974.

[32] *Marlene Reidel*, Die zwölf Monate, Freising 1978.

[33] Exodus. Unterrichtswerk für den katholischen Religionsunterricht in der Grundschule. Bände 1 und 2, erarbeitet von Th. Eggers, K.-H. König, G. Lange, G. Miller, D. Wagner, Illustration und Layout von A. Jacobs, München/Düsseldorf 1975.

[34] Bibel für die Grundschule, hrsg. von der Deutschen Bischofskonferenz, Kevelaer/Stuttgart/München/Düsseldorf 1979.

Dennoch führt ihre zweifellos gegebene Kindgemäßheit zugleich ins Dekorative und manchmal in die Nähe des Niedlichen. Wie Abraham und Isaak etwa den Berg Moria besteigen, das ist eher drollig als unheimlich – und ähnlich empfindet man wohl öfter beim Betrachten der Bilder. Einem eindringlichen Unterrichtsgespräch entziehen sie sich im Gewand ihrer Gefälligkeit.

Die ungelöste Aufgabe

Mit den bisher besprochenen Bibelillustrationen wurden nicht alle heute vorliegenden Werke beachtet, aber wohl doch die wichtigsten Typen. Insgesamt ist das Ergebnis unbefriedigend. Immer scheinen Auftraggeber und Künstler in ihrem Selbstanspruch zu niedrig anzusetzen. Auch wenn einzelne Leistungen wie etwa jene von Reinhard Hermann und Jenny Dalenoord in ihren Grenzen beachtenswert sind, bleibt die eigentliche Aufgabe ungelöst. Im Grunde weiß man wohl auch von dieser fragwürdigen Situation, andernfalls wäre in drei Jahrzehnten der eher verlegene Rückgriff auf alte Kunst für die Bebilderung von Schulbibeln für die Sekundarstufe nicht möglich gewesen.[35] Wünschenswert bleibt deshalb eine genaue und kritische Auseinandersetzung mit dem heutigen Bibelbilder-Markt, der sich von Jahr zu Jahr mit weiteren Produkten der bekannten wohlfeilen Art vergrößert. Auch wenn man mit solchen Kinderbibeln auf allgemeine Zustimmung und bestätigenden Absatz stößt: Aus religionspädagogischer Sicht vollzieht sich eine Verflachung – um nicht zu sagen: Banalisierung – des Anspruchsniveaus.

Bild und Liturgie

Mit dem Stichwort »Bild und Liturgie« greifen wir ein bisher unbeachtetes Problem auf, das – soweit ich sehe – lediglich einmal Brigitta Werner vorzutragen suchte, ohne daß sie auf Beachtung gestoßen wäre. Ihre Überlegung geht davon aus, daß alle katholischen Religionsbücher für die Grundschule seit jeher – und ungemindert heute – liturgische Vorgänge in

[35] 1957 erschien die Ecker-Schulbibel in einer neuen Bearbeitung mit Bildtafeln romanischer Buchmalerei.
1964 erschien die »Schulbibel« der Württembergischen Bibelanstalt Stuttgart mit Reproduktionen verschiedener moderner Künstler wie Barlach, Beckmann, Chagall, Dix, Hegenbarth, Manessier, Nolde, Rohlfs, Schmidt-Rottluff, von Stockhausen.
1979 erschien die »Schulbibel für 10–14jährige«, hrsg. von der Deutschen Bischofskonferenz mit 32 Bildtafeln aus allen vergangenen Jahrhunderten, aber nur zwei zeitgenössischen Werken (Chagall, Glasfenster; Manessier, Auferstehung).

lehrhafter Absicht abzubilden suchen. Sie zeigen den Zelebranten am Altar, taufende, beichthörende oder kommunionausteilende Priester, gezeichnet oder fotografiert, mal in dieser, mal in jener liturgischen Geste, aber stets bei genau identifizierbarem Tun. Brigitta Werner wendet gegen diese vordergründige Direktheit des Verhältnisses von Liturgie und Bild ein, daß Bilder, »die die kultische Wirklichkeit zum Motiv haben, in einem anderen Verhältnis zu dem in der kultischen Ausdrucksform Gemeinten stehen, als diese selbst zu ihrem Gegenstand. Denn kultische Handlungen und Ausdrucksgestalten haben wie das Bild Darstellungscharakter. Sie sind als Repräsentanten von Wirklichkeit bedeutsam und nicht in sich. Wenn Bilder kultische Vollzüge und Symbole darstellen, repräsentieren sie Repräsentation. Das Urbild erscheint in zweifacher Brechung: im Symbol des Kultes und als dieses im Bild, und ist im Bild selbst nicht mehr thematisch! Das mag ein Beispiel erläutern. Ein Gemälde: die Darstellung einer Aufführung des ›Othello‹ in der Mailänder Skala. Die Aufführung des Othello stellt unter dem Motiv von erblindeter Liebe und wehrloser Treue menschliches Leben dar. Die Darstellung dieser Aufführung im Gemälde stellt nicht mehr das Thema der Aufführung dar, sondern die Aufführung als solche, bei der Bühne, Zuschauer und Raum die festliche Einheit des Spieles ausmachen. Das Bild will nicht mehr das auf der Bühne dargestellte Leben sichtbar machen, sondern darstellendes Leben. In Bildern, die kultisches Handeln darstellen, wird somit die kultische Darstellung Gegenstand der Darstellung, nicht aber die im Kult gemeinte Wirklichkeit. Als grundlegende Hinführung zum Leben ist das fragwürdig. Es wird aber vollends problematisch, wenn die kultischen Akte selbst schon entartet und undurchsichtig auf den repräsentierten Lebensvollzug geworden sind.«[36]

Den gleichen Einwand artikuliert Romano Guardini, wenn er die Zweifel eines Mannes beim Anblick der erhobenen Hostie im Fernsehen erklärt: »denn was er vor sich hatte, war ja... keine geschehende Wirklichkeit mehr, sondern Bild. Und zwar totes Bild von etwas, das im wiedergegebenen Vorgang selbst schon ›Bild‹ war; da aber lebendige ›species‹, dem Schauen sich darbietende sakramentale Erscheinung.«[37] Wo immer in der Welt es Kulte gab, galt ihre Bindung an feste Zeiten und Räume, ihre Vorbehaltenheit für Eingeweihte und aktiv Teilnehmende. Die altchristliche Arkandisziplin hatte aber nicht nur die Absicht, das Heilige vor den Heiden zu schützen, sondern gleicherweise vor den

[36] *Brigitta Werner,* a.a.O., 192.

[37] *Romano Guardini,* Photographie und Glaubenszweifel. In: Apparatur und Glaube. Überlegungen zur Fernsehübertragung der Hl. Messe, von R. Guardini, C. Münster, K. Rahner, F. Leist; H. Kahlefeld. Würzburg o. J.

Gläubigen selbst, vor jeder Distanzlosigkeit, also Ehrfurchtslosigkeit, die immer im Menschen angelegt ist.

Es erübrigt sich, an dieser Stelle Bücher und Illustrationen zu nennen, die liturgische Vorgänge konterfeien. Alle Grundschulwerke sind reich an solchen Beispielen. Es sind zugleich Beispiele religionspädagogischer Instinktlosigkeit. Die gute Absicht rechtfertigt ja noch keine in sich unstimmige Praxis.

Ein besonderes Wort ist freilich noch jenen fotografischen Wiedergaben zu widmen, die Menschen in einem religiösen Verhalten zeigen. Prototyp dafür waren Fotos des betenden Papstes, aber auch unbekannte Beter, Menschen, die kommunizieren, die im Beichtstuhl knien, die Krankensalbung erhalten.[38] Guardini nannte solche Bilder »rundheraus-gesagt: Schamlosigkeiten«, aber das war in den fünfziger Jahren, und seitdem hat sich die Schamgrenze in jeder Hinsicht verschoben. Gilt sein Urteil heute noch? Ohne hier über alle Formen der Berichterstattung pauschal befinden zu wollen, möchte ich für religionspädagogisch verantwortete Publikationen eindeutig sagen: es gilt! Den Religionsbüchern sollte der intime religiöse Ausdruck in jeder Art von Abbildung verwehrt sein. Die vorliegenden Bücher mit ihrer reichen fotografischen Dokumentierung von Frömmigkeitsakten sind sprechender Beleg tatsächlicher Schamlosigkeit.

Fotografie im Religionsbuch

Die letzte Überlegung führt uns zu der grundsätzlichen Frage nach dem didaktischen Stellenwert der Fotografie im Religionsbuch. Die umfassenden Überlegungen, die eine solche Frage anstößt, können hier nicht verfolgt werden. Dazu ist eine eigene Studie erforderlich. Aber der wahllose Griff in die Fotokiste, von dem manches Religionsbuch zeugt, nötigt doch wenigstens zu einigen bilddidaktischen Klärungen.

Was kann die Fotografie, und was kann die Kunst? Es ist der Kunst vorbehalten, Wirklichkeit zu verdichten, zu vertiefen und in ihrem Sinngehalt symbolisch zu deuten. Die Fotografie kann nur aufnehmen, was in einem bestimmten Augenblick irgendwo konkret da ist. *Dieser* Augenblick ist ihr zugänglich, aber nicht eine Summe und Quintessenz vieler Augenblicke. Darum ist es der Fotografie unmöglich, Symbole zu schaffen, wie die Kunst es kann. Sie kann vorhandene, gegenständlichen Ausdruck bindende Symbole einfangen, aber selbst dabei dringt sie

[38] Besonders unangenehm ist z. B. das Foto eines zelebrierenden Priesters beim Erheben von Kelch und Hostie auf der Einband-Titelseite des Religionsbuches »Exodus 2«.

weniger tief, als sie es sonst wohl gegenüber dem Gegenständlichen vermag: sie kann das Symbol nicht durch das Foto erschließen. Fotografiert wird der symbolhafte Gegenstand oder Ausdruck, möglicherweise wird seine Atmosphäre oder Aura noch ein wenig eingefangen, aber sein Geheimnis bleibt verborgen und der Kamera prinzipiell unerreichbar.

Die Fotografie kann einen Widerschein des Ernstes, der Würde und der Bannkraft einfangen, die den Vollzug kultischer Mysterien bestimmen, sie kann Stimmungen, Ergriffenheit und Haltungen sichtbar machen, ohne je zum Mysterium selbst vorzudringen. Symbole können das Mysterium bergen, Worte können es in der Schwebe halten, fotografierbar ist es nicht. Das gilt nicht bloß für die Wirklichkeit des religiösen Glaubens, sondern zugleich für die Wirklichkeit des Geistes.

Und ein Zweites: Was man fotografieren kann, kann man nicht (mehr) malen. Seit Erfindung der Fotografie ist für die Kunst verloren, was immer die Kamera erschließt.[39] Darum ist die Wahl zwischen Foto und Bild nie beliebig freigestellt, weil beide Darstellungsweisen unterschiedliche Dimensionen der Wirklichkeit repräsentieren. Die oft beliebige Mischung von Fotografie und Kunstwerk bedenkt diese Differenz zu wenig, aber es scheint zugleich, daß auch die spezifischen Möglichkeiten der Fotografie kaum reflektiert werden, etwa im Sinne einer fotografischen Bildlehre, und daß schließlich die didaktischen Funktionen des je ausgewählten Fotos – wenn überhaupt – nur unklar bedacht werden.

Ausblick

Mit all dem, was hier zu Bildern in Religionsbüchern gesagt werden konnte, sind jeweils nur *einige* der vielen notwendigen Fragen berührt. Vieles ist noch zu diskutieren, zu ergänzen, durch Eingrenzung und Widerspruch zu überprüfen. Wir sollten aber davon ausgehen, daß eine religiöse Bilddidaktik bis zum Tage nicht existiert. Das allgemeine Bewußtsein dieses Defizits kann dazu beitragen, hier schneller Abhilfe zu schaffen, als es aus der gegenwärtigen Situation heraus möglich ist, da man großenteils die Aufgabe nicht einmal erkennt bzw. infolge der Akzentsetzung bisheriger Publikationen glaubt, das Wichtigste sei längst gesagt.

Wer die internationale Religionsbuch-Situation kennt, wird vielleicht einwenden wollen, im Vergleich zu den meisten ausländischen Werken seien unsere Verhältnisse »immer noch Gold«. Es ist wahr, daß sich beispielsweise in dem italienischen Religionsbuch »Verso la Vita«[40]

[39] Vgl. zum Ganzen: *Karl Pawek*, Totale Photographie, Olten 1960.

[40] 4ª elementare: La Riposta. A cura del Centro Catechistico Salesiano di Leumann, Torino (1978). Grafica e foto di Guerrino Pera.

schauderhafte Bildorgien ein Stelldichein geben. Aber was nutzt der Blick auf die schwächeren Leistungen, wenn die eigenen selbst noch zu schwach sind? Die Frage nach der theologischen Vertretbarkeit der Bilder ist immer ein Prüfstein des didaktischen Niveaus, zumal des religionspädagogischen Feingefühls einer Zeit. Ohne Zweifel haben wir heute, gemessen am Bildersinn des Mittelalters, eine eher banausenhafte Unkultur erreicht. Sie ist vergleichbar mit dem Markt der wilden Möglichkeiten, der unsere Häuser und Wohnungen verschandelt, weil der Sinn für Material und Form, für Gesamteindruck und Stimmigkeit im Detail verlorengegangen ist. So überschwemmt denn auch eine eher chaotische Bildinflation den religionspädagogischen Acker, vorrangig, weil alles und jedes angeboten wird und religionspädagogische Qualität leider immer noch ähnlich positiv beurteilt wird, wie die Warenvielfalt des Supermarktes.

»Ein Bild! Ein Bild!
Mein Pferd für'n gutes Bild!«

hat Heinrich Heine gerufen. Sein Ruf gelte weiterhin.

Auf dem Wege zu einer Symboldidaktik

Eine Symboldidaktik? Was soll man sich darunter vorstellen? Wer hier antworten will, müßte in nuce einen Lösungsvorschlag entwerfen; doch den gibt es bis heute nicht. Nichts beweist dies besser als ein Blick in unsere Religionsbücher. Dort begegnen zwar seit den siebziger Jahren gelegentliche Einschaltungen über bildliche Redensarten, in ihrem Aufgabenverständnis und Niveau signalisieren sie aber eher Hilflosigkeit als didaktisches Vermögen.[1] In evangelischen Religionsbüchern fehlen selbst diese vereinzelten Ansätze. Ihr Defizit belegt am sprechendsten den ungesehenen Auftrag. Demgegenüber gibt es seit 1980 jedoch Stimmen religionspädagogischer Theoretiker, die zunehmend deutlicher auf die übersehene Lücke aufmerksam machen.[2] Diese Autoren sind vor allem vom zentralen Stellenwert, den der Symbolbegriff in Psychoanalyse und Interaktionstheorie einnimmt, dazu angeregt, die dort gewonnenen Erkenntnisse religionspädagogisch weiterzudenken. Sie sehen das Symbol grundlegend auf Erfahrung bezogen und verfolgen primär die konfliktverarbeitenden und kommunikativen Möglichkeiten des individuellen und sozialen Umgangs mit Symbolen.

Die nachfolgenden Überlegungen können und wollen nicht beanspruchen, eine zureichende Symboldidaktik zu entwerfen. Die Wirklichkeit des Symbols ist zu vielschichtig, als daß dies einem einzigen Autor gelingen könnte. Darum liegt der Akzent meiner Darstellung einerseits – gemäß persönlicher Neigung – bei einer Symbolwirklichkeit, der wir bevorzugt in den Religionen, in Kunst und Literatur begegnen, andererseits in einer Ausrichtung auf schulische Praxis. Es soll versucht werden,

[1] Vgl. Exodus, 3. Schuljahr, München/Düsseldorf 1974, S. 25–34; Zielfelder ru 5/6, München 1975, Problemskizze 6; *Trutwin/Breuning,* Zeit der Freude, Düsseldorf 1980, 166–172.

[2] *Peter Biehl / Georg Baudler,* Erfahrung – Symbol – Glaube. Grundfragen des Religionsunterrichts (= Religionspädagogik heute, Bd. 2), Frankfurt a. M. 1980; *Jürgen Heumann,* Symbol und Identität. Assoziationen und Bemerkungen über eine integrierende Theorie des Symbols, in: informationen zum religionsunterricht, 2/1980, 24–27. Meinerseits habe ich – von impliziten Ansätzen in »Fundamentalkatechetik. Sprache und Erfahrung im Religionsunterricht (1968)« abgesehen – 1971 ein erstes Exposé zu einer religionsdidaktischen »Symbolkunde« vorgelegt. Siehe: *H. Halbfas,* Der Religionsunterricht in der Grundschule, 152–160, in: ders., Aufklärung und Widerstand. Beiträge zur Reform des Religionsunterrichts und der Kirche, Düsseldorf 1971.

die theoretischen Ausgangspositionen und Schwierigkeiten des Unternehmens aufzuzeigen, Reichweite, Verschränkungen und Wirkungen des Symbols zu umschreiben sowie Prinzipien einer Symbolhermeneutik aufzustellen. Einen Blick auf die Symbolunfähigkeit des Zeitgenossen sollen diese Überlegungen einschließen und implizit die Notwendigkeit einer Symboldidaktik begründen. Im Anschluß daran sind Schritte zu einer religionsdidaktischen Praxis geplant: In Auseinandersetzung mit bereits vorgelegten Beiträgen werden Prinzipien einer Symboldidaktik erörtert und schließlich konkrete Praxisfelder beschrieben.

Der Symbol-Begriff

Eine eigentliche Symbol-Definition gibt es nicht. Definieren heißt umgrenzen, festlegen, mittels rational exakt greifender Begrifflichkeit. Doch Symbole widersetzen sich diesem Zugriff; sie lassen allenfalls nur eine Seite ihrer Wirklichkeit auf diesem Wege erfassen, weil ihre wahre Natur die gegenständliche Realität immer transzendiert.

Bekannt ist die etymologische Deutung: *symballein* heißt zusammenwerfen, zusammenfügen. Der auseinandergebrochene Ring, durch dessen erneutes Zusammenfügen die Nachkommen zweier Freunde sich voreinander ausweisen konnten, deutet seit jeher das *symbolon.* In Analogie hierzu kennt der antike Sprachgebrauch mancherlei symbola: Rechtsverträge, Losungsworte in Mysterienkulten, den Vogelflug beim Orakel... immer bezeichnet das Wort eine Synthese, das Zusammenfallen von Zweien zu einer Einheit, die Ergänzung von anfangs getrennt einander gegenüberstehenden Elementen. Nach Franz Vonessen ist das Symbol ursprünglich nicht »Symbol *von* etwas«, d. h. von etwas anderem, sondern »Symbol aus etwas«, d. h. aus anfänglich verschiedenen, dann miteinander verschmelzenden Teilen.[3] So treffen sich im Symbol das Eine und das Andere: Gestalt und Idee, Vordergründiges und Hintergründiges, Erscheinung und Verborgenes, Bewußtes und Unbewußtes, Leib und Seele, Weltliches und Göttliches. Es wäre kein Symbol, was nur gegenständlich zuhanden käme, ohne tieferen Sinn oder Transzendenz. Symbolisch kann nur sein, was in der einen Gegebenheit noch eine andere einschließt.

Wir sagten, ein Symbol sei rational nicht definierbar. »Sobald man definiert, tritt das Seelenhafte, das Lebendig-Innere zurück, und Hülsen liegen da.«[4] Das ist so, weil Symbole nicht willentlich gemacht werden

[3] *Franz Vonessen,* Der Symbolbegriff im griechischen Denken. Zur philosophischen Grundlegung einer Symbolwissenschaft (= Bibliographie zur Symbolik, Ikonographie und Mythologie Bd. 3), 1970, 6–8.
[4] *Edgar Dacqué,* Leben als Symbol, München–Berlin 1928, 5.

können. Sie werden auch in ihrer eigenen Genese aus verschiedenen Kräften des Geistes geformt: Immer wirken bewußte und unbewußte, vor-bildliche und ur-bildliche Strukturen zusammen. »Die rationalen Funktionen sind ihrer Natur nach unfähig, Symbole zu erzeugen, denn sie produzieren nur Rationales, welches nicht zugleich das Entgegengesetzte einschließt.«[5] Die rationale Interpretation von Symbolen mag deshalb noch so scharfsinnig verfahren, sie bleibt letzten Endes in ihren eigenen Strukturen gefangen, ohne die hintergründige Wirklichkeit des Symbols erreichen zu können. Der reine Intellekt, eine kritische Voreinstellung sind natürlich im Rahmen wissenschaftlicher Vermessungen angebracht, um aber in die innere Dimension des Symbols zu gelangen, bedarf es eines anderen Sinnes, eines ebenso inneren Symbolsinnes, über den heute nicht jeder verfügt und der doch conditio sine qua non für den Umgang mit Symbolen ist. Mit diesem inneren Symbolsinn wird »die kompakte Haut der Dinge transparent, so daß das Ding als sinnliche Erscheinung zwar keineswegs verschwindet, aber einer Glaswand gleich den Blick freigibt auf die Tiefendimension des Sinngehaltes.«[6] Der kritische Leser, zumal jener, der innerhalb bestimmter Erfahrungswissenschaften mit einem spezifischen Symbolbegriff arbeitet, kann solche Sätze wie die voranstehenden als esoterisch einschätzen und möglicherweise ganz abtun wollen. Das sei im Rahmen ausschließlich wissenschaftlichen Denkens zugestanden. Aber warum soll jede Wirklichkeit durch wissenschaftliches Denken ausschöpfbar sein? Welche Wissenschaft erreicht mit ihren zweckgerichteten Methoden transzendente Wirklichkeit? Wenn neben den Wissenschaften und über ihre Grenzen hinaus nicht die Begabung mit dem »dritten Auge« hinzukommt, bleibt der Mensch im Gehäuse seiner Selbstdefinitionen gefangen. Darum ist es sachgemäß, mit Symbolen nicht nur im Sinne einzelner Wissenschaften umzugehen; sind Symbol*begriffe* immer nur partiell brauchbar; *muß* von einem inneren Sinn für das Symbol legitim gesprochen werden können, ohne damit einer wissenschaftlichen Ächtung zu verfallen.

In diesem Sinne unterscheidet sich der vorliegende Ansatz von den mir bisher erkennbar gewordenen Trends. Wenn etwa bei Scharfenberg/Kämpfer[7] eine »erfahrungsbezogene kritische Symbolkunde« immer wieder mit Nachdruck gefordert wird, dann sei hier dieser Intention innerhalb spezifischer Grenzen keineswegs widersprochen, aber eben doch auch auf ihre prinzipiell begrenzte Reichweite und Gültigkeit

[5] *Carl Gustav Jung,* Psychologische Typen, Zürich 1950, 149.

[6] *Alfons Rosenberg,* Christliche Bildmeditation, München 1975, 35.

[7] *Joachim Scharfenberg / Horst Kämpfer,* Mit Symbolen leben. Soziologische, psychologische und religiöse Konfliktbearbeitung, Olten 1980.

hingewiesen. Für die Religionspädagogik ist die wissenschaftlichen Kriterien unterstehende Symbolanalyse *eine* Sache, der metawissenschaftliche innere Sinn für nicht vermeßbare symbolische Tiefendimensionen eine andere, jedenfalls soweit wir von religiösen Symbolen sprechen. Deshalb werden diese Symbole keineswegs der wissenschaftlichen Beschäftigung entzogen, aber um so mehr sei betont, daß diese kritische Arbeit eben nur einen Teilbereich des Symbols ausschöpft, die weiterreichende Begegnung erfordert einen nichtwissenschaftlichen, nämlich symbolischen Sinn.

Meine bisherigen Überlegungen möchten als der Nenner verstanden werden, auf den alles Folgende zu beziehen ist. Er enthebt uns nicht des genaueren Zusehens, welche Wissenschaften sich mit dem Symbol befassen und welche Relevanz in diesen Disziplinen jeweils für die Religionsdidaktik gefunden wird. Ich betreibe diese Umschau in der kürzest möglichen Form, etwa im Sinne eines resümierenden Berichts über den Problemstand im begrifflichen Verständnis des Symbols. Dabei mag die angegebene Literatur als Hinweis auf genauere Informationen gewertet werden.

Der Symbolbegriff in der Psychoanalyse Sigmund Freuds

Zu den großen Entdeckungen der Psychoanalyse zählt die Einsicht, daß der Umgang des Menschen mit seinem Unbewußten in symbolisch verschlüsselten Formen stattfindet. Sigmund Freud verstand diesen Drang zur Symbolbildung jedoch als einen Verdrängungsvorgang. Er sah das Traumsymbol als Triebregung des Unbewußten, welche infolge anerzogener Norm- und Wertvorstellungen nicht akzeptiert werde und darum nur in Gestalt eines symbolischen Ersatzausdrucks im Bewußtsein zugelassen werde. Freud insistierte darum zunächst hart auf der These, Symbole seien in ihrem Wesen negativ; sie verdankten sich ausschließlich den menschlichen Triebwünschen, d.h. dem Zwang, diese Wünsche in Symbole umsetzen zu müssen. Dementsprechend wertete Freud Kultur und Religion als kollektive Zwangsneurosen, die in ihren symbolisch ansichtigen Gestaltungen ein Produkt der unerlösten verdrängten Wünsche seien. Mit entsprechender Konsequenz versuchte Freud sein Leben lang die Religion als eine Illusion zu entlarven, die nur deswegen bestehen könne, weil der Mensch nicht den Mut zu seiner wahren Natur aufbringe. Die kulturellen Leistungen richtete er demgegenüber weniger streng, bezeichnete die Kunst als eine »milde Narkose«, da in diesem Fall keine Gefahr bestehe, ihre Schöpfungen als Realität zu verkennen.

Freuds Schüler und Biograph Ernest Jones brachte dieses Symbolverständnis zusammenfassend auf die Formel: »Nur was verdrängt ist, wird symbolisch dargestellt, nur was verdrängt ist, bedarf der symbolischen Darstellung.« Das heißt, anders gewendet, je weniger Symbole, um so gesunder; je reicher die Symbolwelt, um so neurotischer der Mensch. Dementsprechend war es das ursprüngliche Ziel der Psychoanalyse, jede Art von Symbolbildung und Symbolgebrauch zu überwinden, da ja gerade diese Aktivität den Patienten hindere, sich der dahinterstehenden Realität bewußt zu werden.

Die Revision eines solch negativen Symbolbegriffs konnte auf Dauer nicht ausbleiben. Hier sind besonders Friedrich Hacker und Alfred Lorenzer zu nennen. Hacker versucht zunächst, den ins Pathologische abgedrängten Symbolbegriff auf einem allgemeingültigen Nenner wiederherzustellen. Er löst ihn aus seiner negativen Wertung, indem er zwar einräumt, daß verdrängte Inhalte symbolisch dargestellt werden, diesen Vorgang aber nicht als die eigentliche Leistung des Symbols betrachtet, sondern als eine unter vielen Möglichkeiten. Ohne Symbolbildung ist nach Hacker denkerischer und wissenschaftlicher Fortschritt unmöglich, Symbole gestatten Distanz zum unmittelbaren Erleben, sie ermöglichen die Befreiung von der Eingebundenheit in das hic et nunc, dem alle Tiere unterliegen, und ermöglichen auf diese Weise die Eröffnung der Kategorien Vergangenheit und Zukunft.[8] An Hackers Unterscheidung zwischen krankhaften und normalen Symbolbildungsprozessen knüpft Alfred Lorenzer an. Er versucht, das verfahrene psychoanalytische Symbolverständnis »durch einen terminologischen Geniestreich« (Scharfenberg) zu lösen, in dem er das Symbol einmal gegenüber dem Zeichen, ein andermal gegenüber dem Klischee abzugrenzen versucht. Was Freud Symbol nannte, definiert Lorenzer als Klischee: »Mit der Verdrängung, die ja bekanntlich nur die Bewußtseinsfähigkeit, also Erkennbarkeit, nicht die Wirkungsfähigkeit der Repräsentanz beeinträchtigt, werden die Symbole in Klischees verwandelt. Das bisher symbolvermittelte Verhalten (das sich als Freiheit zu variierendem, kreativem Umgang mit dem Symbol erweist, H. H.) gewinnt nun dic Züge eines klischeebestimmten Verhaltens, das sich hinter dem Rücken des Subjekts mit der Starrheit, Zwangsläufigkeit und unbegrenzten Kraft einer Triebdressurverschränkung durchsetzt bzw. durchsetzen will.«[9] Klischees stammen also von Symbolen ab. Sie werden durch einen Verdrängungsvorgang »exkommuniziert«, aus dem Bewußtsein ausgeschlossen, für alles Denken, Sprechen und Handeln unerreichbar und somit zugleich unerkennbar. Mit der Stereoty-

[8] *Friedrich Hacker*, Über das Symbol. Psyche. 12. Jg., 1958.
[9] *Alfred Lorenzer*, Kritik des psychoanalytischen Symbolbegriffs, Frankfurt a. M. 1970, 104.

pie des klischeebestimmten Verhaltens »endet auch jede flexible Anpassungsfähigkeit und Veränderlichkeit, um statt dessen einer unwandelbaren Starre Platz zu machen«.[10]

Klischeebildung wird von Lorenzer verstanden als eine Desymbolisierung infolge regressiver Verdrängung. Dem steht zur anderen Seite des Symbols eine Verwandlung von Symbolen zu Zeichen gegenüber. Hierbei erfolgt eine Vergegenständlichung der Beziehung: »Die Zeichen unterscheiden sich von den Symbolen durch eine one-to-one-Beziehung, d. h. eine Perfektion der Denotation mit Verringerung der Konnotation. Bei dieser Verwandlung wird das Bezeichnete herausisoliert und als Gegenstand abgegrenzt.«[11] Der Prozeß zeichnet sich psychisch durch eine Verarmung der affektiven Beziehungen aus, durch fehlende Wärme bei Intellektualisierung und Auflösung des gestischen Charakters. Jede Vieldeutigkeit des lebendigen Ausdrucks wird in Eindeutigkeit verkürzt, die »innere Form« erstarrt zur bloßen Formel, die Distanz zwischen Subjekt und Objekt wird maximal und affektfrei – es ist der Weg eines zwangsneurotischen Abwehrarrangements gegen das Symbol.

Der Symbolbegriff in der Analytischen Psychologie Carl Gustav Jungs

Soweit es sich erkennen läßt, partizipiert an dem grundsätzlichen Dissenz zwischen Freud und Jung auch ein unterschiedliches Symbolverständnis. Abgesehen von der oben dargestellten psychologischen Erklärung der Symbole, neigte Freud lange Zeit dazu, zumal auf dem Hintergrund seiner Triebtheorie, dem Symbol eine konstante Bedeutung beizumessen, während Jung von Anfang an die Bedeutungsoffenheit des Symbols betonte: »Jede Auffassung, welche den symbolischen Ausdruck als Analogie oder abgekürzte Bezeichnung einer bekannten Sache erklärt, ist ›semiotisch‹. Eine Auffassung, welche den symbolischen Ausdruck als bestmögliche und daher zunächst gar nicht klarer oder charakteristischer darzustellende Formulierung einer relativ unbekannten Sache erklärt, ist ›symbolisch‹.«[12] »Ein Ausdruck, der für eine bekannte Sache gesetzt wird, bleibt immer ein bloßes Zeichen und ist niemals Symbol. Es ist darum ganz unmöglich, ein lebendiges, d. h. bedeutungsschwangeres Symbol aus bekannten Zusammenhängen zu schaffen. Denn das so Geschaffene erhält nie mehr, als dareingelegt wurde.«[13] »Kein Symbol ist

[10] *A. Lorenzer*, a. a. O., 99.
[11] Ebd., 110.
[12] *C. G. Jung*, Psychologische Typen, Zürich 1921, 675.
[13] Ebd., 676.

›einfach‹. Einfach sind nur Zeichen und Allegorien. Das Symbol aber deckt immer einen komplizierten Tatbestand, welcher dermaßen jenseits der Sprechbegriffe steht, daß er eindeutig überhaupt nicht auszudrücken ist.«[14] Den Grundwiderspruch zu Freud sieht Jung aber in der Beschränkung der Psyche auf Triebstrukturen: Religion (und Kultur) als Verdrängungsprodukte der sexuellen Triebstruktur zu erklären, so daß ihr ein neurotischer Repressionscharakter zukomme, wird von Jung zurückgewiesen. Religion ist für ihn nicht notwendig Illusion, sondern ein allgemein menschlicher Ausdruck psychischer Energie, die freilich dann in Neurosen drängt, wenn sie keine hinreichende Verarbeitung findet. Jung und Freud sind sich einig in der Unterscheidung von Bewußtem und Unbewußtem, beide gehen auch von einem persönlichen Unbewußten aus, doch entwickelt Jung darüber hinausgehend seine Hypothese vom kollektiven Unbewußten, das er als ein »Erbgut aus Vorstellungsmöglichkeiten« versteht, die allgemein menschlich sind und in frühen Dispositionen bis ins Tierreich hineinreichen. Es handelt sich hier freilich nicht um ererbte Inhalte, sondern um Bereitschaftssysteme, die sich bei allen Menschen gleichen und darum zu vergleichbaren Strukturen im psychischen Geschehen führen. Das individuelle Bewußtsein lagert nach Jung diesen Präpositionen auf und untersteht ihrer Beeinflussung, die willentlich nicht zu steuern ist. Das kollektiv Unbewußte wird jedoch innerhalb seiner ererbten Bereitschaftssysteme nicht vom Zufall regiert, vielmehr können besonders mächtige energetische Dominanten ausgemacht werden, ohne daß deren Zahl bekannt wäre. Jung nennt diese Dominanten Archetypen. Er vergleicht sie mit dem immer wirksamen System eines Kristallgitters, das in jeder Kristall-Lauge als unsichtbare, aber doch disponierende Kraft vorhanden ist. Welche Kristalle aus dieser Lauge auch wachsen mögen, wie sehr sie nach Größe und äußerer Form sich unterscheiden können, ihre innere Struktur ist ihnen stets gemeinsam. In diesem Sinne versteht Jung den Archetypus als ein Prinzip »mit invariablem Bedeutungskern«. Archetypen sind Strukturdominanten, »ein an sich leeres, formales Element, das nichts anderes ist als eine facultas praeformandi, eine a priori gegebene Möglichkeit der Vorstellungsform.«[15]

Die Symbole nun, als die elementaren Bausteine der Träume, Mythen, Märchen und Riten, finden innerhalb der archetypischen Seelenstruktur ihre formale Organisationsdisposition vorgegeben. Deshalb begegnen nach Jung spezifische Symbolgrundformen – ohne vorgegebene Abhängigkeit voneinander – in allen Kulturen rund um die Welt, bei gleichzeiti-

[14] *C. G. Jung*, Das Wandlungssymbol in der Messe, in: Eranos-Jahrbuch 1940/41, Zürich 1942, 130.
[15] *C. G. Jung*, Gesammelte Werke IX/1, Olten 1976, 95.

ger Befähigung jedes einzelnen Menschen, ähnliche Motive neu hervorzubringen. Beispielsweise glaubt Jung, das Mandala nicht nur als Ganzheitssymbol in verschiedenen alten Kulturen nachweisen zu können, sondern auch in immer neuer Variationsfülle bei gesunden und kranken Menschen.

Für Jung sind symbolische Gestaltungen keineswegs Produkte der unterdrückten Libido, da sie bereits aus dem Unbewußten aufkeimen, also auch nie verdrängt werden konnten, sondern die Sprache psychischer Vorgänge, die sich immer neu artikuliert, wenn das Bereitschaftsmaterial aktueller Erfahrungen von den archetypischen Strukturen des kollektiven Unbewußten aufgegriffen und verarbeitet wird. Daß dieser Erklärungsansatz zeitgenössischen Religionswissenschaftlern entgegenkam, soll hier nur vermerkt, weiter unten erst näherhin betrachtet werden. Den gegen Jung seit jeher erhobenen Vorwurf einer Ontologisierung des Unbewußten, die besonders für seinen Symbolbegriff bedenklich sei, werden wir ebenfalls noch aufgreifen. Anschließend sei gesagt, daß es sich sowohl bei Freud wie bei Jung um Arbeitshypothesen handelt, nicht um Dogmen, die weltanschaulich gehandelt werden könnten. Versuche zu einer integrierenden Theorie des Symbols gibt es hier bislang nicht, angesichts der Revision im Freud'schen System sollten sie aber nicht für alle Zeiten unmöglich erscheinen.

Der Symbolbegriff im »Symbolischen Interaktionismus«

Der symbolische Interaktionismus ist eine soziologische Theorie, deren wissenschaftlicher Hintergrund der amerikanische Pragmatismus und Behaviorismus sind. Als Hauptvertreter wird meistens George Herbert Mead genannt, jedoch gehören Charles Horten Cooley und William Isaac Thomas mit zu den Begründern. Eine Systematisierung und wissenschaftliche Verwertbarkeit des symbolischen Interaktionismus wurde von ihren Schülern (A. M. Rose, A. Strauss, E. Goffman) entwickelt.

Ein Symbol ist in dieser Theorie ein Reiz, der Bedeutung hat. Diese Bedeutung ist nie »an sich« gegeben, sondern wird durch Interaktion entwickelt. Interaktion kommt zustande durch das Zusammenwirken von Person, Sache und Situation. In Interaktionen gibt es keine Eindeutigkeit. Sachen, mit denen der Mensch umgeht, können Objekte einer Interaktion sein, mit denen man phantasievoll und variabel umgeht, wie zum Beispiel mit Bauklötzen. Hinzu kommt die Beeinflussung der Interaktion durch die jeweilige Situation, d. h. die Summe aller Faktoren, die das Handeln beeinflussen. Handeln, Interagieren, bedeutet hier ein Sichverhalten zu Personen, Sachen und Situationen. Dem Begriff der

Person, die handelt, wird dabei unterstellt, daß sie sich im Normalfall sinnvoll auf Objekte (Personen und Sachen) und Situationen bezieht. Jedes Handeln aktualisiert Sinn, und zwar in einer zweifachen Weise: Einmal ist Handeln Sinn konstituierend, zum anderen ist es zugleich Sinn interpretierend. Beide Vorgänge, Konstitution und Interpretation von Sinn, fließen in einer Handlung meistens ineinander – beispielsweise bei der Arbeit an diesem Buch –, und es ist im Alltag meist unmöglich, sie gegeneinander abzugrenzen.

Derselbe Vorgang gilt für die Interaktion von Personen. Jedes Verhalten der Mutter gegenüber dem Säugling hat für Mutter wie Kind Bedeutung – so sehr, daß keine spätere Interaktion ohne die Sinn konstituierende und Sinn interpretierende Erfahrung des Lebensanfangs möglich wäre. Die schlußfolgernde These heißt, daß der Mensch alle Sinnerfahrung in Interaktionen gewinnt; die Ermöglichung dazu ist sein eigenes Handlungspotential.

Was hat das nun mit Symbolen zu tun? Der Symbolbegriff ist hier extrem weit gefaßt. Er steht für alles, was Bedeutung hat, also Sinn konstituiert und interpretiert. Diese Bedeutung entsteht in Interaktion und ist zugleich die Ermöglichungsbasis für Interaktion. Symbole sind aber nicht identisch mit den Objekten (Personen wie Sachen) der Interaktion, sondern abhängig von der Erfahrung mit den Objekten. Insofern sind Symbole das Ergebnis von Interaktion mit dem Objekt. Darum wird das Symbol in der Interaktionstheorie auch als Reiz bezeichnet. »Es löst im Menschen all jene Bedeutung aus, die in bisheriger Interaktion mit dem entsprechenden Objekt gewonnen wurde, um ihn zur Handlung anzuleiten. In neuen Interaktionszusammenhängen wird diese Bedeutung immer wieder neu gewonnen. Symbole sind wandelbar. Fällt ein Symbol völlig aus weiteren Handlungssequenzen heraus, oder löst es in den Kommunikanden nicht mehr annähernd ähnliche Empfindungen, Bedürfnisse oder Gedanken aus, verliert es seine Bedeutung und ist somit kein Symbol mehr. Durch die Interaktion wird die Qualität des Symbols aufrechterhalten. Andererseits können Menschen nur interagieren mit Hilfe von Symbolen.«[16] Weil dementsprechend Symbol und Interaktion aufeinander verwiesen sind, gibt es kein Symbol an sich. Sobald ein Symbol aus dem Handlungsfeld einer Person oder Gruppe herausfällt, geht der symbolische Charakter verloren.

[16] *Horst Kämpfer*, in: Scharfenberg/Kämpfer, a. a. O., 101.

Der philosophische Symbolbegriff Ernst Cassirers

Der soziologisch-kommunikationstheoretische Zugang zum Symbolbegriff, wie er voranstehend skizziert wurde, wurde unter dem Einfluß Ernst Cassirers und Susanne K. Langers ausgearbeitet. Dem weiten Symbolverständnis der Interaktionstheorie entspricht deshalb auch ein ähnlich weiter Symbolbegriff bei Cassirer (1874–1945), wie er in seinem grundlegenden Werk »Philosophie der symbolischen Formen« entwikkelt wird. Unter »symbolischen Formen« versteht Cassirer alle Objektivationen des menschlichen Geistes, insbesondere also die Sprache, den Mythos und die Kunst oder, anders herum gesagt: alle Kulturbereiche, die Religion, die Wissenschaft, das Recht, die Musik, die Kunst..., insofern diese Formen sind, *in* denen sich die Erkenntnis der Wirklichkeit und des eigenen Lebens vollzieht. »Alle Prozesse geistiger Formung... erfassen niemals das Wirkliche selbst, sondern sie müssen, um es darzustellen, um es in irgendeiner Weise festhalten zu können, zum Zeichen, zum Symbol ihre Zuflucht nehmen.«[17] Cassirer geht davon aus, daß die Wirklichkeit an sich nicht zu erfassen ist, es sei denn durch die Vermittlung der symbolischen Formen. *In* diesen Formen selber muß der Mensch den Maßstab und das Kriterium ihrer Wahrheit, ihrer inneren Bedeutsamkeit entdecken... Unter diesem Gesichtspunkt betrachtet wird der Mythos, wird die Kunst, werden die Sprache und die Erkenntnis zu Symbolen: nicht in dem Sinne, daß sie ein Vorhandenes, Wirkliches in der Form des Bildes, der hindeutenden oder ausdeutenden Allegorie, bezeichnen, sondern in dem Sinne, daß jede von ihnen eine eigene Welt des Sinnes erschafft und aus sich hervorgehen läßt...: Nicht Nachahmung dieser Wirklichkeit, sondern *Organe* derselben sind jetzt die einzelnen symbolischen Formen, sofern nur durch sie Wirkliches zum Gegenstand der geistigen Schau gemacht und damit als solches *sichtbar* werden kann.«[18]

Wegen dieses allgemeinen Symbolverständnisses, mittels dessen der Mensch mit der Wirklichkeit kommuniziert, nennt Cassirer den Menschen das animal symbolicum, jenes Lebewesen, das sich durch Symbolbesitz von allen anderen Lebewesen unterscheidet.[19]

Wenn man mit Peter L. Berger davon ausgeht, daß Definitionen weniger weltanschaulich betrachtet als auf Brauchbarkeit hin beansprucht

[17] *Ernst Cassirer,* Wesen und Wirkung des Symbolbegriffs, Darmstadt 1956, 78 (= Sprache und Mythos. Studien der Bibliothek Warburg 6, 1925).

[18] *E. Cassirer,* a.a.O., 79.

[19] *E. Cassirer,* Was ist der Mensch?, Stuttgart 1960.

werden sollten,[20] bleibt hier wie auch bei den von Cassirer beeinflußten Theorien zu fragen, ob es *zweckmäßig* ist, den Symbolbegriff so weit zu fassen, weil diese Praxis den Sprachgebrauch unscharf werden läßt und vor allem gegenüber einem mehr spezifischen Symbolbegriff, wie er beispielsweise in der Religionswissenschaft und Theologie üblich ist, verwirrend wirkt.

Cassirers Symboltheorie ist idealistisch. Ihr gemäß verkörpern sich alle geistigen Sinnschöpfungen symbolisch. Geistige Wirklichkeit ist darum nirgends anders als in Symbolen zu erreichen, die Wirklichkeit nicht abbilden, sondern über der empirisch-sinnlichen eine eigene geistige Gegenstandswelt schaffen. Als solche Geistesschöpfungen versteht Cassirer Mythos, Religion, Wissenschaft, Kunst, Recht, Philosophie. Mythos und Religion setzt er nebeneinander, genauer gesagt: in ein Nachfolgeverhältnis. Für ursprüngliche archaische Kulturen erkennt Cassirer Mythos und Religion noch in einem Ineinander gegeben, doch erhebt sich mit dem Gang der Bewußtwerdung die religiöse Symbolik über die mythische, bekämpft und überwindet sie. Diese, auch in der heutigen Theologie immer noch gerne vertretene Wertung, die bevorzugt in biblische Fragestellungen übernommen wird, verweist bei Cassirer zwar auf eine Erkenntnis des Zusammenhangs, betont aber stärker die Differenz zwischen mythischer und religiöser Symbolsprache und versperrt so die eigentliche Lösung des Problems.

Der theologische Symbolbegriff Paul Tillichs

Schärfer hat an dieser Stelle Paul Tillich zugesehen. Er argumentiert gegen Cassirer, daß der Mythos durch die Religion nicht abgelöst wird, sondern nur seine Form ändert. »Der Kampf der Religion gegen den Mythos wäre dann nicht ein Kampf gegen den Mythos überhaupt, sondern der Kampf eines bestimmten Mythos gegen einen anderen.«[21] Sofern man jede Anschauung des Transzendenten mythisch nennt, gibt es nach Tillich keine unmythische Geisteslage: »Der Mythos ist wesenhaft«, ein konstitutives Element des Geistigen überhaupt, ein Apriori für die Wissenschaft nicht minder wie für die Religion. Doch hält Tillich an dieser Stelle eine Unterscheidung zwischen der ungebrochenen und der gebrochenen Form des Mythos für geboten: »Im ungebrochenen Mythos liegen drei Elemente ineinander: das religiöse, das wissenschaftliche und

[20] *Peter L. Berger*, Zur Dialektik von Religion und Gesellschaft. Elemente einer soziologischen Theorie, (New York 1967) Frankfurt a. M. 1973, 165.

[21] *Paul Tillich*, Gesammelte Werke, Bd. V, Stuttgart 1965, 203.

das eigentlich mythische. Das religiöse als Beziehung auf das Unbedingt-Transzendente, das wissenschaftliche als Beziehung auf die gegenständliche Wirklichkeit, das eigentlich mythische als Vergegenständlichung des Transzendenten mit Anschauungen und Begriffen der Wirklichkeit. Diese Einheit war nur möglich, solange die Unbedingtheit der religiösen Transzendenz und die Rationalität der Dingwelt dem Bewußtsein verborgen waren. Solange konnten die mythischen Inhalte den Anschein erwecken, gleichzeitig dem religiösen und dem wissenschaftlichen Anspruch zu genügen (ein Gegensatz, der als solcher noch gar nicht vorhanden war). Diese Lage konnte sich auf die Dauer nicht halten. Ihre Auflösung bedeutet die Entwicklung zur autonomen Religion, zur autonomen Wissenschaft, und sie bedeutet eben darin die Brechung des ursprünglichen mythischen Bewußtseins. Gleichzeitig jedoch tritt das Mythische in seiner Reinheit und in seinem Charakter als notwendiges Element im Aufbau der Sinnwirklichkeit hervor. Es wird deutlich, daß Mythos Inbegriff derjenigen Symbole ist, in denen mittelbar oder unmittelbar das Unbedingt-Transzendente angeschaut wird.«[22]

Mit diesem Gedankengang verneint Tillich die Konzeption Cassirers, daß die mythischen Symbole eine Symbolsphäre neben anderen sind. Die Kategorie des Mythischen schließt nach ihm wesenhaft die des Symbolischen ein. Wo immer Religion, Wissenschaft und Kulturschaffen insgesamt in den Dienst des Mythischen treten, nehmen sie im gleichen Maße Symbolisches in sich auf. (Leszek Kolakowski hat dieses Problem eigenständig verfolgt und über die Gegenwärtigkeit des Mythos in allen Erfahrungs- und Denkvoraussetzungen des Menschen nachgedacht: »Das, was die Welt der Objekte transzendiert, übersteigt auch die Potenzen der Sprache, kann somit nicht einziehen in den Horizont der wissenschaftlich legitimen Kommunikation, liegt somit in den Besitztümern des Mythos.«[23])

Die Korrespondenz zwischen Mythos und Symbol läßt Tillich lapidar sagen: »Mythen sind in jedem Akt des Glaubens gegenwärtig, weil die Sprache des Glaubens das Symbol ist.«[24] Zugleich aber muß gesehen werden, daß die Auseinandersetzungen des Logos mit dem Mythos in der fortschreitenden Religionsgeschichte die Mythen zunehmend kritisieren und damit einem Prozeß der Entmythologisierung unterwerfen. Diesen Prozeß hält Tillich für notwendig, soweit man ein Symbol als Symbol und einen Mythos als Mythos verstehen lernen will. Er hält ihn für unsinnig, falls mit ihm die Ausmerzung von Symbolen und Mythen überhaupt gemeint ist: »Ein solches Unterfangen kann niemals gelingen, weil

[22] Ebd., 205.
[23] *Leszek Kolakowski,* Die Gegenwärtigkeit des Mythos (= Serie Piper 49), München 1973, 58.
[24] *P. Tillich,* Gesammelte Werke, Bd. VIII, 145.

Symbol und Mythos von Formen des Denkens und der Anschauung zeugen, die mit der Struktur des menschlichen Bewußtseins untrennbar verbunden sind. Man kann einen bestimmten Mythos durch einen anderen ersetzen, aber man kann mythisches Denken nicht aus dem geistigen Leben des Menschen lösen. Denn Mythos ist die Verknüpfung von Symbolen, die ausdrücken, was uns unbedingt angeht.«[25]

Tillich bezeichnet einen Mythos, der als Mythos verstanden wird, ohne abgelehnt oder ersetzt zu werden, als einen »gebrochenen« Mythos. »Ungebrochen« ist demnach eine Lebensform, die sich in ihrem mythischen Bewußtsein nicht erkennt und die zugleich bis in ihre Grundlagen verunsichert würde, wenn sie des Mythos als Mythos ansichtig würde. Tillich bewertet eine solche Lebensform als »wörtliches Mißverstehen der Symbole«, wenngleich er hier zwischen einem ursprünglichen und einem abwehrenden Mißverstehen unterscheidet. Das ursprüngliche mythische Bewußtsein vermag zwischen mythischer und empirischer Realität noch nicht zu unterscheiden. Deswegen hat dieses Stadium der »ersten Naivität« (wie Ricoeur es nennt) seine Berechtigung bis zu jener Aufklärung, in der sich das wörtliche Für-wahr-Halten der Mythen als unhaltbar herausstellt. Danach gibt es nur noch die Entscheidung, entweder den Mythos als Mythos zu bejahen, den ungebrochenen Mythos durch den gebrochenen zu ersetzen, oder aber, unter Verdrängung aller kritischen Potenzen, am Wörtlichnehmen der Mythen um jeden Preis festzuhalten. »Der Feind der kritischen Theologie ist nicht das naive, sondern das bewußte Wörtlichnehmen der Symbole in Verbindung mit einer kämpferischen Unterdrückung selbständigen Denkens.«[26]

Wichtig bleibt für Tillich – ähnlich wie seinerzeit für Karl Jaspers in seiner Argumentation gegen Bultmann,[27] daß die mythisch-symbolische Sprache auf keinen Fall aufgegeben und durch philosophisch-theologische Begrifflichkeit ausgetauscht wird, denn die Sprache des Glaubens ist die Sprache des Symbols. »Glaube als der Zustand des Ergriffenseins von dem, was uns unbedingt angeht, kennt keine andere Sprache als die des Symbols. Auf eine solche Feststellung erwarte ich immer die Frage: Nur ein Symbol? Aber wer so fragt, beweist damit, daß ihm der Unterschied zwischen Zeichen und Symbol fremd ist. Er weiß nichts von der Macht der Symbolsprache, die an Tiefe und Kraft die Möglichkeiten jeder nicht-symbolischen Sprache übertrifft. Man sollte niemals sagen ›nur ein Symbol‹, sondern vielmehr: ›nichts Geringeres als ein Symbol‹.«[28]

[25] Ebd., 146.
[26] Ebd., 147.
[27] *Karl Jaspers / Rudolf Bultmann,* Die Frage der Entmythologisierung, München 1954.
[28] *P. Tillich,* Gesammelte Werke, Bd. VIII, 142.

In diesem Verständnis des Symbols als einzige Sprache des Glaubens liegt nun zugleich eine Ausweitung des Symbolbegriffs eingeschlossen. Tillich spricht nicht von Symbolen im Sinne mancher »Symbolkunde«, die eine bestimmte Anzahl religiöser Ausdrucksgestalten behandelt, sondern im Sinne der Universalität der religiösen Sprache, die keinen zweiten Weg zur im Glauben erfaßten Wirklichkeit zuläßt. Aus diesem Grunde wird die Sprache der Bibel ebenso als symbolisch aufgefaßt wie die grundlegenden Glaubensartikel – Schöpfung und Sündenfall, Erlösung und Reich Gottes – und die Grundworte der christlichen Existenz – Glaube, Hoffnung, Liebe.

Als fundamentales Symbol für jede Religion erläutert Tillich (in einer gewissen Beständigkeit, die zugleich alle seine Ausführungen zum Symbol betrifft) das Wort »Gott«. Dieses Symbol ist in jedem Glaubensakt gegenwärtig, selbst wenn der Glaubensakt die Leugnung Gottes einschließt. »Wiederum würde es völlig falsch sein zu fragen: Also ist dann Gott nur ein Symbol? Denn die nächste Frage müßte dann lauten: Ein Symbol wofür? Und darauf wäre nur eine Antwort möglich: Für Gott. ›Gott‹ ist Symbol für Gott.«[29]

Wird die religiöse Sprache nicht symbolisch verstanden, »entsteht ein ›Ding‹ mit widerspruchsvollen Merkmalen, das in Wahrheit ein Unding ist.« Dieses »Schweben zwischen Setzung und Aufhebung« ist für Tillich notwendiges Kriterium einer angemessenen religiösen Sprache, deren Symbolik sich ansonsten in dämonisierender Weise jeder Transparenz entziehen und zum Selbstzweck verabsolutieren würde. »Im Worte ›Gott‹ schwingt ein doppeltes: das Unbedingte, Transzendente, Letztgemeinte, und ein irgendwie gedachtes Objekt mit Eigenschaften und Handlungen. Das erste ist nicht uneigentlich, ist nicht symbolisch, sondern ist eigentlich das, was es sein soll. Das zweite dagegen ist in der Tat symbolisch, uneigentlich. Dieses zweite aber macht den anschaulichen Inhalt des religiösen Bewußtseins aus... Gott als Gegenstand ist eine Vertretung des im religiösen Akt Letztgemeinten, aber im Worte ›Gott‹ ist diese Gegenständlichkeit zugleich negiert, dieser Vertretungscharakter mitgemeint.«[30]

Vom Gesagten her wird verständlich, daß der Symbolbegriff für Tillichs Theologie grundlegend ist und sein ganzes Werk durchzieht. Das Symbol ist für Tillich die eigentliche religiöse Vermittlungskategorie, so daß seine Theorie der Korrelation hier ihren »Sitz im Leben« findet. Die bis in die theologische Begriffswelt hineinreichende Ausweitung des Symbolverständnisses gestattet eine hohe Kommensurabilität zu anderen

[29] Ebd., 142.
[30] Ebd., V, 207.

Symboltheorien. Andererseits bedarf diese Allgemeinheit eingehender Differenzierung und genauer Abgrenzungen (zumal zur analogen und metaphorischen Sprache hin), wenn sich mit Tillichs Ansatz eine religionsdidaktische Theorie verbinden soll. Jedenfalls bietet Tillich in der theologischen Landschaft dieses Jahrhunderts dafür den besten Ausgangspunkt, zumal Karl Rahners Reflexionen über den Symbolbegriff[31] in ihren scholastischen Begrifflichkeiten und Distinktionen eine Anknüpfung erschweren. Ein resümierender Vergleich dürfte dennoch nicht überflüssig sein.

Anmerkung zu Paul Ricoeurs Symbolverständnis

Unter den theologisch relevanten Arbeiten der jüngeren Zeit zum Symbolverständnis sind an erster Stelle die Publikationen Paul Ricoeurs zu nennen. Eine ausführliche Auseinandersetzung mit ihm soll einer späteren Arbeit vorbehalten bleiben. An dieser Stelle mag ein Hinweis genügen, der den religionsdidaktischen Wert des Tillich'schen Denkens noch einmal unterstreicht:

Ricoeur meint, daß eine Entwicklung, die Mythos und Symbol entleert, auch die Möglichkeit umschließt, ihre Bedeutung neu zu finden. Zwar sei für uns die ursprüngliche Naivität, in der Mythos und Symbol einst »unmittelbar« sprachen, dahin, doch bleibe der Durchbruch zu einer »zweiten Naivität« denkbar, in der wir auf neuer Ebene die Bedeutung der Symbolwelt wiederfinden.[32]

Diese zweite Naivität, die insgesamt dem Stadium des »gebrochenen« Mythos nach Tillich entspricht, liegt jenseits der entmythologisierenden Aufklärung, hinter den Durststrecken einer auf Religionsgeschichte, Psychoanalyse, Wissenssoziologie und Exegese aufruhenden Hermeneutik. Wer sich auf diese Bewußtwerdung einlasse und nicht auf halber Strecke stehen bleibe, könne zur Wiedereinsetzung des Mythos als eines Symbolgefüges gelangen. Ricoeur nennt diese Aufgabe, »*von* den Symbolen aus und nicht mehr *in* den Symbolen zu denken«. Der Mythos will in seiner Gegenwärtigkeit und nicht als Geschichte eingeholt werden. Das ist mehr als Wissenserwerb, nämlich Vollzug der Menschwerdung auf postrationalem Niveau. Es geht um glaubendes Verstehen und verstehenden Glauben der eigenen Existenz von einer über sich hinausweisenden, nur symbolisch faßbaren Wirklichkeit her.

[31] *Karl Rahner*, Zur Theologie des Symbols, in: ders., Schriften zur Theologie. Bd. IV, Einsiedeln 1960, 275–311.

[32] *Paul Ricoeur*, Symbolik des Bösen. Phänomenologie der Schuld II, Freiburg/München 1971, 395–406.

Also genügt es nicht, die Symbole historisch zu verstehen, auf Erfahrungsebenen, die fremden Menschen zugehören. Die Frage heißt: Komme *ich* darin vor? Glaube *ich* das etwa? Diese Hermeneutik liegt jenseits aller nur registrierten Wahrheit, die ohne Glauben bleibt, und begründet einen Zirkel, der die sachliche Distanz auflöst und ein persönliches Verhältnis zu den Offenbarungssymbolen der Religion wieder ermöglicht. Die vorkritischen Hierophanien werden zu nachkritischen Epiphanien neuer, sinnstiftender Transzendenz. Dabei geht es mitnichten um die Wiederentdeckung geschlossener Mythologien. Schon die Übernahme *eines* Mythos ermöglicht die Aneignung aller, nicht additiv oder harmonisierend, sondern kritisch, denn die Welt der Mythen und Symbole ist spannungsreich, und »jedes Symbol ist der Ikonoklast eines anderen«.[33]

Eine Streitfrage, die die Geister entzweit und doch unumgänglich ist, hängt an der Entscheidung, ob Mythos und Symbol, als gesellschaftliche Konstruktionen verstanden, eine ontologische Bedeutung ausschließen. Paul Ricoeur lehnt eine solche Alternativsetzung ab: »Behandeln wir das Symbol als bloßen Beförderer des Selbstbewußtseins, amputieren wir es um seine ontologische Funktion ... Das Symbol gibt zu denken, daß das Cogito ins Sein eingebunden ist und nicht umgekehrt; die zweite Naivität wäre sohin keine zweite kopernikanische Wendung: das Sein, das sich selbst setzt im Cogito, muß noch an den Tag bringen, daß der Akt, durch den es sich dem Ganzen entreißt, nicht aufhört, an dem Sein teilzuhaben, das ihn in jedem Symbol zur Rede stellt.«[34]

Der Symbolbegriff in der Religionswissenschaft: Mircea Eliade

Die Religionswissenschaft hat in diesem Jahrhundert erhebliche Wandlungsprozesse durchlaufen, die sich in jedem ihrer Stadien natürlich auch im Symbolverständnis ausprägen. Am Anfang des Jahrhunderts steht James George Frazer mit seinem berühmten »Golden Bough« (1890 in zwei Bänden erschienen, 1900 in drei Bänden, 1911/15 auf zwölf Bände angewachsen), ohne dessen Material und Einfluß ergänzt durch »Totemism and Exogamy« (1910), Freud wohl niemals »Totem und Tabu« geschrieben hätte. Frazer und Freud waren sich einig, daß das Prinzip, welches Magie und Religion bestimme, die »Allmacht der Gedanken« ist. Ihr Rationalismus entwickelte eine Fähigkeit zur Verdrängung, welcher

[33] Ebd., 402.
[34] Ebd., 405.

der in der Romantik wiederentdeckte Mythos längst zum Opfer gefallen war; nun sollte die Religion insgesamt – äußerst schmal nach einem bürgerlich christlichen Zuschnitt gedacht – als überwundene Entwicklungsstufe und Hindernis einer nur noch wissenschaftlich bestimmten Zeit ihre Entlarvung und Auflösung finden.

Freuds Religionsinterpretation wurde von Ethnologen als eine reduktionistische Verallgemeinerung einzelner Beobachtungen zurückgewiesen, beispielsweise von Franz Boas, Bronislaw Malinowski und Wilhelm Schmidt. Aber man muß Freuds Religionskritik und seine Entdeckung des Unbewußten auseinanderhalten. Seine psychoanalytische Methode hat ja gerade der Religionswissenschaft den Beweis erbracht, »daß Bilder und Symbole ihre ›Botschaft‹ auch dann mitteilen, wenn das Bewußtsein dieser Tatsache nicht gewahr wird«.[35] Nachdem dann Carl Gustav Jung über Freud hinaus ein kollektives Unbewußtes lehrte und mit der Archetypen-Hypothese einen Schlüssel entwickelte, die Mythen und Symbole aller Religionen im Rahmen einer universalen Hermeneutik zu interpretieren, fanden führende Religionswissenschaftler auf den Tagungen des Eranos-Kreises eine interdisziplinäre Plattform, deren Erträge insbesondere zu einem vertieften Symbol- und Mythenverständnis führten. Zu nennen sind hier besonders der Sinologe Richard Wilhelm, der Indologe Heinrich Zimmer und die Religionswissenschaftler Karl Kerényi und Mircea Eliade. Alle haben Jungs Symboldeutung als hilfreich für ihre Arbeit betrachtet und Grundbegriffe der Jungschen Theorie in ihr Denken übernommen.[36]

Im Gegensatz zu Frazer, der um die Jahrhundertwende die Religion als ein geschichtlich überholtes Bewußtseinsstadium der Menschheit be-

[35] *Mircea Eliade,* Die Sehnsucht nach dem Ursprung, (Chicago 1969) Frankfurt a. M. 1981, 39.

[36] Jung schreibt über Wilhelm: »Was er mir aus der Fülle seiner Kenntnisse des chinesischen Geistes mitteilte, hat mir damals einige der schwierigsten Probleme, die mir das europäische Unbewußte stellte, erhellt. Auf der anderen Seite hat ihn das, was ich von den Resultaten meiner Forschungen über das Unbewußte erzählte, in nicht geringes Erstaunen versetzt; denn in ihnen erkannte er wieder, was er bis dahin ausschließlich als Tradition der chinesischen Philosophie angesehen hatte« (Erinnerungen, Träume, Gedanken von C. G. Jung, hrsg. von Aniela Jaffé, Olten 1971, 382).

Jung war auf Heinrich Zimmer durch sein Buch »Kunstform und Yoga im indischen Kultbild« aufmerksam geworden, während Zimmer Jung erstmals in dem gemeinsam mit Richard Wilhelm herausgegebenen Buch »Das Geheimnis der Goldenen Blüte« begegnete. »Als der hervorragende Kenner der indischen Literatur, der er war«, erinnert sich Jung, »konnte er nicht umhin, eine Reihe interessanter Parallelen zu entdecken, wobei ihm sein ausgesprochen künstlerisches Anschauungsvermögen und seine ungewöhnliche Intuition sehr zustatten kamen.« Zimmer kommentierte diese Begegnung mit einiger Ironie: »Was ich damals erlebte, war die plötzliche Einsicht, daß meine Sanskrit-Texte nicht nur grammatikalische und syntaktische Schwierigkeiten darboten, sondern daneben auch noch einen Sinn hatten.«

Auch Karl Kerényi gehörte zum Eranos-Kreis und stand dem Jungschen Symboldenken nahe. Gemeinsam veröffentlichten beide 1941 eine »Einführung in das Wesen der Mythologie«, die Kerényi am Beispiel des Gotteskindmythos und der Eleusinischen Mysterien bestritt, während Jung die tiefenpsychologische Deutung beisteuerte.

trachtete, vertritt Eliade in allen seinen Werken die These, daß Religion »ein Element der Struktur des Bewußtseins und nicht ein Stadium in der Geschichte dieses Bewußtseins« ist.[37] Dementsprechend kommt er zu dem Ergebnis, daß in den Religionen der Menschheit der Rückgriff auf die archaischen Symbolstrukturen gleichbleibt, freilich in unerschöpflicher Weise immer wieder neue Auswertungen und Variationen im Lauf der Geschichte erfahren hat. Mit dieser Position ist Eliades Werk eine Ablehnung jeglichen »Reduktionismus«, wie er sie in den Religionsdeutungen von Marx bis Freud gegeben sieht. Methodologisch vertritt er ein Verfahren, das nirgendwo ein Einzelphänomen zu interpretieren gestattet, ohne dieses Phänomen in seinem umgreifenden geschichtlichen Zusammenhang wahrzunehmen. »Nur durch die Analyse einer hinreichenden Zahl von Beispielen läßt sich die Struktur eines Symbols restlos erhellen. Mehr noch: Die Bedeutung eines bestimmten Typus (zum Beispiel des Weltenbaumes) läßt sich erst erfassen, wenn man die wichtigsten Arten und Varianten des Symbols vorher studiert hat.«[38] Das »entscheidende Problem« sieht Eliade nicht in der Deutung des Symbols innerhalb seines historischen Kontextes, sondern in der Aufgabe, »die Gesamtmasse einer Symbolik« zu enthüllen, denn: »die verschiedenen Bedeutungen eines Symbols verketten sich untereinander, sie tragen einander, in der Art von etwas Systembildenden; die zwischen verschiedenen Sonderfassungen aufdeckbaren Widersprüche sind in den meisten Fällen nur ein täuschender Schein; sie lösen sich auf, sobald man die Symbolik in ihrem Gesamtumfang betrachtet und ihren inneren Aufbau herausschält. Jede neue Sinngebung für ein archetypisches Bild verleiht den althergebrachten Bedeutungen ihre Vollendung.«[39]

Die geschichtliche Vielfalt der Symbole ist dem Religionshistoriker Eliade also einerseits unverzichtbar, um das Symbol verstehen zu können, jedoch geht es ihm nie um bestimmte religionsgeschichtliche Spielarten, die Eliade als »provinziell« abtun kann, sondern um die Rekonstruktion des Grundmusters, um dessen archetypische Überzeitlichkeit: »Sind wir wirklich dazu verurteilt«, fragt er, »uns allein mit der erschöpfenden Analyse von besonderen Fassungen zu begnügen, die letzten Endes bloß eine lokale Geschichte darstellen? Haben wir denn gar kein Hilfsmittel, um an das Bild, an das Symbol, an den Archetypus in seiner ihm eigenen Wesensart (dieser alle ›Geschichte‹ umfassenden, sie aber doch nicht

[37] *M. Eliade*, Die Sehnsucht nach dem Ursprung, a.a.O., 12.

[38] *M. Eliade*, Methodologische Anmerkungen zur Erforschung der Symbole in den Religionen, in: Mircea Eliade / Joseph M. Kitagawa (Hrsg.), Grundfragen der Religionswissenschaft, Salzburg 1963, 116f.

[39] *M. Eliade*, Ewige Bilder und Sinnbilder. Vom unvergänglichen menschlichen Seelenraum, Olten 1958, 206.

durcheinandermengenden Wesensart!) heranzukommen?«[40] Diese Position hat Otto Friedrich Bollnow veranlaßt, die Gegenfrage zu stellen, »ob man wirklich das Individuelle als bloß ›provinziell‹ abwerten« könne, »ob die geschichtliche Ausprägung wirklich nur ›Absturz‹ aus einer zeitlosen mythischen Welt ist«.[41] Für Eliade bestimmt die Frage nach der invarianten archetypischen Disposition der Menschheit, ganz im Sinne Jungs, das leitende Interesse: »Am Quellgrund einer jeden stilistisch oder geschichtlich an Bedingungen gebundenen Geistesschöpfung vermag man immer wieder dem Archetypus zu begegnen ...«[42] und: »Es gelingt der Geschichte nicht, die Urnatur einer dem Menschen ›ewig gegebenen‹ Symbolik von Grund auf zu ändern. Unaufhörlich neue Sinngebungen schließt zwar die Geschichte an eine solche an; doch die Urnatur des Symbols heben diese nie auf.«[43] Für Eliade verkörpern die Symbole »offenstehende Zugänge in eine übergeschichtliche Welt«[44], und damit bietet er dem heute vorherrschenden, ontologiefeindlichen Bewußtsein allseitige Angriffsflächen. Doch bevor man in dieser noch unentschiedenen Frage, in die hüben wie drüben meist unerörterte weltanschauliche Vorentscheidungen eingehen, Partei ergreift, gilt es ebenfalls, die folgende Äußerung Eliades einzubeziehen: »Man kann nicht genug darauf hinweisen, daß die Suche nach symbolischen Strukturen ein Werk nicht der Reduktion, sondern der Integration ist. Wir vergleichen oder kontrastieren zwei Ausdrucksformen eines Symbols nicht, um sie auf einen einzigen präexistenten Ausdruck zurückzuführen, sondern um jenen Vorgang zu entdecken, durch welchen eine Struktur ihren Bedeutungsreichtum vermehrt.«[45]

Eliade begreift den Menschen als einen homo symbolicus, dessen ganzes Tun symbolhaltig ist. Darum steht außer Frage, daß alle religiösen Fakten symbolischen Charakter tragen und auf eine metaempirische Wirklichkeit verweisen. Aber als homo symbolicus ist der Mensch für Eliade zugleich auch homo religiosus. »Als ein menschliches Wesen zu leben, war an sich in den urältesten Kulturen schon ein religiöser Akt, denn Nahrung, Sexualität und Arbeit hatten einen sakramentalen Wert. Mit anderen Worten, ein Mensch sein – oder besser, werden – heißt ›religiös‹ sein.«[46] Die eigentlichen Symbole sind deshalb immer religiös, wie es in archaischen Kulturen ja auch ausschließlich religiöse Symbole

[40] *M. Eliade,* Ewige Bilder und Sinnbilder, a. a. O., 205.
[41] *Otto Friedrich Bollnow,* Die Welt der Symbole, in: ders., Studien zur Hermeneutik. Bd. I: Zur Philosophie der Geisteswissenschaften, Freiburg 1982, 326.
[42] *M. Eliade,* Ewige Bilder, a. a. O., 219.
[43] Ebd., 203.
[44] Ebd., 220.
[45] *M. Eliade,* Methodologische Anmerkungen, a. a. O., 121.
[46] *M. Eliade,* Die Sehnsucht nach dem Ursprung, a. a. O., 12.

gab. Sie offenbaren »die Struktur der Welt«, und zwar die schlechterdings »unausdrückbaren Strukturen der letzten Wirklichkeit«. Hier stiften die Symbole den kosmischen Zusammenhang. Sie verbinden die tiefste Wirklichkeit mit der menschlichen Existenz, machen betroffen und engagieren, indem sie gleichzeitig einen Sinn seines Daseins eröffnen: Der in Symbolen sich orientierende Mensch fühlt sich nicht im Kosmos isoliert, sondern in eine Welt eingebunden, die sich als »vertraut« erweist.[47]

Bedeutsam ist für Eliades Symbolverständnis schließlich der Gedanke, »daß sich Symbole nicht nur an das erwachte Bewußtsein, sondern an das gesamte psychische Leben richten. Folglich haben wir nicht das Recht zu schließen, daß die Botschaft des Symbols auf jene Bedeutungen, deren sich eine bestimmte Anzahl von Individuen voll bewußt ist, eingeschränkt sei.«[48] Die heute »abgewerteten«, mißverstandenen Symbole verweisen für Eliade auf den Ausgangspunkt, »von dem aus die geistige Wiedergeburt des modernen Menschen beginnen könnte.«[49] Dem Einwand, »solches Gerümpel« interessiere den Menschen nicht mehr, hält er entgegen: »Die Symbole, die Mythen kommen aus einer allzu weiten Ferne, als daß sie sterben könnten: sie bilden einen Teil des Menschseins, und es bleibt unmöglich, daß sie irgendeinmal gar nicht mehr auffindbar wären in einer das menschliche Dasein im Weltall wesentlich betreffenden Situation.«[50]

Resümierender Zwischenschritt

Jeder, der die voranstehenden knappen Begriffsskizzen zum Symbolbegriff liest – zumal Leser, denen die angedeuteten Hintergründe fremd sind – wird irritiert auf so viel divergierende Theorie reagieren. Deshalb kann es nicht verwundern, wenn manche mit Desinteresse und Ablehnung dem Thema Symbol begegnen. Sie mögen sich resignativ zu der Feststellung gezwungen sehen, diesen Dschungel kontroverser Verständnisse doch nie durchlichten zu können. Andererseits steht es außerhalb jeden Zweifels, daß eine Symboldidaktik fundamentales Erfordernis jeder Religionspädagogik ist. Wie aber soll eine solche Didaktik möglich sein, wenn die wissenschaftliche Situation so verworren aussieht? Zwar ist es möglich, sich für eine der heute gehandelten Symboltheorien zu entscheiden, um auf ihrer Basis ein didaktisches Konzept zu entwickeln. Aber befriedigen

[47] *M. Eliade,* Methodologische Anmerkungen, a.a.O., 121–130.
[48] Ebd., 134.
[49] *M. Eliade,* Ewige Bilder, a.a.O., 21.
[50] Ebd., 26.

kann das nicht, sofern man sich nicht bereits vom Ansatz her bewußt auf spezielle oder einseitige Sichtweisen beschränken will. Wünschenswert und auf lange Sicht hin notwendig ist deshalb eine integrierende Theorie des Symbols, die in der Lage wäre, die religionswissenschaftliche Symboltradition mit den psychoanalytischen, soziologischen, philosophischen, theologischen und sprachwissenschaftlichen Symbolverständnissen zu vermitteln. Es wäre also zu untersuchen, ob und wie weitgehend die verschiedenen wissenschaftlichen Symboltheorien in ihrer Begrifflichkeit einander angenähert werden können, so daß wenigstens eine grundlegende Kommunizierbarkeit zwischen den einzelnen Theorieansätzen möglich wird. Das in einer solchen Untersuchung vorwiegend anstehende Problem dürfte die Anwendungsbreite eines gemeinsamen Symbolverständnisses sein, die Frage also, ob es möglich ist, den Symbolbegriff sowohl auf psychische, wie auf interaktionelle, soziale, kulturelle und religiöse Gegebenheiten anzuwenden, ohne die *spezifischen* Ansätze und Methoden des jeweiligen Forschungsbereiches zu überspielen.

Der Versuch einer integrierenden Symboltheorie[51] hätte die Standortbestimmung der jeweiligen Theorieansätze im Rahmen einer umgreifenden Ganzheit zur Folge. Es müßte deutlich werden, daß seitens einer Einzeldisziplin immer nur Teilansichten produziert werden, von denen keine einzige für sich genommen ausreicht, das Gesamtphänomen Symbol zu beschreiben. Eine solche Beschreibung des Symbols nach Wesen, Funktion, Wirkung und Notwendigkeit ist aber auch nicht aus einer Addition der vorliegenden Symboltheorien zu gewinnen, sondern allein von der noch ausstehenden integrativen Position aus möglich. Eine Symboldidaktik, soll sie nicht von vornherein einäugig sein, ist gleicherweise auf eine vermittelnde Theorie angewiesen. Solange diese Integrationstheorie ein Wunsch bleibt, gelangen wir mit einer Symboldidaktik über Ansätze und Teilentwürfe nicht hinaus. Je deutlicher wir uns dieses Ungenügens bewußt sind, um so treibender dürften die Motivationen zu ergänzenden und korrigierenden Arbeiten sein.

Nun war freilich eingangs von einem Nenner die Rede, von dem der vorliegende Entwurf auszugehen versprach: mehr nämlich als die wissenschaftliche Spezialvermessung des Symbols, den inneren Sinn, das »dritte Auge« dafür berücksichtigen zu wollen. Das verweist einesteils auf vorwissenschaftliche Intuition, anderenteils auf theologische und religionswissenschaftliche Traditionen, wie wir sie bei Tillich, Eliade, Zimmer, Kerényi, W. F. Otto, Lauf u. a. vertreten sehen. Damit will ich nicht einer wissenschaftlichen Selbst- und Fremdkontrolle aus dem Weg gehen, vielmehr möchte ich an der Tradition der für die Religionspädagogik hier

[51] Vgl. hierzu *J. Heumann,* a. a. O.

am meisten relevanten Disziplinen anknüpfen, weil ich glaube, daß *zunächst* von hier her die wirksamsten didaktischen Impulse innerhalb der religionspädagogischen Praxis zum Tragen kommen können.

Umschreibung des Symbols

Symbole sind nicht geschichtslos, wie sich ja auch die psychische und soziale Struktur des Menschen in einem historischen Prozeß entwickelt hat und – in großen Zeiträumen gerechnet – wahrscheinlich auch weiterhin verändern wird. Für die Urfrühe der Menschheit, gemeint ist eine Zeit, die der anfänglichen Entwicklung des Ichs und des Bewußtseins voranliegt, gilt eine noch ganz vorgedankliche Existenzweise. Unbewußte Inhalte und psychische Vorgänge haben die Vorherrschaft. Die Darstellungsform des Unbewußten ist aber anders als jene des Bewußtseins. Es kann noch nicht im Nacheinander diskursiver Gedanken, geschweige denn in logischen Schritten, eine Sache umkreisen, von anderen Gegenständen abgrenzen und definieren. Der Weg und Erkenntnismodus des Unbewußten ist das Symbol. Darum geht menschheitsgeschichtlich das unbewußte symbolische Erfassen der Wirklichkeit ihrer bewußt-gedanklichen Eroberung voran. Geistige Inhalte treten hier gegenständlich auf, d. h. als Symbole. In diesem Zustand ist eine Subjekt-Objekt-Distanz noch nicht gegeben, sowenig wie eine Trennung der psychischen Systeme des Ichbewußtseins und des Unbewußten bereits erfolgte. Darum herrscht in diesem Stadium ebenso eine Verschmelzung des Menschen mit der Welt wie des Einzelnen mit der Gruppe. Jene Schwelle eines frühesten Ich-Keimes, der freilich noch ganz vom Unbewußten umgeben wird, glaubt Erich Neumann[52] von der Dominanz der Uroboros-Symbolik beherrscht zu sehen. Uroboros heißt die Kreisschlange, der Ur-Drachen des Anfangs, der sich in den Schwanz beißt, das in sich kreisende Lebendige. Er ist die »allerälteste Gottesgestalt der Urwelt«,[53] der »Archetyp des en to pan«[54]. Dieses Ursymbol ist als Symbol vieles zugleich: »Es ist nicht *ein* Inhalt oder gar Teil eines Körpers, sondern eine Pluralität, eine Welt oder eine Weltreligion, die viele Inhalte in sich birgt.«[55] Das Runde ist das Ei, das kosmogonische Welt-Ei, aus dem alles entsteht; es ist aber zugleich das Vollkommene, Spannungsgefüge und Aufhebung der Gegensätze; es enthält Anfang und Ende, Tag und Nacht, Himmel und Erde, Yin und Yang. Als Uroboros

[52] *Erich Neumann*, Ursprungsgeschichte des Bewußtseins (= Geist und Psyche, 2042), München 1974.
[53] *Hermann Kees*, Der Götterglaube im alten Ägypten, (Leipzig 1956) Berlin 1977.
[54] *E. Neumann*, a.a.O., 12.
[55] Ebd.

ist es der mütterliche Schoß und die Eltern, die Einheit von Mann und Frau, Urgrund, Tiefe, Abgrund, Brunnen, ebenso wie Höhle, Unterwelt, Grab und Todesschlund. »Als Freud alles Hohle als weiblich erkannte, hätte er es zu Recht erkannt, wenn er es als Symbol erfaßt hätte. Wenn er es als weibliches Genitale deutet, mißversteht er es zutiefst.«[56]

Ganz gewiß war die Welt des Frühmenschen real und konkret und darin zugleich unvorstellbar hart. Aber er hat sich mit Bewußtsein erst langsam in diese Welt hineingefunden. Sein psychischer Zustand entspricht der Uroboros-Symbolik, spiegelt sich in ihr: Die Dimension des Unbewußten umschließt noch den schwachen Ich-Keim. Analog dazu wird die Welt erfahren als Umschließendes. Sie ist mütterlich bergend und nährend, nicht als historische Realität gemeint, sondern als Symbol innerer Befindlichkeit. Noch ist der Mensch nichts selber, alles ist Welt.

Solch elementare Symbole wie der Uroboros umspannen nicht nur viele, sondern auch paradoxe Bedeutungen. Als Kreis ist er nicht allein »vollkommene Gestalt«, sondern auch Symbol des »Chaos« und der »Gestaltlosigkeit«. Die Vor-Ich-Zeit ist zugleich die der vorgeschichtlichen Welt. Wir wissen nahezu nichts von dieser Zeit und können es wohl auch kaum, weil sie unter der Dominanz des Unbewußten stand, so daß jenen Frühmenschen das Wissen selbst vorenthalten war. Hier herrscht noch die nicht aus sich herausgetretene Gottheit, deren Symbol das Runde ist. Erich Neumann nennt es das Unbestimmt-Numinose, das dem gestaltlos Psychischen zugeordnet ist und aus dessen Matrix sich erst später das Göttliche und die Götter herauskristallisieren. In diesem umfassend Unbestimmten ist noch kein Heiliges vom Unheiligen, kein Göttliches vom Menschlichen, kein Menschliches vom Tierischen endgültig geschieden.[57]

Für uns heutige Menschen ist die menschliche Befindlichkeit in diesen vorgeschichtlichen Jahrhunderttausenden empirisch-wissenschaftlich unerreichbar. Was wir darüber sagen, hat hypothetischen Charakter. Es zeigt jedoch, auf der Basis heutigen Kenntnisstandes, die Fundierung des symbolischen Sinnes in den vorbewußtlichen Instanzen des psychischen Systems. Wollte man eine Geschichte des Symbols schreiben, so wäre in uroborischen Runden wohl ein ursymbolischer Anfang zu finden.

Unser Rückblick in die Frühzeit und die Betonung der Geschichtlichkeit aller Symbolik zwingen hier allerdings zu einer Ergänzung. Elementare Symbole unterliegen als psychische Realitäten dem geschichtlichen Wandel nicht in gleicher Weise wie historische Gegebenheiten. »Alle diese Symbole, mit denen die Menschheit mythologisch (»mythisch«

[56] A.a.O., 24.
[57] A.a.O., 226.

wäre richtiger gesagt, H. H.) den ›Anfang‹ zu erfassen versuchte, sind heute noch ebenso lebendig wie zur Urzeit, sie haben ihren Ort nicht nur in Kunst und Religion, sondern auch im lebendigen Geschehen der Einzelseele, im Traum und in der Phantasie. Und solange es Menschheit gibt, taucht das Vollkommene auf als Kreis, Kugel und Rundes, und die Urgottheit als sich selber Genügendes ebenso wie das den Gegensätzen entrückte Selbst findet sich im Bilde des Runden, im Mandala.«[58] Die hier unterstellte überzeitliche Gültigkeit ist freilich nur eine Gültigkeit der Struktur, nicht des Inhalts. Die strukturellen Dispositionen, von C. G. Jung Archetypen genannt, halten durch, Inhalte und Qualitäten unterliegen einem dauernden Wechsel. Die Sonnenscheibe Atons, ein Tibetisches Mandala, die Olympischen Ringe ... alle diese Symbole partizipieren an der archetypischen Struktur und ihrer kategorialen Bedeutung, und dennoch ist jedes einzelne Symbol geschichtlich vermittelt und Ausdruck einer spezifischen Geisteswelt.

Sprache der Religionen

Der Rückblick auf die Ursprünge der Menschheit führt in unergründliche Räume. Fossilfunde von Urmenschen auf den Hochebenen von Kenia und Tansania sind möglicherweise über 4 Millionen Jahre alt. Doch nirgends in dieser riesigen Zeitspanne gewinnen wir Belege für religiöse Riten und mythisches Denken. Erst mit dem Auftauchen der Neandertaler Rasse finden sich Gräber bezeugt, deren Symbolik eine religiöse Sprache spricht: In Schanidar im nördlichen Irak wurde eine Höhle mit mehreren Gräbern entdeckt; in einem davon war der Tote auf eine Bahre aus immergrünen Zweigen gelegt und mit Blüten bestreut worden. Eine Pollenanalyse ergab, daß es sich um Pflanzen mit halluzinogenen Eigenschaften gehandelt hatte.

Der erste große Beweiskomplex für religiöse Riten und eine mythische Lebensdeutung ist der Forschung frühestens mit den großen steinzeitlichen Höhlen von Lascaux, Altamira, Les Trois Frères gegeben. Sie stammen alle aus der Zeit zwischen 30000 und 10000 v. Chr. Den damaligen Jägern der Nacheiszeit dienten diese Höhlen als Kultorte. Die abenteuerlich gefährlichen Wege in die uterale Tiefe der Erde konnten auf stundenlangen Wegen meist nur kriechend und kletternd in kaum erleuchteter Finsternis zurückgelegt werden. Dabei mußten Seen durchschwommen, Wasserfälle überwunden oder Wände in kühnen Rutschpartien gemeistert werden. Im tiefsten Bereich dieses labyrinthischen

[58] A. a. O., 22.

Wirrsals erst wurde der heilige Ort erreicht, unter ständiger Bedrohung des eigenen Lebens. Was kann diese Menschen veranlaßt haben, einen solchen Weg zu gehen? Einen Ort aufzusuchen, an den keine äußere Lebensnotwendigkeit band?

Zweifellos handelt es sich um einen rituellen Weg in den Uterus der »Großen Mutter«. In seiner Grundbedeutung heißt Ritus zunächst Weg, darum sprechen wir auch heute noch davon, daß man einen Ritus »begeht«. Wir müssen annehmen, daß die eiszeitlichen Jäger, die in das Höhlenlabyrinth eindrangen, »von dem dunklen Inneren des Berges in eben dem Maße fasziniert und angezogen wurden, wie Menschen heute noch von dem dunklen Inneren ihrer Seele fasziniert und angezogen werden ... Der Frühmensch folgte diesem Weg ins Dunkel, indem er ihn ›außen in der Welt‹ ging, wenn man das Innere der Bergschlünde als ein ›Außen‹ bezeichnen kann«.[59]

Dieser Vorgang ist in seinem inneren Kern symbolischer Natur. In Gestaltungen der sichtbaren Welt begegnet der Mensch Konstellationen, die in einer besonderen Entsprechung zu Dispositionen seiner Seele stehen. Indem er sich auf diese »Offenbarungen« einläßt, sie rituell als noch unbewußte Gestalten begeht, wird er mit Leib und Seele vom rituellen Tun erfaßt und gelangt damit gleichzeitig in einen Prozeß, der in der beständigen Wiederholbarkeit des Rituals die erste Voraussetzung für ein langsames bewußtes Einholen der »heiligen« Wirklichkeit ist.

Das Ritual ist »begangenes« Symbol, das mit der Ganzheit des Leibes und der Seele vollzogen wird. Darum wird in der archaischen Kultur ein Ritus mit Vorliebe getanzt. Dem Tanz liegt seinerseits eine archetypische Symbolstruktur zugrunde, die in den Figuren des Kreises, der Spirale, des Labyrinths die unbewußt empfundene Daseinsthematik ohne Reflexion zu bewältigen gestattet.[60] So ist in allen Religionen der Ritus jener Weg, der den Einzelnen und die Gruppe *in* die Erfahrung des Symbols, d. h. in die allein durch das Symbol erschließbare Wirklichkeit führt, sie in Verbindung mit dem numinosen Hintergrund bringt und erhält, da sonst kein Mensch das Leben ohne Rückbindung an eine das faktische Leben transzendierende Wirklichkeit als befriedigend und lebenswert erachtet.

Was der Ritus in die Tat umsetzt, betreibt der Mythos als Wahr-Sage. Natürlich ist auch diese Wahr-Sage nicht rein verbal. Ursprünglich verleiblicht sich jede Mythe in einer heiligen Wirklichkeit, sei es in Stein oder Baum, Ritual und Fest. Insofern haben Mythen und Rituale nicht unterschiedliche Abkünfte, vielmehr handelt es sich um die gleiche

[59] *E. Neumann*, Zur psychologischen Bedeutung des Ritus, in: ders., Kulturentwicklung und Religion, (Zürich 1953) Frankfurt a. M. 1978, 13ff.

[60] Vgl. *Karl Kerényi*, Labyrinthstudien (1941) in: ders., Humanistische Seelenforschung, Darmstadt 1966, 226–273.

Substanz in verschiedenen Aggregatzuständen. Gemeinsam ist beiden Ausdrucksgestalten die Sprache des Symbols. Anders als in dieser Sprache können sich weder Mythos noch Ritual artikulieren. Während ein Ritus möglicherweise aber nur *eine* Symbolfigur realisiert, ist die Mythe immer ein Symbolzusammenhang, mal einfach, mal kompliziert gebaut, ähnlich wie Sätze aus Satzteilen, Wörtern und Buchstaben bestehen. »O wunderbar! O wunderbar! O wunderbar!« heißt es in den indischen Taittiriya-Upanischaden (3, 10): »Ich bin Speise! Ich bin Speise! Ich bin Speise! Ich bin ein Speisenesser! Ich bin ein Esser! Ich bin ein Esser! Ich bin ein Ruhmbereiter! Ich bin ein Ruhmbereiter! Ich bin ein Ruhmbereiter! Ich bin der Erstgeborene der Weltordnung, ich war schon vor den Göttern, im Nabel der Unsterblichkeit! Wer mich preisgibt, hat mir in Wahrheit Beistand geleistet! Ich, der ich die Speise bin, esse die Esser der Speise! Ich habe die ganze Welt besiegt!« Und der Text endet: »Er, der dies weiß, hat ein hell leuchtendes Licht.«[61]

So einfach dieser Text erscheint, in seiner symbolisch-mythischen Qualität ist er nicht leicht auszuschöpfen. An dieser Stelle soll er nur die Sprache der Religionen verdeutlichen, die paradox, unsinnig, um nicht zu sagen absurd erscheinen müßte, könnte sie nicht symbolisch buchstabiert werden. Das Ich, mit dem sich der Zelebrant dieses Gedichtes identifiziert, ist weder das Ich, das ißt, noch das Ich, das gegessen wird, sondern das Ich, das beides umgreift, das sowohl ißt, als auch gegessen wird. Es ist transzendent und doch in allem innewohnend. Es verkörpert sich »im Nabel der Unsterblichkeit«, findet seinen Ort in der Weltmitte (die kein geographischer Topos, sondern Heimat im letzten Sinne ist, also überall sein kann). In Indien heißt diese transzendente Wirklichkeit *brahman,* bei den Algonkin *manitou,* bei den Sioux *wakonda,* den Irokesen *orenda,* den Melanesen *mana* und bei den Bantu *bwanga.* Es hat eine uroborische Dimension als umgreifendes Eines, das verschlingt und verschlungen wird, erliegt und besiegt, teilhaben läßt und erleuchtet.[62]

Der in seinen Verstehensmöglichkeiten auf einen pragmatischen Horizont verengte Zeitgenosse wird sich fragen, warum die Texte und Bilder der Religionen eine so schwierig verschlüsselte Sprache sprechen. Warum sie »essen« und »gegessen werden« sagen, wenn sie »leben« und »sterben« meinen? Kann man solche Einwände nicht gut verstehen? Vor hundert Jahren meinte Friedrich Max Müller (1823–1900), einer der großen Wegbereiter der modernen Religionswissenschaft, der die Sprachwissenschaft (!) für den Schlüssel zum Verständnis der Religionsgeschichte hielt,

[61] *Joseph Campbell,* Die Mythen der Welt, in: Alexander Eliot, Mythen der Welt, Luzern und Frankfurt a. M. 1976, 35.
[62] Vgl. a. a. O., 35.

der sich symbolisch artikulierende Mythos sei das Ergebnis einer »Krankheit der Sprache«. Als entsprechend abartig muß man aus solcher Sicht natürlich auch alle religiösen Rituale beurteilen, sofern sie ihren Sinn nicht in Nützlichkeiten finden, die einem modernen Kopf einleuchten. Dennoch bleibt dagegenzustellen, daß der symbolische Ausdruck die einzige Sprache ist, in der die Religionen sprechen können. Theologie ist kein Organ der Religion. Es ist ein von außen angesetztes System, das *über* Religion handelt, diese untersucht und systematisiert und dabei in Kategorien überträgt, die der religiösen Wirklichkeit selbst fremd sind. Nicht die diskursive Sprache der Theologen vermittelt deswegen die Welt der Religion, sondern der authentische religiöse Ausdruck: das Symbol. Im Symbol ist die Religion präsent, darin verleiblicht sie sich, wird sie interagierend erfahrbar. Und weil die Sprache des Symbols allgemein ist, ebenso wenig an Zeiten wie an Völker und Grenzen gebunden, ist eine Alphabetisierung innerhalb ihres Vokabulars eine fundamentale Zugangsbedingung für jegliche Begegnung mit Religion.

Sprache des Volkes

Der Begriff »Volk« ist in die Krise geraten, weil die Fachleute glauben, daß es »das Volk« – jenen zivisilatorisch und bildungsbürgerlich noch nicht abgehobenen Bevölkerungsteil, der ehedem »das gemeine Volk« hieß – nicht mehr gibt und darum auch kein Volksleben und keine Volksfrömmigkeit. Vor einem halben Jahrhundert bereits konstatierte – gegen den damaligen ideologischen Trend – Max Rumpf: »Gemeines Volk hat in Deutschland, in West- und Mitteleuropa aufgehört zu existieren, und nicht einmal seine arme Seele wird wiederkehren, um so ganz anders geartete Nachlebende zu grüßen, und von ihnen ein gutes und frommes erlösendes Wort zum Gruße zu erhoffen. Ein Schwanengesang auf das gemeine Volk ist das einzige, was unserer Zeit hier günstigenfalls etwa noch glücken mag.«[63] Dementsprechend ist der Begriff »Volkskunde« fragwürdig geworden. An der Universität Tübingen hat sich das frühere Volkskundliche Institut in ein Institut für empirische Kulturwissenschaften umbenannt. Und den Terminus »Volksfrömmigkeit« tauschen die neuen Kulturanthropologen lieber gegen die Bezeichnung »populäre Frömmigkeit« aus: »Dem Begriff populär liegt die Vorstellung von Vermittlung und Diffusion zugrunde, und er hat so primär die

[63] *Max Rumpf*, Religiöse Volkskunde, Stuttgart 1933, 408.

Bedeutung von ›popularisiert‹.«[64] Treibender Faktor dieser Popularisierung ist nicht mehr die Volksseele. Je mehr die volksfrommen Quellen versiegen, um so tonangebender wird die institutionelle Regie. Was ehedem halb unbewußtes Brauchtum war, stilisiert sich nun als Folklore, auf Wirkung getrimmt und auch von ihren »Veranstaltern« als Ware konsumiert.

Der Weg zu diesem Endpunkt war lang und wurde zeitig vorher beschrieben. Bereits 1813 bemerken die Brüder Grimm in ihrer Vorrede zur ersten Gesamtausgabe ihrer Märchen, daß sie gesehen haben, »wie von so vielem, was in früherer Zeit geblühet hat, nichts mehr übrig geblieben, selbst die Erinnerung daran fast ganz verloren war, als unter dem Volke Lieder, ein paar Bücher, Sagen und diese unschuldigen Hausmärchen ... Es war vielleicht gerade Zeit, diese Märchen festzuhalten, da diejenigen, die sie bewahren sollen, immer seltener werden.«

Inzwischen wissen wir, wie tief sich die Zerstörung eingefressen hat. Unsere Dörfer zeigen bereits von außen, daß der Sinn für *gewachsene* Formen wurzeltief abgestorben ist. Da ist der Sinn für inwendigen Ausdruck ebenfalls verdorrt. Es wäre eine Untersuchung wert, ob Metaphern und Symbole, die das »gemeine Volk« ehedem intuitiv verstand, einfachen Schichten (oder auch studierten Menschen) noch ebenso unmittelbar zugänglich sind. Vermutlich ist hier unter dem Einfluß einer »wissenschaftsorientierten« Schule und eines eindimensionalen Lebensbewußtseins die Sprachsklerose weit fortgeschritten.

Der beschriebene Weg führt fort vom Symbol. Mythen, Märchen, Sagen und Legenden waren einmal der volkstümliche Erzählstoff, von keiner Instanz vermittelt, durch niemanden und nichts »betreut«. Zweifellos hätte zu keiner früheren Zeit jemand eine rationale Aufschlüsselung dieser Erzähltradition geben können. Man lebte in ihr vergleichbar jener vorbewußten Art, wie in der menschlichen Frühzeit das Leben sich in symbolischen Strukturen vollzog. Die Dämonentänze der Fastnacht, die österlichen Lichterbräuche, das Ritual um Aussaat und Ernte ... wurden nicht von außen angeschaut, sondern waren noch der unmittelbare Ausdruck des eigenen Lebensgefühls. Da mußte niemand etwas »über« Symbole wissen. Der genuine Lebenssinn des Volkes empfand symbolisch, artikulierte sich symbolisch, kommunizierte symbolisch. Mit dem Ende des »gemeinen Volkes« ist auch dieser symbolische Kosmos dahingeschwunden. In gebildeten Kreisen hatte er schon längst vordem seine Grenze gefunden. Wahrscheinlich ist ihm letzten Endes der ionische Logos zum Verderben geworden, denn schon die vorsokratischen Den-

[64] *Gottfried Korff*, Heiligenverehrung in der Gegenwart. Empirische Untersuchungen in der Diözese Rottenburg, Tübingen 1970, 11.

ker hatten den symbolischen Sinn verloren und die ersten Attacken gegen den Mythos geritten. Xenophanes (570–480) verstand bereits nicht mehr den Anthropomorphismus der Götter, und um 300 v. Chr. glaubte Euhemeros in einem frühen entmythologisierenden Kahlschlag, den historischen Ursprung aller Götter entdeckt zu haben.

Über zweitausend Jahre blieb diese rationalistische Strömung eher unterirdisch isoliert. Im 14. Jahrhundert aber kam sie hoch und fördert seitdem eine Intellektualisierung der Bildung, deren Preis der Verlust der Ganzheit des Lebens ist.

Sprache der Seele

Der Untergang des »gemeinen Volkes« ist begleitet von einer Abwertung der sinnlichen Wirklichkeiten. Die Lehrmeister der Scholastik leisteten Erstaunliches in der Produktion abstrakter Begriffe. Schon damals bot dem Verlangen nach eigener Erfahrung nur noch die Mystik einen Unterschlupf. Die Tendenz zum abstrakten Denken bekam durch Renaissance und Reformation einen kräftigen Schub. Der Protestantismus, zumal in seiner calvinistischen Spielart, belegt wie sonst nirgendwo in der Religionsgeschichte die Entwicklung einer stets farbloseren Verbalkultur, die zu bestechenden intellektuellen Leistungen, bei gleichzeitigem Verblassen des symbolischen Kosmos führt. Die wissenschaftliche Entwicklung der Neuzeit hat, unter tatkräftiger theologischer Assistenz, diese Entwicklung auf die Spitze getrieben, so daß uns der Weg ohne Umschweife in die Orwell'schen elektronischen Gedankenfabriken und Mensch-Maschine-Dialoge geführt hat.

Das Christentum hat auf diesem Wege das innere Verhältnis zu seinen eigenen Symbolen verloren. Wer Reichtum und Tiefe der mittelalterlichen Symbolwelt mit den im heutigen kirchlichen Leben oft an Werbung und Dekoration erinnernden Symbolen vergleichen kann, ermißt erschüttert die Verarmung, den geistlichen und seelischen Ruin. Frömmigkeit nur als Sozialpraxis ist zu wenig, die Zunahme der seelisch Kranken zeigt es an. Ebensowenig genügt Frömmigkeit als ein gedanklicher innerer Monolog. Der Verlust aller Bilder und Rituale wird mit einer seelischen Verkümmerung bezahlt, deren Folgen in der Verwüstung des ökologischen und sozialen Systems von Jahr zu Jahr härter werden.

Das Christentum hat seit seiner antiken Jugend immerfort gegen die Symbole und Mythen der Heiden gekämpft. Im christlichen Erbe hat die westliche Zivilisation diesen Aufklärungsfeldzug gegen die ganze übrige Welt fortgesetzt. Aber all diese Ikonoklasmen rächen sich. Ohne es zu wissen – und zugleich: ohne es wissen zu wollen – hat man mit dieser

Zerstörung des symbolischen Kosmos rings um sich herum, zuallererst aber bei sich selbst, die Grundlagen jeder Religion vernichtet, denn was immer in den symbolischen Gestaltungen der Religionen existiert, nichts davon ist willkürlich. Es findet Gegenstücke und seinen Wurzelbereich in der menschlichen Psyche. Mit der Zerschlagung der symbolischen Bilderwelt erfolgt darum immer auch eine Verkarstung der eigenen Seele, so daß die innere Unbehaustheit wächst. Was zunehmend in der Folge dem Intellekt und einer willentlichen Disziplin unterworfen wird, vermehrt auf die Dauer das innere Vakuum.

Geblieben ist uns der Traum. Es ist die dunkle Zone, in welche die strapazierte Seele nächtlich hinabsinkt, um all die unerlösten Erfahrungen des kopflastigen Tages zu verarbeiten. Hier kann sogar der seiner selbst entfremdete Kopffüßler das symbolische Vermögen als seine ureigenste und allertiefste – wenngleich ignorierte – Seelensprache wiederfinden. Unsere Träume belegen, daß wir in den Mythen und Ritualen, in den Märchen und Sagen der Welt gar nicht jener fremden abstrusen Sprache begegnen, wie die Zeitgenossen heute meinen, sondern daß es unser Seelengrund selbst ist, der hier spricht. Darum erlernt niemand eine Fremdsprache, der symbolische Botschaften wieder unmittelbar zu verstehen sucht, sondern er kehrt aus der Selbstentfremdung in seine eigentliche Heimat zurück.

Aber ist diese innere Heimat noch intakt? Träumt der heutige Mensch noch genauso tief und visionär wie Menschen alter Zeit? Empirisch belegte Antworten auf diese Frage dürfte es wohl kaum geben. Aber wir kennen die aufgezeichneten Träume anderer Kulturen, vor allem jene machtvoll visionären Traumwelten der nordamerikanischen Indianer, des wohl traumbegabtesten Volkes, von dem wir wissen,[65] und wir können deren Träume mit den eigenen vergleichen. Es besteht der Verdacht, daß auch hier eine Minderung unseres Vermögens eingetreten ist, und dieser Verdacht wird absolute Gewißheit, wenn wir vergleichen, welche Beachtung archaische Kulturen ihren Träumen beimaßen und welche Traumvergessenheit und Traumverdrängung uns heute selbstverständlich erscheint. Der Traum ist die Sprache des Unbewußten. Ein Mensch, der es gelernt hat, auf diese Sprache zu hören, um sich so immer sorgsamer seinen tiefsten Schichten zuzuwenden, kann auf diesem Wege die Wahrheit über sich selbst erfahren. Er wird Träume lesen lernen, die ihm seinen augenblicklichen Standort im Verhältnis zu den Mitmenschen anzeigen, ihn mit verdrängten Triebregungen konfrontieren und ihn zugleich vor falschen Entwicklungen warnen.

[65] Vgl. *Werner Müller*, Indianische Welterfahrung, Stuttgart 1976.

Es ist kein Zufall, sondern Konsequenz eines inneren Zusammenhangs, daß die Sprache der Religionen, die Sprache des Volkes und die Sprache der eigenen Seele immer weniger beachtet und verstanden werden. Es handelt sich allemale um den gleichen Vorgang: den Verlust des inneren Raumes und der inneren Zeit. Hätte der Mensch diese »Heimat hinter dem Nadelöhr«[66] nicht verloren, wäre sein symbolischer Sinn noch verwurzelt und wach. So aber muß er, soweit er die Notwendigkeit einer Umkehr erfaßt, nun alles tun, um mit den Instrumenten seines Bewußtseins neu zu erarbeiten, welche Welten ihm das Symbol zugänglich machen kann.

Verschränkungen

Die nächsten Schritte, die hier anstehen, führen uns zu einer Hermeneutik des Symbols. Vor einer Besinnung auf die Interpretationsaufgabe müssen im weiteren hermeneutischen Umfeld einige Ortsbestimmungen des Symbols erfolgen, die uns die Eigenart des Symbolischen verdeutlichen und zugleich den Rahmen der Symboldeutung abstecken helfen. Die nachfolgende Reflexion auf die Leistungsmöglichkeiten des Symbols soll schließlich dazu beitragen, den Handlungsbezug jeder Symbolinterpretation aufzuzeigen.

Symbol und Sprache

Bei Friedrich Creuzer, dem Begründer der Symbolforschung zur Zeit der Romantik, heißt es, die Entstehung der Symbole falle mit ihrer Deutung zusammen. Es sei der Vorzug des Menschen, »mit Göttern umzugehen, die ihm Nachts durch die Träume, und am Tage durch Vögel ... so wie auch durch unverhoffte Zeichen (symbola) aller Art Gegenwart und Zukunft klar und verständlich machten«.[67] In dieser Gegebenheit ist die Aufgabe der Deutung mitangelegt. Das Verb »deuten«, althochdeutsch diuten, angelsächsisch gep̄iedan »übersetzen« ist stammverwandt mit dem germanischen p̄eudō »Volk«. Die Ausgangsbedeutung »volksverständlich machen« gilt ursprünglich wohl vom Priester, der aus dem Opferbefund den Willen der Gottheit deutlich macht.[68] In diesem Deuten

[66] *Ronald D. Laing*, Phänomenologie der Erfahrung (= es 314), Frankfurt a. M. 1969.

[67] *Friedrich Creuzer*, Symbolik und Mythologie der alten Völker, besonders der Griechen. 6 Bde., Leipzig ^{2}1819–1823, hier Bd. I, 10. zit. nach Otto Friedrich Bollnow, Religionswissenschaft als hermeneutische Disziplin, in: Symbolon, N. F. 4, 1978, 23–48.

[68] *Friedrich Kluge*, Etymologisches Wörterbuch der deutschen Sprache, Berlin (1883) ^{19}1963, 129.

liegt ein eigentümlicher Doppelsinn: Es ist ein Hindeuten, ein Hinweisen mit dem Finger oder ein Hinweisen mit dem Wort als dem, wie Jean Paul sagt, geistigen Zeigefinger. Seht her! sagt solches Hindeuten, dies ist ein göttliches Zeichen. Zugleich ist es aber auch ein Ausdeuten, also ein Auslegen der Bedeutung dessen, worauf hingedeutet wurde, beides aber – Hindeuten und Ausdeuten – sind in geistiger Einheit gegeben.[69]

In ganz ähnlicher Weise unterstreicht Paul Ricoeur die Verschränkung von Symbol und Sprache: daß Symbole nicht neben der Sprache angesiedelt sind, etwa als sprachlos erkennbare Bilder, sondern daß sie erst im Universum der Rede ihre symbolische Dimension erhalten. »Gewiß, im Psalm heißt es: ›Die Himmel erzählen die Ehre Gottes‹, doch die Himmel sprechen nicht, oder sie sprechen vielmehr durch den Mund des Propheten, sie sprechen durch den Hymnus, die Liturgie; stets bedarf es eines Wortes, um die Welt wieder aufgreifen zu können und zu einer Hierophanie werden zu lassen. Ebenso ist der Träumer in seinem privaten Traum für alle anderen verschlossen; er beginnt erst dann, uns zu unterrichten, wenn er seinen Traum erzählt; und eben diese Erzählung ist das Problem, wie der Hymnus des Psalmisten.«[70]

Die semantische Struktur des Symbols ist die des Doppel- (oder Vielfach-)Sinns. Gerade wegen dieses Mehr an Sinn ist das Symbol auf Deutung angelegt und so mit dem Phänomen Sprache verschränkt. Friedrich Creuzer faßt diese Verschränkung in den Doppelsinn von bezeugen und erzeugen: »Indem der Priester im Symbol das Göttliche bezeugt, ... macht er es dadurch zum Symbol, d. h. er erzeugt das Symbol. Deutend erst erzeugt er das Symbol. Das Deuten ist eins mit der Erhebung zum Symbol überhaupt.«[71] Natürlich muß der Deutevorgang nicht bewußt sein. Solange das nicht der Fall ist, das Symbol also noch mit einer unmittelbaren Intuition erfaßt wird, die Ricoeur eine symbolische Naivität nennt, fehlt dennoch nicht die Verwiesenheit auf Sprache, denn »diese Naivität befindet sich von Anfang an auf dem Wege zur Interpretation, kraft der Überschreitung des Sinns durch den Sinn innerhalb der symbolischen Struktur selbst ... Deshalb gibt es kein Symbol ohne einen Anfang von Interpretation.«[72]

Wir können die Verschränkung von Symbol und Sprache auch noch von einer anderen Seite her aufzeigen. Mit Creuzer hatten wir bereits gesagt, der symbolische Sinn sei »der Vorzug des Menschen«. Das liegt an der grundsätzlichen Offenheit der Symbole. Mehrdeutigen Sinn zu »lesen« und gleichzeitig den Sinn dieser Mehrdeutigkeit zu erfassen, ist an

[69] Nach *O. F. Bollnow*, a. a. O.

[70] *Paul Ricoeur*, Die Interpretation. Ein Versuch über Freud (= stw. 76), Frankfurt 1974, 28.

[71] *F. Creuzer*, nach O. F. Bollnow, a. a. O.

[72] *P. Ricoeur*, a. a. O., 31.

Sprachvermögen geknüpft. Tiere brauchen statt dessen absolute Eindeutigkeit der Signale, sonst sind ihre Verhaltensmechanismen irritiert, und sie sterben aus. Das tierische Verhalten ist großenteils instinktgesteuert. Die Instinkte reagieren auf Reize, die als Signale eine starre Bedeutung haben. Die Eingebundenheit der Tiere in ihre Umwelt, wie sie Jakob von Uexküll beschrieben hat, bedeutet die Festlegung auf ein eindeutiges Zeichensystem, von dessen Gültigkeit das Überleben der Arten abhängt.

Der Mensch steht demnach gerade dort mit dem tierischen Verhalten in Übereinstimmung, wo er mit Zeichensystemen kommuniziert. Daß dieses der technische Bereich geworden ist, kennzeichnet die Problematik seiner heutigen Situation. Auch wenn die technische Sprache ihre Zeichen Symbole nennt, so sind es doch ausschließlich eindeutig fixierte Zeichen. Gegenüber ihren maschinellen oder computergesteuerten Signalen reagieren wir durch Gewöhnung, in eingeschliffenen Mustern. Die »automatisch« richtige Verhaltensweise, deren man sich heute umgangssprachlich immer häufiger rühmt, ist dafür ebenso charakteristisch, wie sie zugleich einen Enthumanisierungsprozeß belegt.

Symbole fordern im Gegensatz zu Zeichen eine offene Kommunikation heraus. Ihre Mehrdeutigkeit räumt ein freies Bewegungsspiel ein, individuelle Stellungnahmen, einen Akt eigener Kreativität. Als Sinnsysteme, die der konkreten Auslegung bedürfen, sind sie sprachlich verfaßt. Im gleichen Moment, in dem der Mensch das Symbol gewinnt, entwickelt er »Sprache«.

Dennoch nennt Philipp Wolff-Windegg das Symbol »die präverbale Vergegenständlichung eines Gedankenkomplexes« und spricht davon, daß es im »transverbalen Bereich« stehe, der mit sprachlichen Mitteln nicht zu erreichen ist. Für ihn ist »Schweigen die eigentliche Zone des Symbols.«[73] Dieser Hinweis formuliert keinen Widerspruch zum bisher Gesagten, sowenig wie Sprache und Schweigen Widersprüche sind. Mensch und Sprache kommen aus dem Schweigen und müssen immer wieder neu ins Schweigen zurücktreten, wenn sie nicht aufgebraucht werden wollen. »Hat aber das Wort den Zusammenhang mit dem Schweigen nicht mehr, so ist an jener Stelle, wo einst das Schweigen war, nur die Leere, der Abgrund. Die Worte verschwinden in dieser Leere, wie einst im Schweigen, sie werden in diese Leere eingesogen, und eine ungeheure Angst entsteht im Menschen, daß er aufhören werde, Mensch zu sein, wenn das letzte Wort im Abgrund der Leere verschwindet.«[74] Das Symbol aber kann nicht in gleicher Weise wie das Wort die Verbindung mit dem Schweigen verlieren, denn es ist hier eigentlich zu

[73] *Philipp Wolff-Windegg*, Symbol und Schweigen, in: Symbolon, Bd. 3, 1962.
[74] *Max Picard*, Die Welt des Schweigens, (1949) Frankfurt a. M. 1959, 32.

Hause. Das präverbale Unbewußte ist sein Wurzelgrund. Wird die Rückbindung an diesen Bereich gestört, verlischt auch das Symbol. Im gleichen Zusammenhang verkümmert die Sprache. Sie wird vordergründig, ein pragmatisches Verständigungssystem, dem jeder Mehrwert an Sinn verloren geht. So ist die Verschränkung von Symbol und Sprache mehrfach gegeben, während ihrerseits beide in eine Zone des Schweigens gebunden sind, die präverbal ist, deren nährende und regenerierende Energetik erst den lebendigen menschlichen Ausdruck möglich macht.

Symbol und Erfahrung

Der englische Psychiater Ronald D. Laing hat in seiner wichtigen Studie über die »Phänomenologie der Erfahrung« auf die notwendige Wechselwirkung zwischen einer Außen- und einer Innenorientierung des Menschen größten Nachdruck gelegt: »Wir sind sozial darauf trainiert, die totale Versenkung in den äußeren Raum und die äußere Zeit für normal und gesund zu halten. Versenkung in den inneren Raum und die innere Zeit gilt als antisozialer Rückzug, als Abweichung, als krankhaft, per se pathologisch und gewissermaßen diskreditierend.

Manchmal nach dem Durchgang durch das Spiegelglas, durch das Nadelöhr erkennt jemand das Gelände als seine alte Heimat wieder. Doch die meisten Leute sind jetzt im inneren Raum und in der inneren Zeit – um es gleich zu sagen – auf unbekanntem Gelände, sie fürchten sich und sind verwirrt. Sie sind verloren ...

Eine der Schwierigkeiten für ein Gespräch über diese Dinge liegt heute darin, daß die Existenz innerer Realitäten überhaupt in Frage gestellt wird. Mit ›innerlich‹ meine ich unsere Art, die äußere Welt zu sehen und all jene Realitäten, die keine ›äußere‹, ›objektive‹ Präsenz haben – Imagination, Träume, Phantasien, Trance-Zustände, Realitäten kontemplativer und meditativer Stadien, wovon der moderne Mensch meist nicht die leiseste Ahnung hat ...«[75]

Laing diagnostiziert diesen Befund als »eine fast unglaubliche Verwüstung unserer Erfahrung«. Das Außen ohne Beleuchtung von Innen betrachtet er als einen Zustand der Entfremdung, der inzwischen unsere gesamte Zivilisation kennzeichne. Was heute als »normal« gelte, sei ein Produkt von Verdrängung, Verleugnung, Isolierung, Projektion, Introjektion und anderen Formen destruktiver Aktion gegen die Erfahrung. »Sie ist radikal der Struktur des Seins entfremdet.«[76]

[75] *Ronald D. Laing*, a.a.O., 114. 129.
[76] *Ebd.*, 24.

Wir haben in unseren Versuchen, die Welt des Symbols zu umschreiben, bereits von anderer Seite diese Situation berührt. Dabei lag unser Augenmerk auf dem Verlust des symbolischen Sinns. Von Laing her wird dieser Verlust erneut einsichtig, denn als Vermittlungskategorie zwischen Außen und Innen ist das Symbol im gleichen Moment entwertet, in dem die Innenwelt verdrängt wird. Erst wenn der Mensch beginnt, seine totale Auslieferung an die Peripherie zu überwinden, die selbst fabrizierte Mauer zwischen einer objektivierten Datenwelt und seiner eingesperrten lebendigen Erfahrungsfähigkeit niederzulegen, um die eigene Mitte zurückzugewinnen, wird auch das Symbol neu aktiviert. Es ist der Modus procedendi jeder tieferen Selbstfindung.

Symbolwahrnehmung und Erfahrungsfähigkeit stehen also in einer inneren Verschränkung. Bleibt der symbolische Sinn unentwickelt, reduziert sich das Wirklichkeitsspektrum auf einen pragmatischen Wissensbestand, der entscheidende Dimensionen der nicht quantifizierbaren Realität ignoriert. Das Leben bleibt auf das sogenannte Faktische beschränkt und erleidet im gleichen Maße ein Defizit an Sinn. Das Symbol hilft immer, die vordergründige Wirklichkeit zu transzendieren, sensibel und erfahrungsfähig für die nicht in Begriff und Formel verrechenbare Wirklichkeit zu werden. Es ist darum nicht so, wie bisweilen gesagt wird, daß dem stumm gewordenen Symbol ein neuer Erfahrungsraum wieder besorgt werden müsse, vielmehr ist das Symbol die Erfahrungskategorie selbst, und alles, was zu tun ist, ist eine neue, allerdings fundamentale Alphabetisierung des Symbolsinns. Das freilich ist keine isolierte Fertigkeit, die lediglich als eine Art Kulturtechnik zu erlernen wäre, sondern ein Programm, das letztlich den »ganzen Menschen« meint.

Symbol und Zeit

Noch eine dritte Verschränkung, in den voraufbeschriebenen mitangelegt, ist zu erwähnen: die Vermittlung der Zeitdimensionen im Symbol. Das Symbol ist regressiv und progressiv zugleich. Es verbindet die archaische Tiefe mit einer noch offenen Zukunft. Beide Perspektiven sind notwendig. Die regressive Funktion des Symbols ist ebenso unentbehrlich für die geistige und seelische Gesundheit des Menschen, wie zukunftsweisende Neuentwürfe an symbolischen Ausdruck gebunden sind.

Mit seinen Symbolen ist der Mensch in eine Verschränkung von Vergangenheit und Zukunft gespannt. Zunächst sind Symbole die Manifestation einer menschheitlichen unbewußten Lerngeschichte. Sie enthalten verdichtete, symbolisch verschlüsselte Erfahrung aus unerreichbaren

Urzeiten. Meistens werden diese Dispositionen mit den Erfahrungen der individuellen Vergangenheit aufgefüllt. Fast immer führt das Traumsymbol in diese archaischen Zonen. Die stets erneute Rückreise in diese »Traumzeit«[77] hinein ist nicht nur im Schlaf lebensnotwendig. Alte wie junge Menschen bedürfen solcher Regression, insbesondere aber Menschen in krisenhaften Entwicklungen, um dem Zwang nach vorne nicht ohne den Halt von hinten zu verfallen.

Andererseits sind die Symbole Entwurfsrahmen für eine neue Zukunft. Mit ihrem offenen Sinnangebot definieren sie keine Lösung, sondern stellen ein vorstrukturiertes Assoziationsspektrum zur Verfügung, das die schöpferischen Kräfte des Menschen mit einer individuellen Stellungnahme ausfüllen können. Was immer an progressiven Intentionen mit einem Symbol verbunden werden kann, die ausschließliche Zukunftsperspektive wäre dem Menschen ebenso wenig bekömmlich wie die ausschließliche Retrospektive. Symbole – insbesondere religiöse Symbole – scheinen die Verschränkung der Zeiten innerhalb ihrer Bedeutungsmöglichkeiten immer einfangen zu können: Das Labyrinth weist zurück und nach vorne, das Tauchbad bedeutet Tod und neues Leben, das gemeinsame eucharistische Mahl umfängt memoria und eschata – in der Vergegenwärtigung der Geschichte liegt so der Entwurf für eine neue Zukunft, die alle Kräfte der Gegenwart zu mobilisieren vermag.

Wirkungen des Symbols

Meine bisherigen Ausführungen haben bereits mannigfache Funktionen des Symbols veranschaulicht. Ich will ihren Aufweis an dieser Stelle etwas systematisieren, jedenfalls im Blick auf die wichtigste Leistungen, um damit die Relevanz der Symbole für die praktischen Lebensbezüge des Menschen deutlich zu machen. Gleichzeitig liegt in dieser Skizze eine Disposition für die verschiedenartigen Handlungsbezüge des Symbols, auf die eine spätere Theorie-Praxis-Besinnung zurückgreifen kann. Allerdings beschränke ich mich auf nur drei große Wirkungsbereiche, die ihrerseits ein breites Funktionsspektrum haben.

Die Entlastungsfunktion der Symbole

Die vom heutigen wissenschaftlichen Interesse am meisten beachtete und herausgestellte Funktion des Symbols ist sein Konfliktlösungsvermögen. Die therapeutische Fragestellung wird dabei so verabsolutiert, daß

[77] Vgl. *Hans Peter Duerr*, Traumzeit. Über die Grenze zwischen Wildnis und Zivilisation, Frankfurt a. M. 1978.

das Konfliktlösungsvermögen des Symbols als dessen wichtigste oder gar einzige Funktion erscheint. Bei manchen Autoren wirkt das Symbol – zumal das religiöse – von hierher nahezu definiert, wie etwa bei Scharfenberg/Kämpfer: »In einer bestimmten Konfliktsituation, sei es ein Konflikt äußerer Art – ein sozialer Konflikt – oder ein Konflikt innerer Art – ein innerpsychischer Konflikt – wird eine Erfahrung gemacht, die diesen Konflikt zu bearbeiten vermag. Sie verdichtet sich zu einer Vorstellung, die sowohl den Konflikt wie seine Bearbeitung in sich aufnimmt. Eine solche Vorstellung nennen wir ein religiöses Symbol.«[78] Die konfliktlösende, entlastende Leistung des Symbols soll keineswegs herabgesetzt oder gar geleugnet werden, aber es ist zu fordern, dieses Potential in eine übergreifende, ganzheitliche Theorie des Symbols zu integrieren. Die didaktische Konsequenz solcher Blickverengungen wird andernfalls eine konflikt- und problemorientierte therapeutische Engführung der Praxis sein, der ein genuin religiöser Sinn – »das dritte Auge« – völlig abgehen kann, ohne daß dieser Verlust empfunden würde.

Abgesehen von diesem (entscheidenden!) Vorbehalt, ist der Konzeption von Scharfenberg und Kämpfer zuzustimmen. Scharfenberg benennt vier Schritte, die für die Behandlung eines psychisch Kranken durch Symbole bedeutsam sind:

Distanzierung durch Benennen des Konflikts;
Aufnehmen des Konflikts;
Möglichkeit zur Artikulation der Konfliktstruktur;
Integration divergierender innerer Kräfte.

»In allen vier Schritten bildet das Symbol das zentrale Instrument, das den Konflikt sowohl benennen, wie aufnehmen kann. Es bietet andererseits die Möglichkeit zur Artikulation des Konflikts wie zur schließlichen Integration.«[79]

Damit diese therapeutische Funktion des Symbols wirksam werden kann, ist es nötig, den inneren Konflikt des betroffenen Menschen mit dem gleichen hermeneutischen Schlüssel zu interpretieren wie das strukturanaloge (religiöse) Symbol, so daß eine Horizontverschmelzung zwischen dem ordnenden und sinnstiftenden Potential des überlieferten Symbols und den Erfahrungen des Patienten erfolgt. Für die alltägliche Praxis bleibt allerdings die Frage, wer zu erkennen vermag, welcher Symbolkomplex eine solche Entlastungsrelevanz entwickeln kann und in welcher Weise die besagte Horizontverschmelzung stattfinden könnte.

[78] *J. Scharfenberg/H. Kämpfer*, a.a.O., 144. Ähnliche Denkweisen wiederholen sich, zum Beispiel: »Alle großen Religionsstifter ... müssen erlebt haben, daß das überlieferte Symbolsystem nicht ausreicht, um den inneren Konflikt auszudrücken, und sie entdecken eine neue Dimension des Konflikts und legen sie aus und legen sie in neue Symbole hinein« (ebd., 157).

[79] Ebd., 157.

Da wir unsere Symboldidaktik nicht für eine klinische Therapie, sondern für den schulischen, gesellschaftlichen und kirchlichen Alltag anstreben, resultiert aus der konfliktlösenden Kraft des Symbols deshalb die Aufgabe, einen solchen Umgang mit den öffentlichen Symbolen des Christentums und unserer gesamtgeschichtlichen Tradition zu institutionalisieren, daß eine Kommunikation zwischen Symbol und Alltagserfahrung wieder voll möglich wird. Die Entfaltung dieses Programms ist späteren Studien vorbehalten.

Die Orientierungsfunktion der Symbole

Die gerade beschriebene Symbolfunktion bezog sich auf lösende und heilende Wirkungen. Von hier aus soll sich die Perspektive weiten auf die integrierende, ganzheitliche, identitätsfördernde Kraft des Symbols. Solange das Symbol ausschließlich dem Konflikt zugeordnet ist, bleibt es auf ein letztlich negativ besetztes Feld fixiert. Seine eigentliche Leistung aber ist nach vorne gerichtet, auf eine Selbstfindung hin, die alle Konflikte tendenziell in eine Ganzheit hinein überschreitet, in der die Symbole des Selbst und das Gottessymbol miteinander korrelieren.

Jedes wahre Symbol konfrontiert mit Sinn. Wer die innere Kommunikation mit diesem Symbol aufnimmt, erfährt zugleich die orientierende Tiefe des Symbols, das zur Lösung der Sinnfrage ein umfassendes und zugleich unerschöpfliches, eben symbolisches Angebot macht. Religiöse Symbole enthalten eine Dimension der Lebenserfahrung, die grundsätzlich das Außen und das Innen vereint, und zugleich einen prospektiven Sinnentwurf, den einzuholen auf den Weg der Individuation führt. Das Symbol ist die der Seele am meisten adäquate Sprache. Darum konfrontiert sich der Mensch durch Kommunikation mit Symbolen am tiefsten seinen eigenen Gründen, um so von der Peripherie ins Zentrum zu gelangen.

Die integrierende, ganzheitliche Funktion des Symbols ist zweifellos der zentrale Vorgang jeder Symbolbildung. Das symbolische System ist ja in sich schon die Vereinigung mehrerer Wirklichkeitsbereiche. Gleichzeitig hören die Gegenstände oder Gestalten auf, nur das zu sein, was sie alltäglich sind: Ein Stein wird Symbol der Weltmitte, der Baum ist zugleich Weltenachse, Verbindung von Himmel und Erde, das Leben des Einzelnen, organischer Ausdruck der Gemeinschaft. So partiell die symbolische Gestalt auch ist, sie verkörpert trotz ihrer Bruchstückhaftigkeit stets ein ganzes Sinnsystem. »Ein Gegenstand, der Symbol geworden ist, trachtet danach, über seine Grenzen hinaus mit dem Ganzen eins zu werden ... Diese ›Einung‹ bedeutet keine Verwirrung; ein Symbolismus erlaubt Übergang, Zirkulation zwischen Ebenen und Seinsweisen, indem er diese Zonen integriert, *ohne sie zu verschmelzen.* Die Tendenz, mit dem Ganzen zu koinzidieren, ist zu verstehen als Tendenz, das ›Ganze‹ in ein System zu integrieren, die Vielfalt auf eine einzige ›Situation‹ zurückzuführen und sie zugleich transparent zu machen.«[80]

Indem der Mensch sich in die Bewegung des symbolischen Gefüges stellt, sich von der tendenziellen Ganzheitsrichtung des Symbols erfassen läßt, partizipiert er an dessen Sinnstiftungspotential. Didaktisch sind hierfür die gleichen Bedingungen zu besorgen, wie sie für die therapeutische Funktion des Symbols benannt wurden: Die Herstellung einer Horizontverschmelzung zwischen dem Symbol und der Lebenssituation des Menschen, das heißt, die Fragen und die (meist unbewußten) Sinnbedürfnisse des Menschen müssen mit dem gleichen hermeneutischen Verständnis eröffnet werden wie das Sinngebungspotential des Symbols.

Die Vermittlungsfunktion der Symbole

Man könnte einen großen Teil der Didaktik als Frage nach den Möglichkeiten und Formen der Vermittlung verstehen. Zumal alle fachdidaktischen Aufgaben, soweit sie sich auf einen bereits vorgelegten Sachkanon beziehen, sind in einer fundamentalen Weise Vermittlungsaufträge. Es gibt mannigfache Kategorien zur Vermittlung von Wirklichkeit, so die Erzählung, den Text oder ein exemplarisches Handlungsmodell; die für die Religionsdidaktik bedeutendste Kategorie aber ist das Symbol. Wenn es darum geht, die Wirklichkeit in ihrer mehrsinnigen Komplexität zu erfassen, bleibt keine andere didaktische Zuflucht als der Weg des Symbols. Symbole allein vereinen das Bewußte und das Unbewußte, das Gegenständliche und das Spirituelle, das Sichtbare und das Unsichtbare, Konkretes und Allgemeines, das Gesonderte und das Ganze, Gott, Mensch und Welt. Symbole vermitteln zwischen den Zeiten, zwischen dem, was gewesen ist, und dem, was sein kann; zwischen tradierter Erfahrung und eigenem Leben; zwischen dem objektiven Zeugnis der Glaubensgemeinschaft und der existentiellen Mühsal des Einzelnen, zwischen Sprache und Schweigen, individuellen Träumen und kollektiven Utopien ... Diese Vermittlungsfunktion ist dem Symbol aufgrund seiner eigenen Struktur immanent. Es gibt überhaupt keine andere Kategorie, die alternativ in Betracht käme, metaempirische Erfah-

[80] *M. Eliade,* Die Religionen und das Heilige. Elemente der Religionsgeschichte, (Salzburg 1954) Darmstadt 1976, 512f.

rungen zu erschließen. Hier steht das Symbol an zentraler Stelle der Vermittlung und erweist sich als der eigentliche Brennpunkt eines geistigen Geschehens.

Symbole sind auch Vermittlungsinstanz zwischen theologischen und anthropologischen Inhalten. Darum muß ein Korrelationsdenken mit didaktischer Notwendigkeit den eigentlichen Transformator zwischen immanenter und transzendenter Erfahrung im Symbol erkennen. Wir sagen nicht, Symbole seien für den jeweiligen Grenzüberstieg *auch* relevant, wir sagen vielmehr, daß sie Anfang und Kristallisationspunkt für die weiterführenden Erlebnisse der Seele sind, Markstein und Wendepunkt innerer Wandlung, Mittlerinstanz zwischen Geist und Materie. Die Entwicklung einer Symboldidaktik ist deshalb kein Desiderat unter anderen, sondern conditio sine qua non im strikten Sinne, sofern religiöse Erziehung und Unterrichtung kein äußerlicher Etikettenhandel, sondern ein »Sprung in den Brunnen« werden soll.

Hermeneutik des Symbols

Wie nun? Bei aller Wertschätzung des Symbols wurde zugleich eine krankhaft zu nennende Symbolentfremdung konstatiert. Der durchschnittliche Zeitgenosse vermag die Ungreifbarkeit und Mehrdeutigkeit des Symbols nicht zu ertragen und ist bewußt wie unbewußt immerfort bestrebt, symbolische Offenheit gegen zeichenhafte Eindeutigkeit auszutauschen. Gewohnt an eine Denkweise und Sprache, die sich um »Fakten« dreht, möchte er auch das Symbol auf einen definierbaren Sachverhalt reduzieren. Die undefinierbare Mehrdeutigkeit des Symbols irritiert und kann sogar Angst oder Aggressionen auslösen, weil alles, was nicht festgelegt und festlegbar erscheint, als verunsichernde Herausforderung erlebt wird. Wie also ist angesichts dieser Situation das Symbol interpretierbar?

Umschreiben, nicht Erklären!

Grundlegend ist zunächst die Einsicht, daß Symbole nicht verbal »erklärt« werden können. Andernfalls wäre es ja möglich, das Symbol selbst durch rationale Begrifflichkeit zu ersetzen. Es ist schon im Ansatz falsch zu sagen: »dieses Symbol bedeutet ..., dieses Symbol will sagen ..., es steht für ...« Zwar sind das in Schulen, Kirchen und Museen feststehende Redensarten, sooft es darum geht, Symbole zu interpretieren, doch kommt eine solche »Erklärung« der Zerstörung des Symbols gleich. Daß daneben eine Zerstörung des Symbolsinns erfolgt, versteht sich ebenso.

In einem Gespräch mit Joseph Beuys über das Verständnis seiner Kunst wollte der Interviewer eine solche »Erklärung« für die von Beuys bevorzugt verwendeten Materialien Filz und Fett haben. Beuys' Antwort wehrt dieses Mißverständnis sehr genau ab und zeigt zugleich, warum hier keine begrifflich festlegende Deutung möglich ist:

> »*Interviewer:* Also jetzt mal für uns Doofe: Gibt es eine Erklärung für Filz, gibt es eine »Übersetzung« für Fett?
> *Beuys:* Ja, aber nicht im Sinne von Bedeutung. Das würde ja heißen, daß hinter der Idee eines Kunstwerkes das Eigentliche steht. Damit käme man ja wieder in diesen verkommenen Ästhetik-Begriff, daß das Kunstwerk selbst nicht die ganze Sache ist, sondern nur, was als Idee dahinter steht.
> *Interviewer:* Und nicht eine kleine Hilfeleistung?
> *Beuys:* Doch. Hilfeleistung kann man bringen. Man kann Bildbeschreibungen machen, kann den begrifflichen Zusammenhang schildern, der dahin geführt hat, daß solche Materialien benutzt werden. Das kann man. Aber nicht in dem Sinne: das und das soll das bedeuten.
> *Interviewer:* Also nicht: Fett gleich Leben?
> *Beuys:* Das ist eine heruntergekommene Interpretation. Also: Fett ist ein sehr flexibles Material, was in sehr unbestimmter Form erscheinen kann, ganz besonders wenn man Wärme an es heranbringt. Man hat ja nie über Wärme in der Plastik gesprochen, aber dadurch, daß ich Fett benutzt habe, war der Begriff Wärme in der plastischen Diskussion ...«

Beuys wehrt sich hier gegen begriffliche Auflösungen, statt dessen beginnt er sein Material zu beschreiben. Diese Beschreibung ist offen und letzten Endes unabschließbar. Sie gibt Hinweise, deutet Zusammenhänge an, beläßt dem Kunstwerk aber jene Bedeutungsbreite, ohne die es steril wäre.

Mit der Erschließung von Symbolen verhält es sich ähnlich. Niemals steht Herz für Liebe, wie ja auch niemals Liebe gleich Liebe ist. Eine solche isolierende Deutung reduziert das Symbol auf einen leeren Allgemeinbegriff, dem konkrete Zusammenhänge und unauslotbare Individualität fehlt.

Vierfache Einsicht

Tiefer als heutige Interpretationstheorien führt uns die frühmittelalterliche Bibel- und Bildinterpretation mit ihrer Lehre von der vierfachen Einsicht zum Symbol. Statt der kognitiven Akzentsetzung in Ricoeurs Leitsatz »Das Symbol gibt zu denken«, gibt es in der alten Hermeneutik vier »Intelligenzen«, also eine vierfache Einsicht, ohne die eine Erfahrung des ganzen Geheimnisses eines Textes oder Bildes unmöglich ist. Getragen ist diese Hermeneutik von der Überzeugung, daß die Welt insgesamt Geheimnis ist, vielschichtig in ihren Bedeutungen und rational unauslotbar.

Die erste und unterste Interpretationsebene ist die *Dimension des Faktischen:* historische Daten, Namen, Sachen, äußere Zusammenhänge, also insgesamt die Ebene der Eindeutigkeiten. Auf dieser Stufe bemüht man sich, die geschichtlichen und sachlichen Gegebenheiten eines Textes oder Bildes zu verstehen. Es ist eine zwar notwendige, aber insgesamt anspruchslose Stufe. Wer sich allein auf dieser Ebene mit der Vorlage auseinandersetzen kann, gilt als schlichter Geist.

Die nächste Stufe führt bereits in eine andere Wirklichkeitsschicht, die zugleich eine vertiefte Einsicht vermittelt. Die vorderen angeschauten Fakten werden hier in ihrer hintergründigen, »geoffenbarten« Bedeutung angeschaut, in ihrem heilsgeschichtlichen Zusammenhang, in dem sie auf Vergangenes verweisen und Zukünftiges vorentwerfen. Es ist die *Ebene des doppelten Sinns,* der die Dinge symbolisch auflädt und zu Bildern von geistlicher Bedeutung werden läßt. Interpretationshilfe leistet hier die Theologie, aber auch die Mythologie und jedes tiefere Wissen um die Mysterien von Welt und Leben. Von hierher sind Bedeutungsverkürzungen, gegen die sich in unserem Beispiel Joseph Beuys so vehement gewehrt hat, ausgeschlossen. Um der Interpretation auf dieser Ebene gewachsen zu sein, ist einerseits Wissen erforderlich. Es handelt sich um »theologisches« Wissen, das über die Zweckinteressen des Alltags hinausführt. Andererseits ist ein innerlicher Sinn vonnöten, der das mythische und theologische Wissen in seiner »geheimnisvollen« Bedeutung erfaßt.

Für uns übertragen geht es in beiden Schritten um den doppelten Sinn des Symbols. Zunächst um die gegenständlich-sinnenhafte Seite: Das Brot will in seinem Werdegang erfahren werden, von der Aussaat bis zur Ernte, vom Mahlen und Backen bis zum Teilen und gemeinsamen Essen. Hier sind die realen Fakten wichtig: jeder einzelne Arbeitsschritt, die Mühsal und Lust des eigenen Tuns, alle Gerätschaften, Abläufe, Techniken, Sachkenntnisse und Geschicklichkeiten. Auf der nächsten Ebene wird die tiefere Bedeutung des Brotes bedacht: das Brot als Lebensgrundlage, das Brot als »Gabe Gottes«, die Deutung des Brotes in Mythen,

Märchen, Sagen, Legenden, in biblischen Texten und im eigenen Brauch. Und schließlich die sakramentale Heiligung des Brotes ... Ohne Wissen und ein Bedenken dieses Wissens ist hier keine weiterführende Interpretation möglich. Es geht also darum, über Geschichten und gemeinsames Tun einen über das pragmatische Verständnis hinausführenden »tieferen« Sinn für das Brot zu erschließen. Verallgemeinert heißt dies, die Bildung eines symbolischen Sinnes wahr-zunehmen.

Auf der dritten Stufe wendet sich die Interpretation unmittelbar »an die Seele des Menschen«. Hier erfolgt eine *existentielle Auseinandersetzung*. Der Mensch erkennt im vorgegebenen Symbol, was auf Vergangenheit und Zukunft verweist. Er sammelt sich im Grund der eigenen Seele, holt ein, was war, erfaßt, was sein kann, und gelangt so zur Wende. Das Symbol (oder das einmalige heilige Ereignis, von dem die Schrift erzählt) wird dadurch unmittelbar in der Person verankert, verliert alle Unverbindlichkeit und erfährt seine Eingestaltung in der konkreten Existenz des Menschen.

Dieser dritte Schritt ist nicht einfach planbar. Er untersteht keinem methodischen Kalkül, sondern einerseits einer inneren Bereitschaft, andererseits einem meditativen Prozeß, der vielfältige Verlaufsformen annehmen kann. Unter interpretatorischem Aspekt ist entscheidend, daß die schon früher besprochene Horizontverschmelzung stattfinden kann: Das Symbol (bzw. der biblische Text) muß mittels eben jenes hermeneutischen Schlüssels eröffnet werden,[81] der auch für die Erschließung der eigenen Erfahrungstiefe angewendet wird, so daß eine Korrespondenz zwischen Symbol und Seele eintritt, aus der ebenso sehr Entlastung wie auch neue Orientierung möglich werden.

Die letzte und oberste Stufe der Interpretation heißt in der frühmittelalterlichen Exegese *»Hinaufführung«* (Anagogia). Während die dritte Stufe »Sättigung« bringt – eine innere Erfüllung, die den Menschen zu sich selbst führt –, wirkt die Anagogia »berauschend«. Der Betrachter (des Textes, Bildes oder Symbols) erkennt, daß seiner Vorlage eine Wirklichkeit entspricht, welche die Sinneserfahrung übersteigt. Er transzendiert alle empirischen Gegebenheiten und gelangt zu einer gnadenhaften Einsicht, in der die Wahrheit in ihm zu sich selbst heimkehrt.

Im symbolischen Bereich ist dieser letzte Schritt nur möglich bei Symbolen, die Medium zentraler Sinnerfahrung sind. Vorrangig kommen hier mandalaartige Strukturen in Frage, in denen die Gottessymbolik und die Symbolik des Selbst korrelieren. An anderer Stelle in diesem Buch wird darüber mit mehr Ausführlichkeit gesprochen.[82]

[81] Siehe vorne S. 120.

[82] Siehe: Bilder in Religionsbüchern, S. 51 und: Der Sprung in den Brunnen. Zur Theorie eines didaktischen Modells, S. 142.

Die voranstehende Skizze zur Hermeneutik des Symbols kann leider nur ein Hinweis auf die längst vergessene und allenfalls nur literatur- und kunstgeschichtlich memorierte Lehre vom vierfachen Schrift- bzw. Bildsinn sein. In dieser Interpretationslehre steckt aber mehr didaktische Erfahrung und Lebensweisheit als in den heute gebotenen nur-wissenschaftlichen Theorien. Vor allem wird diese Hermeneutik in einer wesenhaften Weise dem Symbol gerecht, ohne von einer Esoterik gezeichnet zu sein, die sich gegen humanwissenschaftliche Methoden versperrte. Eine noch zu leistende Auseinandersetzung mit dieser Lehre, die zunächst ihre Übertragung in heutige Denk- und Sprachvorstellungen leisten sollte, könnte die Kommensurabilität der ersten drei Stufen mit wissenschaftlichen Verfahrens- und psychoanalytischen Behandlungsweisen aufzeigen – unbeschadet eines jeweiligen Sinnüberschusses, der nicht ignoriert werden muß. Die vierte Stufe der Einsicht wäre freilich einer metawissenschaftlichen Spiritualität vorzubehalten, deren Ermöglichung grundlegende Aufgabe unserer angestrebten Symboldidaktik sein soll.

Didaktische Prinzipien

Es gibt ein Erfordernis, das für die Erarbeitung einer religiösen Symboldidaktik fundamental ist und das hier dennoch nicht berücksichtigt wird: die umfassende und detailfreudige Analyse des kirchlichen Umgangs mit Symbolen sowie der Betroffenheit oder Nichtbetroffenheit der Menschen von dieser Praxis. Lediglich eine pauschale These soll hier angemerkt werden: *Der liturgische und verkündigende Umgang der Kirche(n) mit dem Symbol zeigt viele Symptome der Erstarrung und Mumifizierung. Es besteht der Verdacht, daß die offene, variable, also immer lebendige Mehrdeutigkeit der Symbole verlorengegangen ist ... die Symbole zu Zeichen denaturiert sind und lediglich noch einem verwalteten, definierten Gebrauch unterstehen.* Sollte diese These zutreffen, wäre das ein gravierendes Indiz für eine mögliche »Krankheit zum Tode« im verwalteten Christentum. Zugleich müßte einer Didaktik abverlangt werden, in den Kategorien der Gesamtkultur die Wiederbegegnung mit dem Symbol zu entwerfen. Einer solch gigantischen Aufgabe ist kein rational geplanter didaktischer Entwurf gewachsen. Wir klammern deswegen diese Dimension des Problemfeldes hier aus und beschränken uns nachfolgend auf den kleinen Ausschnitt von Religionsunterricht und Katechese.

Aber auch für diesen Praxisbereich können hier nur Konturen skizziert werden. Vor allem die nachfolgenden didaktischen Prinzipien sind weder vollständig noch zureichend. Sie sind in erster Linie gegen einen vermuteten Trend gerichtet, der sich angesichts der heutigen wissenschaftlich betriebenen Symbolforschung in der religionspädagogischen Theorie ausbreiten könnte (wohl in erster Linie deshalb, weil Wissenschaft ein bei uns ehrenhafter Modus ist, den fehlenden eigenen Lebensbezug zu einer Sache seriös zu umgehen). Aus diesem Grunde sind die folgenden Desiderate gegen didaktische Neigungen gerichtet, denen man unter Religionspädagogen begegnet.

Stiftung des Symbolsinns versus Symbolkritik

Um kein Mißverständnis aufkommen zu lassen: Selbstverständlich ist eine kritische Symbolanalyse notwendig, die uns darüber Klarheit verschafft, welche Symbole heute lebendig sind, welche untergegangen sind, welche zu Zeichen denaturiert wurden und welche schließlich nur noch als Klischees wirken. Ohne derartige Untersuchungen bleibt unser Blick auf die Realität getrübt. Solche Situationsanalysen sind eine Sache, ihre *unterrichts*didaktische Auswertung eine andere. Hier, im Religionsunterricht, kann es nämlich nicht grundlegend um Symbolkritik gehen. Fundamental ist auf dieser Ebene die Stiftung des Symbolsinnes, die (Wieder-)Eröffnung des Zugangs zum Symbol, die Vermittlung eigener Erfahrungen im Umgang mit Symbolen. Man wird einwenden, vor allem für höhere Schulklassen sei eine kritische Symbolkunde aber doch angemessen und dem Schülerinteresse gemäß. Das mag vordergründig durchaus so sein, viel näherliegend aber ist der Verdacht, mit solchen Akzentsetzungen dem eigentlichen Anspruch einer Symboldidaktik ausweichen zu wollen. Die Wiedereröffnung des Zugangs zum Symbol ist nämlich keineswegs mit dem Primarbereich schwerpunktmäßig zu verknüpfen, sondern eine zentrale Aufgabe der Sekundarstufe bis hin zum 13. Schuljahr.

Was heißt hier: Eröffnung des Zugangs zum Symbol? Es soll nicht darum gehen, allerhand Wissenswertes über Symbole zu unterrichten, sondern den symbolischen Sinn zu wecken, so daß der Mensch wieder mit Symbolen kommunizieren kann, zur unmittelbaren Wahrnehmung in Symbolen fähig wird. Grundlegend dafür ist die *Einübung*. Sie geschieht durch beständigen Umgang mit Symbolen, betrachtend, erzählend, hörend, spielend, handelnd. Entscheidend ist nicht die rationale Auseinandersetzung, sondern ein emotionaler Bezug, die Entwicklung einer Intuition für das Symbol, oder – symbolisch gesagt – das dritte Auge. Natürlich sind solche Ziele unerreichbar, wenn dem Lehrer seinerseits das dritte Auge fehlt; weil dies wohl überwiegend der Fall ist, wird die

Einführung der Lehrerschaft in die symbolische Welt zur vorrangigen Aufgabe. Unterrichtshilfen sollten deshalb nicht auf den Schüler ausgerichtet werden, sondern auf den Lehrer – in Problemstellung und Niveau, im Rückgriff auf Symbolgestalten und Erfahrungen. Die Vermittlung des symbolischen Sinns gelingt nur über die Selbstbetroffenheit des Lehrers, sowie durch die dem Symbol immanente Didaktik. Das bedeutet, nicht *über* Symbole zu sprechen, sondern *symbolisch* zu sprechen, das Symbol selbst zum Sprechen zu bringen. Die diskursive Reflexion kann dabei methodischer Zwischenschritt sein, muß sich aber strikt auf diesen Hilfsstatus beschränken und immer wieder in die symbolische Perspektive zurückführen.

Bildender Umgang versus therapeutische Arbeit

Die Komplexität des Symbols, die es erlaubt, den Symbolbegriff auf religiöse, psychische, subkulturelle und Sozialisationsphänomene anzuwenden, wie auch die zugehörigen symboltheoretischen Ansätze erlauben ein wirres Gemenge aller nur möglichen Interessensaspekte auf dem Nenner einer Symboldidaktik. Eine Weiterführung der Intentionen des sogenannten therapeutischen Religionsunterrichts wäre da nicht verwunderlich, denn wenn irgendwo überhaupt, könnte er hier seine eigentliche Gestalt finden. Dennoch erscheint diese theoretische Möglichkeit wenig wünschenswert. Einerseits wegen des grundsätzlichen Bedenkens, ob es überhaupt einen »therapeutischen« Unterricht geben kann. Wenn der Schulunterricht pädagogische Qualität, vielleicht sogar Meisterschaft erreicht, ist das Höchstziel erreicht. In eben seinem *pädagogischen* Charakter wird er den Kindern gerecht, macht er ihnen Freude, wirkt er »Herz und Hirn« bildend. Mehr kann Unterricht nicht sein. Was ihm bestimmte Theorien als therapeutische Möglichkeit zuschreiben, ist entweder seine ihm eigene pädagogische Relevanz oder aber eine Kompetenzanmaßung, die Lehrern nicht zukommt, nicht einmal dann, wenn sie therapeutisch ausgebildet wären, denn selbst in diesem Fall sind sie im Unterricht primär Pädagogen, denen das therapeutische Vermögen helfen kann, sich pädagogisch umsichtiger zu verhalten. Um unsere eigene pädagogische Kompetenz nicht zu schmälern, sollten die Schule und gewiß der Religionsunterricht dabei bleiben, originär pädagogisch zu denken, was therapeutische Kenntnisse keineswegs ausschließen muß.

Für eine Symboldidaktik gilt dies in entsprechender Weise. Auch hier muß die therapeutische Funktion des Symbols nicht geleugnet werden, kann es nur fruchtbar sein, wenn der Lehrer psychoanalytische Kenntnisse besitzt. (Ob er sie deswegen schon zu praktizieren vermag, und ob das nicht gar gefährlich ist, bleibe auch hier ein entschiedener Vorbehalt.) Die Zielsetzung einer Symboldidaktik – hier verkürzt als Theorie einer Vermittlung symbolischen Sinns verstanden – müßte durch das »therapeutische« Interesse jedoch Einbußen erleiden. Das Symbol würde einseitig negativiert, aus der religiös ganzheitlichen Sicht auf einen partiellen Aspekt der Konfliktlösung reduziert, ohne daß diese entlastende Funktion des Symbols noch in einer ungeteilten Ganzheit aufgehoben bliebe und *von dort her* Stellenwert und Bedeutung bekäme.

Integrierter Prozeß versus isolierte Behandlung

Es kann nicht das erste Ziel einer Symboldidaktik sein, den Lehrplänen neue Themenbereiche zu empfehlen, den Religionsbüchern Sonderkapitel über das Symbol nahezulegen, obwohl solche Möglichkeiten nicht außer Betracht stehen. Grundlegend ist vor jeder speziellen Thematisierung des Symbols die Wiedergewinnung der symbolischen Dimension für den Religionsunterricht insgesamt, denn ob Bibel oder Dogma, Sakrament und Liturgie, in allen zentralen Bereichen des Religionsunterrichts entscheidet die symbolische Dimension über die Tiefe und Adäquatheit des Verständnisses. Bei der Entwicklung neuer Lehrpläne ist deshalb die Integration des symbolischen Interesses, bei der Anlage neuer Religionsbücher die Grundausrichtung der Bilder und Texte bedeutsamer als abgesonderte Symbolthemen. Daneben wird es allerdings für Lehrplan und Religionsbuch darauf ankommen, *zusätzlich* spezielle Kurse einzurichten, deren wichtigstes Ziel die Einübung der Schüler in eine religiöse Sprachlehre ist. Solche Lehrgänge sind vom ersten Schuljahr an notwendig, denn wie sonst könnte es Unterricht über Bibeltexte, Legenden und sakramentale Riten geben, ohne daß die Kinder instandgesetzt werden, deren Sprache zu erfassen? Die Zielsetzung dieser Kurse ist also auf den gesamten Religionsunterricht ausgerichtet, von hier her legitimiert und inhaltlich bestimmt. Die Thematisierung des Symbols in eigenen Unterrichtsfolgen ist auch hier nicht ein Inhalt *neben* anderen Inhalten, sondern *ein Inhalt für alle sonstigen Inhalte.*

Praxisfelder

Die Realisation einer Symboldidaktik muß in entwicklungspsychologischen Schritten und zugleich von unterschiedlichen Materialbereichen her erfolgen. Allemale sind je voneinander abweichende wissenschaftliche Ansätze auf ihre schuldidaktische Brauchbarkeit zu überprüfen und bei daraus erwachsender Methodenvielfalt innerhalb einer integrierenden Theorie zu verantworten. Für den gegenwärtigen Stand der Religionsdidaktik sind das offene Wünsche, die unser Ansatz höchstens vermerken, keinesfalls einlösen kann. Ohne späteren Arbeiten vorzugreifen, soll an dieser Stelle nur noch der Hinweis auf einige Praxisfelder erfolgen, auf denen der unterrichtliche Umgang mit Symbolen eine erste Einübung und Erprobung finden kann.

Märchen

Die früheste Begegnung mit der Welt der Symbole können Kinder im Märchen finden. Märchen – ebenso wie die älteren Mythen und die jüngeren Legenden – sind ein narrativer Symbolzusammenhang. Ihre Realität ist eben jene des Symbols. Darum gilt für die Wertschätzung, die Wirkung und die Hermeneutik des Märchens alles, was wir bisher zum Symbol gesagt haben.

Der Streit, ob Märchen Kindern und der modernen Zeit angemessen sind, ist schon oft ausgetragen worden. Er kommt und geht in modischen Wellen. Meistens wird er ohne tieferes Verständnis für die symbolische Dimension im Märchen geführt. Wie immer dann die Argumente pro oder contra heißen mögen, sie gehen an der Sache vorbei.

Je tiefer Kinder von kognitiven Denkweisen umsponnen werden, je kompletter ihre schulische und gesellschaftliche Beanspruchung intellektueller Natur ist, um so dringlicher ist es, Gegengewichte in der kindlichen Seele zu schaffen, die dem seelenlos rationalen Bildungstrend die Balance halten. Denn wenn nur abgehobenes Wissen vermittelt wird, ohne daß gleichzeitig das seelische Verlangen nach helfenden, befreienden, orientierenden Symbolen Beachtung findet, verkümmert der junge Mensch in seiner innerlichen Entwicklung, sein Gemüt trocknet aus, und die Seele verarmt. Kinder – aber nicht nur sie – erfassen ja über symbolische Bilder und Geschichten die ganze Welt, ihren Geheimnisgrund und das tiefere Wissen um »Fahrten und Abenteuer zum Wasser des Lebens«. Wenn ihnen diese symbolischen Rätsel vorenthalten werden, schrumpft ihr Leben auf eine kümmerliche Eindimensionalität, ihre Interessen richten sich allein auf die äußere Dingwelt, und sie werden seelisch einsam und karg aus Mangel an metaempirischer Erfahrung. In den Märchen sind uns Erzähltraditionen erhalten geblieben, die älter sind als andere bodenständige Überlieferungen; in ihnen ist noch eine symbolische Bildersprache lebendig, die heute höchstens in fragmentarischen Träumen nachklingt, denn es ist uns ja leider unmöglich geworden, ähnlich, wie es im Märchen geschieht, unser unbewußtes Symbolvermögen in bewußtseinsfähige Geschichten zu transformieren. Aus diesem Grunde sind Märchen als königliche Pforten zur eigenen Tiefe und den dort beheimateten Vorgängen willkommen. Sie gestatten eine Besinnung, durch die unsere Außenwelt wie Innenwelt in notwendige Wechselbeziehung gesetzt werden.

Gleichzeitig sind Märchen Übungsfelder einer religiösen Sprachlehre. »Ist es nicht auffällig«, fragt Felicitas Betz, »daß ein ›Wörterbuch biblischer Bilder und Symbole‹[83] unmittelbar brauchbar ist zum Verständnis der Bilder und Symbole im Märchen?«[84] Weil die Matrix für die Bilder beider Bereiche die menschliche Seele ist, liegt hier auch der Grund ihrer Einheit. Es gibt nicht zweierlei Kategorien archetypischer Symbole. Darum ist die Symbolsprache der Mythen, Riten, Märchen, Sagen, Legenden – die der Religionen und die der ursprünglichen Kulturen – eine einheitliche Symbolsprache, die man erlernen mag, wo immer man will: sie macht kundig für die gesamte Menschheitsüberlieferung.

So sehr es aber auch freigestellt ist, auf welchem Feld man die symbolische Sprache erlernen will, das Wie dieses Lernprozesses ist keineswegs ebenso beliebig. Hier kommt alles auf eine innere Disposition an, in Gelassenheit und wacher Bereitschaft zuhören zu können. Man muß Muße zum Verweilen und Bedenken der einzelnen Bilder und Szenen haben und sie vor allen Dingen immer und immer wieder mit eigenen Erfahrungen und Gedanken umspielen:

Da ist der Frosch. Er hat in dunklen, feuchten, chtonischen Zonen seinen Ort. Seine Gestalt ist nur Bauch, glitschig, dem Leben in dumpfer Öde quakend hingegeben, »und kann keines Menschen Geselle sein«. Gleich ihm ist manch einer ins Dunkelreich der Erde verbannt, mal auf feuchten Grund, mal in sumpfige Wasser. Da hockt er, selbst zwischen oben und unten, fester und wäßriger Zone im Hin und Her lebend, und hofft auf Erlösung von seiner häßlichen Gestalt, in der er sich selbst nicht leiden mag. »Warte, warte«, ruft, weint, träumt er der Prinzessin nach, »nimm mich mit, ich kann nicht so laufen wie du«. In irgendeinem Bereich seiner Seele ist jeder Mensch ein solcher Frosch, möchte aber doch so gerne erlöst sein und seine volle Identität finden. Wer wird ihm die goldene Kugel zuspielen, ungewollt und ohne Ahnung, hinter wem kann er herrufen: »Warte, warte, nimm mich mit«? Wie oft wird er überhört und muß also wieder in seinen Brunnen hinab?

Gewiß kann man, wie Bruno Bettelheim es tut, den Frosch als Sexualsymbol interpretieren. Dann bestätigt das Märchen, »daß Widerwillen angebracht ist, wenn man noch nicht reif ist für die Sexualität, und

[83] *Manfred Lurker*, Wörterbuch biblischer Bilder und Symbole, München 1973.
[84] *Felicitas Betz*, Märchen als Schlüssel zur Welt, Lahr/München 1977, 12.

bereitet darauf vor, daß sie etwas sehr Wünschenswertes ist, sobald die Zeit reif ist.«[85] Aber das ist allenfalls ein möglicher Aspekt, der nicht verabsolutiert werden darf. Mit größerem Recht wird die Froschsymbolik weitergefaßt. Es ist ein Tier, das in seiner Entwicklung erstaunliche Metamorphosen durchmacht, ebenso wie ja der Märchentitel vom »Froschkönig« eine wunderbare Metamorphose symbolisch anzeigt: Es geht um mehr als geschlechtliche Reifung, nämlich um volle Identität, in der alle anderen Entwicklungsaspekte der menschlichen Persönlichkeit integriert werden. Darum wird im Märchen der »Dummling« zum »König« oder »Königssohn«, wenn er seine Wanderfahrt bestanden und zu sich selbst gefunden hat. Jedem, der sich als ein »Frosch« vorkommt, vermittelt das Märchen Zuversicht und Selbstvertrauen, denn in seinem tiefsten Wesen ist er ein König, und nichts weniger soll sich erfüllen, als daß er es vor sich selbst und aller Welt wird.

Die Erschließung solcher Symbolik ist keiner isolierten Unterrichtsstunde Ziel. Die Märchensymbolik als Ausdruck allgemeiner Menschheitserfahrung verbindet sich ja immer mit den individuellen Erfahrungen eines jeden. Das geschieht bei Kindern zunächst noch auf einer naiven Stufe. Sie erleben die Märchen primär unbewußt, identifizieren sich mit einzelnen Figuren und verleiblichen das Symbol im Spiel, so daß eine Diastase von Symbol und eigener Situation gar nicht erst eintritt.

Verbale Interpretationen sind erst mit den zunehmenden Grundschuljahren möglich, wenngleich nur begrenzt wirksam, je nach der eigenen Fähigkeit zur Selbstreflexion. Trotzdem ist es wichtig, im Grundschulalter bereits erste Deutungen zu vermitteln, einerseits um einer Einführung willen, die man in späteren Jahren nicht beliebig nachholen kann, andererseits weil sinnende und nachgestaltende Umschreibungen der wichtigsten Märchensymbole jetzt schon zu überraschenden Entdeckungen führen, die Freude bereiten und die Freude der Kinder an Märchen erhalten.

Es mag sein, daß sich Vorpubeszenten zwischenzeitlich vom Märchen abwenden, zumal ihr einseitig geförderter Realitätssinn dazu verleitet. Dennoch bleibt auch für diese Jahre ein Symbolangebot *und eine im Symbolsystem bleibende Interaktion* unabdingbar, gerade wenn man Kinder nicht von ihrer inneren Objektwelt entfremden will.[86] Daß die Pubertätsjahre mit ihrer aufgabenhaften Neigung zur Selbstreflexion eine neue, mit Überraschungen verbundene Entdeckung der Märchen gestatten, soll nur noch angemerkt werden.

[85] *Bruno Bettelheim*, Kinder brauchen Märchen, Stuttgart 1977, 277.
[86] *J. Scharfenberg/H. Kämpfer*, a.a.O., 273.

Elementare Symbole

Es gibt eine idealistische Konstruktion, nach der die ganze Welt einen durchgehenden Symbolzusammenhang bildet. In der Tradition dieses Ansatzes spricht man davon, daß grundsätzlich *alles* zum Symbol werden könne. Otto Friedrich Bollnow betont demgegenüber, daß in Wirklichkeit nicht alles Symbol *ist,* »daß die Symbole vielmehr als etwas durch einen besonderen Charakter Ausgezeichnetes inmitten einer als solchen unsymbolischen Welt vorkommen, daß also zwar einiges, aber nicht alles Symbol ist.«[87] Die sich hieraus ergebende Frage, woran man das Symbol als Symbol erkenne, wurde bereits beantwortet: Keine objektivierbaren Kennzeichen, die fest-stellbar wären, erlauben eine solche Identifizierung, vielmehr kommt es darauf an, in einer Sache oder einem Vorgang überhaupt erst eine transzendierende Bedeutung zu erkennen. Symbole, so sagten wir, sind »sprachlicher« Natur und darum nicht unabhängig von ihrer Deutung.

Aber die Deutung ist nicht beliebig, läßt sich weder willentlich noch willkürlich auf alles in der Welt richten, vielmehr ist manches aus sich heraus bedeutungsträchtig, während anderes stumpf für jeden tieferen Sinn bleibt. Eine Untersuchung möglicher Bezugspunkte kann hier nicht erfolgen, es genügt der Hinweis auf Gegebenheiten, in denen sich tiefer als in sonstiger Realität der Geheimnisgrund der Welt symbolisch offenbart. Die Tradition nennt an erster Stelle den Menschen selbst. Die Überlieferung des antiken Denkens vermittelte Isidor von Sevilla (um 560–636) in seinen Vorstellungen von der Welt. Seine Weltdefinition gehörte seit der Karolingerzeit zum Bestandteil jeder Schulbildung:

»Die Welt ist das All insgesamt.
Sie besteht aus Himmel und Erde...
In einem mystischen Sinne aber
wird die Welt passender als Mensch bezeichnet...
Deshalb haben die Alten den Menschen
in einen Zusammenhang mit dem
Bau der Welt gestellt,
da ja auf griechisch die Welt Kosmos,
der Mensch aber Mikrokosmos, das heißt,
kleinere Welt genannt wird...«[88]

[87] *O. F. Bollnow,* a. a. O.

[88] *Anton von Euw,* Imago mundi, in: Monumenta Annonis, Köln und Siegburg; Weltbild und Kunst im hohen Mittelalter. Katalog (Schnütgen-Museum), Köln 1975, 91.

Die mit der menschlichen Existenz im inneren Zusammenhang stehenden Grundgegebenheiten partizipieren – nicht unabhängig von seiner geschichtlichen Lebensform – an dieser anthropozentrischen Symbolik. Es sind die wichtigsten menschlichen Organe, Herz und Hirn, Auge, Ohr und Hand, mit denen sich eine elementare Symbolik verbindet, aber auch die Grundbestände seines Daseins: Licht und Finsternis, Höhe und Tiefe, Berg und Höhle, Baum und Tier, Stein und Weg, Labyrinth und Garten, Wüste, Wald und Haus. Diese elementaren Symbolfelder müssen erfahren werden, als Erfahrung jener Erfahrungen, die wir alle seit jeher machen. – Beispielsweise im Umgang mit dem Symbol Licht:

Geboren werden und das Licht der Welt erblicken, das ist eins. Es mag sein, daß dieses Licht, zumal wenn es das helle, künstliche Licht der Kreißsäle ist, die aus der dunklen uteralen Höhle kommenden Kinder schmerzt und ein Leben lang schmerzen wird, wenn die Helligkeit allzu gleißt und blendet. Unser lebenslänglicher Spannungszustand zwischen Dunkel und Licht ist hierin ausgelegt. Darum ist das Dunkel nicht schlechterdings kalt und Licht warm, sondern ebenso gibt es ein warmes Dunkel und eine kalte Helligkeit. Dunkel und Licht sind aufeinander bezogen. Ohne Dunkel wäre das Licht nicht Licht, und das Dunkel wäre kein Dunkel ohne Licht. Unser Leben braucht und liebt verschiedene Zonen und Übergänge von Dunkel und Licht.

Es gibt die abendliche Stube in der Dämmerung, eine friedliche Stimmung, die niemand durch Anschalten des Lichtes zerstören will. Einige Kinder kennen auch nächtliche Wege unter dem großen Bären, vielleicht an der Hand des Vaters, wenn die Welt ganz still und geheimnisvoll geworden ist.

Das Erlebnis dieser Nachtstunden schenkt Nähe und Ruhe. Aber nie sind solche Dämmerstunden und Nächte ganz ohne Licht. Die warme Dunkelheit solcher Situationen lebt vom versinkenden Licht des Tages oder vom verborgenen Licht der Nacht, das auch dann niemals vergeht, wenn Mond und Sterne verhüllt sind. Ganz anders ist demgegenüber die Dunkelheit eines lichtlosen Raumes. Wie beklommen kann diese erstikkende Finsternis machen! Da tappen wir hilflos nach der Tür oder einer Lichtquelle, und wenn die schwarze Düsternis in uns eindringt, kann sie mit Angst und Panik erfüllen.

Kinder kennen diese Angst vor der Dunkelheit. Sie mögen nicht in einem völlig finsteren Zimmer einschlafen und betteln allabendlich um einen möglichst großen Spalt Licht. In manchen sitzt durch frühe Erlebnisse die Angst so tief, daß sie die Dunkelheit am liebsten ganz verdrängen möchten, um immer nur »im Licht« zu sein. Aber auch den gelassenen Kindern, denen die Dunkelheit ihr grundsätzliches Vertrauen nicht nehmen kann, ist »das Licht in der Finsternis« eine trostreiche

Erfahrung: sie kennen die Geborgenheit eines beleuchteten Hauses (gegenüber verdunkelten Häuserfronten, die wie »tot« daliegen), die Wärme, die ein Feuer gibt – und sollten sie schon einmal in der Dunkelheit an Holzfeuern gesessen haben, dann wissen sie um die *Grenze* zwischen geborgenem Leben und unbehauster Nacht.

Schon früh geht für das Kleinkind Faszination vom Licht aus, vom lebendigen Licht, weniger von einer elektrischen Lichtquelle. Sie schauen gebannt in eine Kerzenflamme, sind erregt, wenn eine Wunderkerze ihre Feuersterne sprüht, betrachten gebannt die zuckenden, züngelnden Feuerflammen und sind – als Landkinder – gar auf Stunden der Lichtmagie verfallen, wenn sie selbst Feuer in einem Feuertopf (aus einer Konservendose) hüten oder zu einem lodernden Sturm entfachen oder doch wenigstens Stöcke in die Glut halten und immer wieder neu in Brand setzen dürfen.

Alles in allem: Von früh auf ist das Kind dem Licht zugewandt und zu Beginn der Grundschulzeit besonders leicht durch Lichterfahrungen ansprechbar. So wie die Menschheit auf ihrem Entwicklungsweg in Licht- und Feuerritualen sich ihrer selbst zu vergewissern suchte und im Sonnenkult die göttliche Zuwendung erflehte, gehen Kinder diesen Weg in ihrer individuellen Orientierung nach, wenn wir Erich Neumanns These folgen wollen, daß der einzelne in seinem Leben die Spur nachzugehen hat, welche die Menschheit vor ihm gegangen ist, und deren Niederschlag in der archetypischen Bildreihe der Mythologie zu finden ist.[89]

»Die Verbindung der personalen psychischen Phänomene mit den dazugehörigen transpersonalen Symbolen und Stadien ist von eminenter Bedeutung für die Weiterentwicklung des Bewußtseins des Einzelnen und für die Synthese seiner Persönlichkeit... indem die nur-personalen Daten in Verbindung treten mit transpersonalen und der kollektive Menschheitsaspekt wiederentdeckt wird und lebendig zu werden beginnt, wachsen der personalistisch verengten und erstarrten Persönlichkeit des erkrankten modernen Menschen neue Einsichts- und Lebensmöglichkeiten zu.«[90]

So wie das Symbol Licht können alle anderen elementaren Symbole erschlossen werden.[91] Grundsätzlich beginnt dieser Weg bei den eigenen Erfahrungen der Schüler, die oft gar nicht bewußt und darum auch für

[89] *Erich Neumann,* Ursprungsgeschichte des Bewußtseins, Olten 1949, 7. Neue Auflage, Kindler Taschenbuch, Reihe »Geist und Psyche« 2, 1974, 7.

[90] *E. Neumann,* a. a. O., 13.

[91] Die Lichtsymbolik findet sich für den Unterricht in vielfältigen Materialien und Vorschlägen (Spielen, Feiern, Aktivitäten, Malaufgaben, Bildbetrachtungen etc.) in meinem Lehrerhandbuch für den Religionsunterricht in der Grundschule (Benziger/Patmos, 1983) entfaltet. Ähnlich zum Symbol »Herz« und »Tür«.

vertiefende Gespräche nicht verfügbar sind. Sofern man mit ihnen über einige Jahre solche elementaren Symbolfelder umkreist, unter Einbeziehung von Spracherfahrungen, Mythen, Märchen, Legenden, Bildern der Religions- und Kunstgeschichte, literarischen Ausschnitten, Spielen und künstlerischen Gestaltungen, wächst den Schülern ein breit fundierter Erfahrungsschatz zu, der anders als irgendwelches Sachwissen ihnen helfen wird, in größerer Bewußtheit und Intensität zu leben.

Bibel

In der Frage, ob die biblische Sprache symbolisch zu verstehen sei, gehen die Meinungen weit auseinander. Einige glauben, nur wenige Symbole vorfinden zu können, möglicherweise aus der Angst heraus, durch Anerkennung der symbolischen Sprachqualität den historischen Realitätsanspruch der Bibel zu mindern. Andere dagegen machen kaum Vorbehalte und nennen die biblischen Texte durchweg symbolhaltig.[92] Es ist bekannt, daß die exegetische Tradition der Kirche bis ins 19. Jahrhundert hinein die Bibel allegorisch ausgelegt hat. Hinter dieser Allegorese stehen Vorentscheidungen über die Seinsordnung der Welt, die in der scholastischen Lehre von der *analogia entis* konvergieren. Ihr gemäß hat alles Seiende Verweischarakter – es bestehen Analogien und Korrespondenzen zwischen den einzelnen Seinsebenen – bis hin zu Gott, dem letzten Seinsgrund, als ens a se. Demnach bilden die sinnfälligen Dinge einen metaempirischen Sinn ab und besteht die wahre Auslegung darin, Worte und Dinge für diesen verborgenen göttlichen Sinn transparent zu machen.

Die allegorische Interpretation verfährt freilich nicht so assoziativbeliebig, wie dies lange Zeit angenommen wurde. Friedrich Ohly verweist in seinen Studien zur mittelalterlichen Bedeutungslehre mehrfach auf ihre hermeneutische Ordnung. Non solum voces, sed et res significativae sunt, heißt der Grund-Satz, den Richard von St. Victor formulierte. Er benennt das fundamentale Programm der mittelalterlichen Hermeneutik: die Unterscheidung von Wortklang (vox) und Ding (res). Der Wortklang »Stein« meint nicht mehr als einen Stein, wie er im allgemeinen Sinn bekannt und lexikographisch eingeordnet ist. Das Ding aber, der Stein selbst, gilt als der eigentliche Bedeutungsträger. Er weist über sich hinauf auf einen höheren Sinn. Jedoch hat das Ding nicht nur eine, von vornherein feststehende Bedeutung wie das Wort, sondern eine Bedeutungsvielzahl, die sich aus der Summe aller Eigenschaften eines Dinges

[92] Vgl. *M. Lurker*, a. a. O., 13.

ergibt. So ist es ein Hauptanliegen der gesamten Enzyklopädik des Mittelalters, den geistigen Sinn der Dinge zu erfassen, wobei die res nicht allein gegenständliche Dinge meinen, sondern auch Personen, Zeiten und Geschehnisse.[93]

Für die einzelnen Dinge gab es Merkverse, welche die Eigenschaften knapp katalogisierten, zum Beispiel für das Ding »Meer« beim Anonymus von Clairveaux:

> Est mare diffusum, fervens, salsum atque profundum,
> Absorbens, fluidum, lucidum, foetens et amarum
> Atque procellosum, rugit, gignitque periclum.

Oder für das Ding »Öl«:

> Oleum multa significat in sacra scriptura, quia multae sunt eius proprietates, quae notantur his versibus:
> Est oleum pingue, calidum, nitidumque, suave;
> Mitigat et reficit, lucet, superenatat, ungit.[94]

Hinter diesem Bemühen steht die Einsicht, daß die Bedeutung der Worte durch Menschen gesetzt ist, die Bedeutung der Dinge aber durch Gott: Voces ex humana, res ex divina institutione significant. In diesem Denken nun ist die mittelalterliche Allegorie begründet, ein Begriff, der unterschiedliche Prägungen erfahren hat und darum auch heute in der wissenschaftlichen Terminologie zu mancherlei Verwirrungen Anlaß gibt. Friedrich Ohly trifft hier »eine klare Unterscheidung mit Bestimmtheit«: »Was die Literaturgeschichte vor allem des späteren Mittelalters als allegorische Dichtung bezeichnet ... hat mit dem, was wir hier unter Allegorie zu verstehen haben, nichts zu tun. Beides schließt einander aus ... Geht es bei der poetischen Technik der Allegorese um willkürliche dichterische Veranschaulichung einer Idee durch Personifizierung der Verdinglichung, so innerhalb der christlichen Wortauslegung umgekehrt um die Enthüllung des bei der Schöpfung in der Kreatur versiegelten Sinns der Sprache Gottes, um revelatio.«[95]

Die Intention solcher Allegorese ist keine gedanklich konstituierte Hintermalung der Wirklichkeit, sondern ihre Aufhellung zu einer Transparenz, die hinter allem Sein den göttlichen Sinn offenbart. Darum ist das Wesen dieser Allegorie »nicht Verkündigung, sondern Weitung ins Erhabene«.[96] Ohly spricht von der »Gemeinsamkeit der Völker in der

[93] Zum ganzen: *Friedrich Ohly,* Schriften zur mittelalterlichen Bedeutungsforschung, Darmstadt 1977.
[94] *Friedrich Ohly,* Vom geistigen Sinn des Wortes im Mittelalter, a. a. O., 10.
[95] Ebd., 13.
[96] Ebd., 15.

pfingstlichen Sprache der Allegorie«, die ganz von dem Bemühen bestimmt ist, den geistlichen, d.h. den eigentlichen Sinn der Bibel zu erschließen.

Es dürfte verständlich geworden sein, daß solche Allegorese zu einem »bezeichenlîchen« Sprechen führt, dessen Grundtypus sich dem Symbol nähert und oft darin aufgeht. Nun unterscheidet die alte Schriftauslegung zusätzlich einen dreifachen geistigen Wortsinn, der sich über dem historischen Sinn aufbaut: den allegorischen, den tropologischen und den anagogischen Wortsinn. Wir haben diese Lehre von der vierfachen Einsicht bereits näherhin zur Hermeneutik des Symbols entfaltet.[97] An dieser Stelle soll das gleiche Schema erneut für die Bibelinterpretation herangezogen werden.

Die unterste Stufe der Schriftauslegung erstrebt *historische Einsicht.* Auf dieser Ebene ist die moderne wissenschaftliche Exegese fast ausschließlich zu Hause. Was hier erkannt werden kann, ist wichtig und unverzichtbar für alle folgende Erkenntnis. Gegenüber früheren Zeiten muß unsere heutige Bibelarbeit den historischen Rekonstruktionsversuchen mehr Raum und Wertschätzung zuerkennen. Das beginnt bei landes- und kulturkundlichen Kenntnissen, führt über literar- und formkritische Analysen und zielt auf die Spannung zwischen historischem Jesus und verkündigtem Christus, die allerdings mit den Instrumenten der wissenschaftlichen Forschung allein nicht gelöst werden kann.

Auf der nächsten *Stufe,* jener *des vertieften Wortsinnes,* geht es darum, die historischen Begriffe im Sinne geistiger Erfahrung zu überschreiten: Der Berg bleibt nicht geographischer Begriff, sondern wird ein theologischer Topos, der in seiner symbolischen Gestalt als Ort der Gottesnähe erfaßt werden will. Die mit ihrer überquellenden Bildfülle machtvolle biblische Sprache kann gar nicht verstanden werden, wenn der lexikalische Begriffssinn der Worte in keinen tieferen Sinn geistiger Welterfahrung weitergeführt wird. Das vollzieht sich freilich nicht mehr wissenschaftlich. Die Wüste und das Meer, Wasser und Weinstock, Brot und Öl, Hunger und Durst, Baum und Blume, Land und Stadt, Name und Bildnis... wollen der eigenen Erfahrung eröffnet und als Sinnbilder tieferer Bedeutung interpretiert werden. Darum sind Erfahrung und Schulung des Symbolsinnes für diese Stufe der Interpretation wichtig. Sie helfen, den Text zu weiten, ihn als ein Zeugnis des Glaubens wahrzunehmen.

Analog zur mittelalterlichen Schriftauslegung können wir dem *»tropologischen« Sinn* eine *existentielle Interpretation* zuordnen, hier weniger im Sinne existentialer Hermeneutik, sondern unter Einschluß psychoana-

[97] Vgl. oben S. 125f.

lytischer, sozialpolitischer und materialistischer Interpretationsmöglichkeiten, jedoch allemale mit dem Ziel, daß der Text seine Relevanz für den Leser, für seine kirchliche, soziale und politische Welt gewinnt.

Die anagogische, also *hinaufführende Interpretation* schließlich ist nicht mehr unterrichts-methodisch lehrbar. Sie lebt von der geistlichen Kraft des Interpreten und der spirituellen Bemühung des Schülers, weniger im Sinne schulischer Ordnung als persönlicher Führung.[98]

Sakrament

Das Symbol ist die Grundstruktur des Sakraments. Ursprünglich bedeutet sacramentum den römischen Fahneneid, von daher auch soviel wie Initiation. Die wörtliche Bedeutung ist ganz allgemein »Heiliges« (von *sacer, sacrare*). Die Vulgata wählte diesen Begriff zur Bezeichnung des griechischen Mysterion. Augustinus, der von den Vätern am meisten zur Klärung des Sakramentenbegriffs beigetragen hat, deutet das Sakrament als sichtbares Zeichen einer unsichtbaren Gnade (visibile signum invisibilis gratiae). Er geht also von einer leibhaften Wirklichkeit aus, die notwendig symbolisch sein, d. h. die unsichtbare Wirklichkeit sinnenhaft repräsentieren muß: »Wenn die Sakramente nicht eine gewisse Ähnlichkeit mit denjenigen Dingen hätten, deren Sakramente (Symbole) sie sind, so wären sie überhaupt keine Sakramente.« (Ep. 98,9). Bis ins 12. Jahrhundert herrscht in der Christenheit dieser allgemeine Sakramentenbegriff. Augustinus nennt (über dreihundert) kirchliche Gesten, weil sie Symbolhandlungen sind, Sakramente. Solange dieses weite Verständnis herrschte, konnte von einer Zählung der Sakramente keine Rede sein. Erst um 1150 legen Theologen einen engeren Sakramentenbegriff an, der auf die lebensgeschichtlich wichtigsten Symbolgesten zurückgreift. Die meisten der Glossatoren lehren seit jener Zeit die Siebenzahl, in erster Linie wohl wegen der symbolischen Bedeutung der Sieben. (Die reformatorische Reduktion auf zwei Sakramente ist im wesentlichen eine Folge des zerstörten Symbolbegriffs. Pointiert gesagt gibt es im Protestantismus nur ein einziges Sakrament, nämlich das Wort Gottes, und dieses ist in seiner Nur-Sprachlichkeit so intellektualisiert, daß allein hieran der Niedergang des symbolischen Sinnes abgelesen werden kann.)

Auch heute noch lebt hinter jeder Sakramententheologie das Wissen um die Sakramentalität der Welt. Dieses Wissen wurzelt in der antiken und mittelalterlichen Überzeugung von der inneren Verweiskraft der Dinge auf eine sie transzendierende Wirklichkeit. Der Mensch, die Dinge

[98] Vgl. Der Sprung in den Brunnen, Abschn. 1: Das Lehrer-Schüler-Verhältnis. In diesem Buch S. 142ff.

und das Universum sind in ein Mysterion eingebunden, an dem sie zugleich partizipieren lassen, d.h. sie sind sakramental. Wäre dieses Lebensbewußtsein stets ungebrochen geblieben, wäre der Absturz aus dem heiligen Kosmos in die hintergrundlose Welt der beliebigen Machbarkeiten unmöglich gewesen. Für die sakramentale Welt ist auch die Materie sakramental, also Mittlerin des göttlichen Heils. Seitdem aber der Materie symbolische Mächtigkeit abgesprochen wird, gilt sie jeder Manipulation preisgegeben, bis zu ihrer heute denkbaren Vernichtung.

Aufgabe einer religiösen Symboldidaktik wird es sein, das heute geschrumpfte und in abstrakter Terminologie erstarrte Sakramentenverständnis wiederzugewinnen. Über die Grenzen der Siebenzahl hinaus muß die Wirklichkeit des Sakramentes in kommunikativen Gesten und Riten des Lebens wiedergefunden werden, in denen der Mensch sich seiner selbst in dieser Welt in neuer – frommer – Bewußtheit einholt. Exemplarische Hinweise auf diese symbolisch-sakramentale Bewußtheit hat Leonardo Boff in seiner »Kleinen Sakramentenlehre«[99] gegeben. Hier findet sich ein erfahrungsbezogener Ansatz, der weiteren praktisch orientierten Arbeiten Anregungen geben kann.

Andererseits bedarf auch die kirchliche Sakramentenpraxis einer neuen Belebung. Wir sagten schon, daß sie der Gefahr unterliegt, zu begrifflich fixierten, in ihrem Vollzug erstarrten Gesten zu denaturieren: entweder zu eindeutigen Zeichen, die nahezu »automatisch«, also innerlich unbeteiligt, persolviert werden können, oder aber ins Klischee zu verkommen, wenn mit den Sakramenten im gemeindlichen Prozeß nur noch zwanghaft und unkreativ umgegangen wird. Die Rückverwandlung derartig mumifizierter Sakramentenpraxis zur kommunikativen Lebendigkeit befreiender, orientierender und integrierender Symbole bedeutet für die Religionsdidaktik ein weites, aber grundlegend wichtiges Arbeitsfeld.

[99] *Leonardo Boff*, Kleine Sakramentenlehre, Düsseldorf ^{5}1982.

Der Sprung in den Brunnen

Zur Theorie eines didaktischen Modells

Unter dem Titel »Der Sprung in den Brunnen« habe ich 1981 eine »Gebetsschule« vorgelegt.[1] Weil ich dieses Buch als ein didaktisches Modell verstehe, das die Vermittlung verschiedener religionspädagogischer Aufträge zu demonstrieren vermag, will ich an dieser Stelle einige der zugrundeliegenden Gedanken erörtern. Vielleicht ist ihr Gewinn eine größere Sensibilisierung in der Vermittlung religiöser Erfahrung.

Das dialogische Prinzip

Ausgangspunkt war der feste Vorsatz, die Schrift lesbar zu halten: ohne langatmige theologische Diskurse, ohne fachliche Terminologie, überhaupt ohne Fremdwort. Der Leser sollte zwar vom Anspruch der Sache gefordert, vom Stil ihrer Darbietung aber nicht gelangweilt werden. Andererseits stellte sich das Bedenken, ob es wohl möglich ist, durch ein »gut lesbares« – also auch leicht konsumierbares – Buch auf den Weg eigenen Tuns und eigener Erfahrung zu führen. Um der Absicht wie dem Bedenken gerecht zu werden, empfahl sich als literarisches Genus der sokratische Dialog und damit zugleich das ihm zugrundeliegende Lehrer-Schüler-Verhältnis. Nachfolgend soll zunächst dieses Lehrer-Schüler-Verhältnis und anschließend die Didaktik des antiken *dialogus* behandelt werden.

Lehrer und Schüler

Als zu dem Lehrer einmal ein Junge kam, entspann sich folgendes Gespräch:
Der Junge: Ich habe den Wunsch zu lernen. Wollt Ihr mich lehren?
Der Lehrer: Ich glaube nicht, daß du weißt, wie man lernt.

[1] Der Sprung in den Brunnen. Eine Gebetsschule, Düsseldorf 1981.

Der Junge: Könnt Ihr mich lehren, wie man lernt?
Der Lehrer: Kannst du lernen, mich lehren zu lassen?
Das war für den Jungen eine seltsame Frage. Erst nachdem er sie verstand, wurde er zum Schüler. Vordem war er in allgemeinen Schulen gewesen, wo man glaubte, es genüge die Lehre und die Methode: wer beides kenne, sei bereits Lehrer; wer behalten und anwenden könne, ein guter Schüler. Der Junge hatte erfahren, daß auf diesem Wege nur gleichgültige Dinge verhandelt werden.

So beginnt das Buch. Die Eröffnung macht deutlich, daß dieser Lehrer keiner der üblichen Schulmeister ist, die sich lediglich durch Ausbildung für ihr Tun qualifiziert haben, sondern ein Lehrmeister, der bei sich selbst daheim ist und *aus diesem Grunde* dem Jüngeren ein Führer zu dessen wahrem Selbst sein kann. Das Lehrer-Schüler-Verhältnis unserer Schulen wird institutionell gestiftet und bleibt im Regelfall, unbeschadet wechselseitiger Sympathie und Zuwendung, äußerlich definiert. Demgegenüber beruht in der Geschichte aller Religionen das Lehrer-Schüler-Verhältnis auf einer bewußten Wahlentscheidung, in der jeder den anderen in voller Freiheit annimmt. Beide binden sich in einer exklusiven Weise aneinander, darum muß der Schüler sehr sorgfältig in der Wahl seines Lehrers vorgehen, wie ja auch der Lehrer nur mit größtem Bedacht einen Schüler annimmt. Weil sich die reinste Gestalt des Lehrer-Schüler-Verhältnisses in der östlichen Tradition entwickelt hat, will ich zunächst diesen Idealtypus darstellen und erst anschließend auf die eigengeschichtliche Variante zu sprechen kommen.

Im hinduistisch-buddhistischen Kontext heißen Lehrer und Schüler Guru und Tschela. Manche geschäftstüchtige Vermarktung indischer Weisheit im Westen hat den Titel Guru anrüchig gemacht. Das soll uns nicht hindern, ihn in seiner wahren Gestalt und Ernsthaftigkeit zu bedenken. Eine besonders verständliche Interpretation des Guru, den wir hier mit Lehrer gleichsetzen, obwohl die europäischen Sprachen dafür kein Äquivalent besitzen, bietet der deutschstämmige Lama Anagarika Govinda, der – wie Heinrich Zimmer Indien – den tibetisch-nepalesischen Buddhismus uns um einen bedeutsamen Schritt zugänglicher gemacht hat:

»Ein Lehrer gibt Wissen, ein Guru gibt sich selbst. Die tiefsten Lehren eines Guru sind nicht seine Worte, sondern das, was unausgesprochen bleibt, weil es über die Macht der menschlichen Sprache hinausgeht. Der Guru ist ein Inspirator im wahrsten Sinne des Wortes, d. h. er ist jemand, der uns mit seinem eigenen lebendigen Geist erfüllt.

Dementsprechend bedeutet auch das Wort Tschela mehr als einen Schüler im gewöhnlichen Sinn, d. h. jemanden, der einen Lehrkurs absolviert. Er ist viel eher ein Jünger, den eine tiefe seelische Beziehung mit seinem Guru verbindet – eine Beziehung, die durch den Akt der Initiation geschaffen wird, während der eine direkte Übertragung geistiger Kraft stattfindet. Sie ist in der heiligen Formel eines Mantras verkörpert und kann durch dieses jederzeit im Tschela aufgerufen werden, so daß ein dauernder Kontakt mit dem Guru aufrechterhalten bleibt... Eine solche Fähigkeit kann nur durch ein Leben der Meditation geschaffen werden, und sie wird durch jede Periode völliger Abgeschlossenheit und geistiger Sammlung verstärkt, wie die angesammelte Energie des Wassers in einem aufgestauten Fluß.«[2]

Auf der Suche nach einem Guru soll der Schüler mit größter Bedachtsamkeit vorgehen. Hat er sich aber entschieden, dann gilt die Autorität des Gurus absolut, denn alles, was er lehrt, ist Gabe des Buddha. Dies freilich nicht aufgrund eines dogmatischen oder gar institutionellen Anspruchs, sondern nur in dem Maße, als der Guru selbst die Buddha-Natur angenommen hat. »Ein Guru kann nur soviel geben, als er selbst erworben und verwirklicht hat, und um das von ihm selbst Erlebte und Verwirklichte übertragen zu können, muß er imstande sein, es in aller Intensität in sich wachzurufen.«[3] In den alten Traditionen fand sich der Schüler angeleitet, den Guru in der Gestalt des Buddha sich vorzustellen, bis er sich in dessen unmittelbarer Gegenwart fühlt und schließlich in ihn übergeht. Solange nämlich der Buddha noch außerhalb des eigenen Selbst vorgestellt wird, kann er keine Wirklichkeit im eigenen Leben werden. Wenn aber erst einmal der Buddha im Tschela erwacht ist, ist er sich seiner als des Lichtes seines innersten Wesens bewußt. Er erlebt die Erleuchtung, die ihn in tiefster Weise mit dem ganzen Universum verbindet.[4]

In der hinduistischen Tradition wird die Jüngerschaft nicht vom Buddha-Gedanken beherrscht, sondern von der Frage, wie der Mensch vom »Ich« zum »Selbst« und zur Erfahrung des Weltganzen kommen kann. Aber auch hier ist es der Guru, der den Weg dorthin zeigt. Heinrich Zimmer hat Unterweisungen des Shrî Ramana Maharishi (1879–1950) überliefert, der zeitlebens ein unscheinbarer Meister war. Er ließ sich von niemandem als »Seine Heiligkeit« titulieren und blieb trotz weitreichender Wirkung stets ein armer Einsiedler. Ich zitiere hier aus Shrî Ramanas Lehrgesprächen, die den inneren Kern des Meisterseins und der Jüngerschaft deutlich machen:

[2] *Lama Anagarika Govinda,* Der Weg der weißen Wolken. Erlebnisse eines buddhistischen Pilgers in Tibet, (London 1966) Bern-München-Wien 1973, 55.

[3] A.a.O., 248.

[4] Auf das Erlebnis der Erleuchtung im Zen-Buddhismus und auf die Abhängigkeit von der Führung eines Zen-Meisters bis zu diesem Ziel soll hier nur – ohne näheren Bericht – hingewiesen werden. Vgl. dazu die Bücher von *P. Hugo Enomiya-Lassalle,* insbesondere: Zen-Buddhismus, Köln 1966.

»*Der Schüler:* An welchen Zeichen erkennt man den Lehrer und Meister?
Der Meister: Ein Guru ist allezeit in den tiefsten Tiefen des Selbst daheim. Nie gewahrt er einen Unterschied zwischen sich und anderen, er ist nicht im leisesten von irrigen Vorstellungen, die Unterschiede setzen, besessen...
Der Schüler: Welche Eignungen soll der Schüler besitzen?
Der Meister: Er soll nach der höchsten geistigen Seligkeit verlangen und keinerlei Wunsch daneben kennen.
Der Schüler: Worin besteht das Wesen geistlicher Unterweisung, die der Schüler vom Meister erfährt?
Der Meister: Geistliche Unterweisung (upadesha) besteht darin, daß der Meister das Gemüt des Schülers zu seinem ursprünglichen Stande heimführt und es wirksam davor bewahrt, diesem Stande reinen Seins wieder zu entgleiten: dieser völligen Einheit mit dem Selbst – in anderen Worten – dem geistigen Sein des Meisters... So zeigt der Meister dem Schüler als unmittelbar zuhanden und mit ihm selber einerlei, was der Schüler fern und von sich selber verschieden wähnte: das Selbst, das wahrhaft Wirkliche...
Der Schüler: Welches ist der rechte Weg für den Schüler bei seinen Übungen?
Der Meister: Allererst soll er begreifen: das Selbst (âtman) ist kein Ding außerhalb und verschieden von dem, der es sieht, das er gewissermaßen von außen bekommen müßte. Weiter soll er bedenken: es gibt nichts Höheres und Zarteres als den Gegenstand seines Suchens, der mit ihm selbst gleich ist. Darum soll er... erkennen, was er wirklich ist, worin sein wahres Wesen besteht. Erfährt er diesen wahren eigentlichen Stand seiner selbst in Wirklichkeit, so soll er wandellos und fest darin verharren. Das ist der rechte Weg der Übung...«[5]

Diese Zitate aus umfangreichen, sehr komplexen Lehrgesprächen zeigen den Guru als einen Vollendeten, der den Weg zum Selbst gemeistert hat. Für die östlichen Religionen waren solche Meister des geistlichen Lebens keine Ausnahmen, sondern – in unterschiedlicher Reife und Bedeutung – Exponenten einer meditativen Grundströmung, welche die Kulturen und Religionen Asiens speist. Aufgrund dieser spirituellen Begabung haben die Inder »vom Unbewußten mehr in Erfahrung gebracht als der Westen bislang, wohl mehr als andere irgendwo« (Heinrich Zimmer). Dennoch ist der Guru, als geistlicher Führer verstanden, nicht auf die östlichen Religionen beschränkt geblie-

[5] *Heinrich Zimmer,* Der Weg zum Selbst. Lehre und Leben des Shrî Ramana Maharshi, (Zürich 1944) Düsseldorf 1974, 188f. 193.

ben. Die mystische Tradition des Islam, der Sufismus, so sehr er in der arabischen Religionswelt heute Peripherie sein mag, lebt aus einem ähnlichen unmittelbaren Lehrer-Schüler-Verhältnis. Das hat sich seit den Tagen Rumis nicht gewandelt – und wird sich nie wandeln können, solange geistliche Erfahrungswege an den kundigen Meister gebunden bleiben. Nur eine Dominanz des diskursiven Denkens, des systembildenden Dogmas und einer entsprechenden Wissens- und Memorierkultur erlaubt es, den Lehrer der Religion gegen den Religionslehrer einzutauschen.

Trotzdem ist den Anfängen unserer eigenen Kultur ein intensives Lehrer-Schüler-Verhältnis ebenfalls eigen. Wir befinden uns freilich nicht mehr im religiösen Kontext, sondern in einer philosophischen Schule, die ihrerseits die christlichen Lehrtraditionen tiefgreifend mitbestimmt hat. Dabei erscheint des Sokrates Interesse – ganz dem delphischen »Erkenne dich selbst« verpflichtet – ähnlich gezeichnet wie der östliche Erkenntnisweg. Wer immer ihm begegnete, jeden fragte er, ob er sich über sich selbst im klaren wäre, ob er wüßte, was die Wahrheit ist und ob seine Lebenspraxis mit seinen Grundüberzeugungen übereinstimme. Doch wird hier im Vergleich zu den indischen Gurus unübersehbar deutlich, wie rationalistisch des Sokrates Bemühen um Selbsterkenntnis geprägt ist, denn ihm ging es um eine verstandesmäßige Nachprüfung aller Behauptungen – und Behauptungen, Ansichten, Gedanken sind etwas völlig anderes als innere Erfahrungen. Dennoch hat kaum ein anderer Lehrer unserer Tradition in so stimulierender Weise eine (heterogene) Schule begründet wie Sokrates, vor allem wohl deshalb, weil Leben und Lehre bei ihm in äußerst seltener Konsequenz identisch waren und durch seine ars moriendi beglaubigt wurden.

Sokrates hat sowenig wie die meisten indischen Gurus seine Unterweisungen niedergeschrieben. Der innere Prozeß, den der Lehrer seinen Schüler führt, ist niemals schriftlich fixierbar. Was wir von Sokrates als Lehrer wissen, wissen wir größtenteils von Platon. Dessen philosophische Schriftstellerei bleibt freilich Logos Sokratikos. Sie wollte dem ursprünglichen Denkprozeß und der lebendigen Diskussion so ähnlich wie möglich bleiben. »Nicht System, sondern Methodos. Nicht Rede, sondern Unterredung. Nicht Resultate, sondern Vorbereitung, um sie selbständig zu erarbeiten.«[6] Deswegen ist es auch nicht überraschend, sondern folgerichtig, wenn Platon gegen Lebensende, in seinem »Siebten Brief«, bemerkt, daß er das Wesentliche seiner Philosophie niemals niedergeschrieben habe und daß er die schriftliche Fixierung des Wesentlichen auch grundsätzlich verwerfe, weil lebendige Philosophie nur im

[6] *Ernst Hoffmann,* Platon. Eine Einführung in sein Philosophieren (= rde. 142), Reinbek 1961, 8.

Lehrer-Schüler-Verhältnis bzw. im offenen Dialog stattfinde, wo Erkenntnis zum Erlebnis statt zum sterilen Wissen werde. Zu dieser Briefstelle gesellt sich der Schlußgedanke des »Phaidros« mit seiner scharfen Ablehnung des Literarischen überhaupt: Da erzählt der platonische Sokrates vom göttlichen Theuth, der als erster die Zahl und das Rechnen, vor allem aber die Schrift erfunden hat.

> »Im weiteren habe damals König Thamus über ganz Ägypten regiert... Zu diesem sei Theuth gekommen und habe ihm seine Künste vorgeführt... Zu jeder dieser Künste habe Thamus dem Theuth manches dafür und manches dagegen eröffnet... Als nun aber die Reihe an den Buchstaben war, sagte Theuth: ›Diese Kenntnis, o König, wird die Ägypter weiser und ihr Gedächtnis besser machen; denn als ein Heilmittel für das Gedächtnis und für die Weisheit ist sie erfunden worden.‹
>
> Der König erwiderte: ›Kunstvollster Theuth, der eine hat die Fähigkeit, das hervorzubringen, was zu seiner Kunst gehört, der andere vermag zu beurteilen, welches Maß von Schaden oder Nutzen sie denen bringt, die sie anwenden wollen. Du, der Vater der Buchstaben, sagtest nun aus Voreingenommenheit gerade das Gegenteil von dem, was sie bewirken. Denn diese Erfindung wird die Lernenden in ihrer Seele vergeßlich machen, weil sie dann das Gedächtnis nicht mehr üben; denn im Vertrauen auf die Schrift suchen sie sich durch fremde Zeichen außerhalb und nicht durch eigene Kraft in ihrem Innern zu erinnern. Also nicht ein Heilmittel für das Gedächtnis, sondern eines für das Wiedererinnern hast du erfunden. Deinen Schülern verleihst du aber nur den Schein der Weisheit, nicht die Wahrheit selbst. Sie bekommen nun vieles zu hören ohne eigentliche Belehrung und meinen nun, vielwissend geworden zu sein, während sie doch meistens unwissend sind und zudem schwierig zu behandeln, weil sie sich für weise halten, statt weise zu sein.‹«

Mit dieser Erzählung und dem anschließenden Dialog zwischen Sokrates und Phaidros urteilt Platon über den geringen Wert der schriftlichen Vermittlung, weil das lebendige Wort – jenes der Lehrvorträge, »die um der Unterweisung willen gehalten und in Wirklichkeit in die Seelen geschrieben werden« – grundsätzlich alles Geschriebene als minderwertig erweise. Auch er fürchtet, wie König Thamus, die Menschen könnten sich daran gewöhnen, anstatt von »innen« sich bald nur noch von »außen« zu erinnern. Und eben deswegen wird »das Wesentliche« bei Platon nicht dem Text anvertraut; es bleibt dem lebendigen Lehrgespräch als seinem eigenen und ursprünglichen Ort vorbehalten.

Für unsere Gebetsschule gilt dies alles direkt und grundsätzlich. Wenn überhaupt irgendwo, so ist hier das Lehrer-Schüler-Verhältnis konstitutiv. Darum kann, wenn schon eine didaktische Widersprüchlichkeit zwischen angeleiteter Erfahrung und objektiviertem Lehrtext hingenommen wird, ein ebenso prinzipieller Vorbehalt – gleichsam als Notenschlüssel vor allem, was in der Sache folgt – nicht unausgesprochen bleiben, ein Vorbehalt, dessen sich der Benutzer des Buches voll bewußt bleiben muß:

> Als der Junge sich anschickte, von seinem Lehrer Abschied zu nehmen, bat er ihn, den gemeinsamen Weg aufzuschreiben, damit auch andere ihn finden könnten.
> *Der Lehrer:* Kann man einen Kuß durch Boten senden?
> *Der Junge:* Es käme wohl anderes an, als gemeint ist.
> *Der Lehrer:* Genausowenig kann ein Buch, wenn es um den inneren Weg geht, den Lehrer und die Erfahrung ersetzen.
> *Der Junge:* Ich weiß, daß Worte nicht alles vermitteln.
> *Der Lehrer:* Innere Erfahrung ist etwas, das einem geschieht, nicht etwas, das man jemandem geben kann, und schon gar nichts, das man durch Lesen erreicht.
> *Der Junge:* Selbst wenn einige glauben, gedruckte Erfahrungen seien wohlfeil, sollte es dich nicht hindern, unsere Gespräche aufzuschreiben. Es gibt auch andere, die sich durch ein Buch auf den Weg eigener Mühe führen lassen.
> *Der Lehrer:* Wenn schon der Versuch gelten soll, kommt alles darauf an, daß er wahre Schüler findet: Schüler, die sich lesend nicht als Leser verstehen.

Eine gedruckte Gebetsschule verweist also mit innerer Notwendigkeit über sich hinaus. Sie kann nur im uneigentlichen Sinn »Gebetsschule« sein. Ihr wahrer Ort ist ein zwischenmenschliches Verhältnis, das im wechselseitigen Vertrauen gegründet ist und sowohl aus der spirituellen Erfahrung des Lehrers als auch aus dem Suchen und Bemühen des Schülers lebt. In einer gewissen Weise muß ich deshalb sogar vor dem eigenen Buch warnen: Es kann, im Sinne des König Thamus, die Zahl der wahrhaft Lehrenden noch weiter vermindern, weil man glaubt, nun auch noch die Erfahrung des Gebetes durch Bücher statt durch gemeinsames Leben vermitteln zu können. Oder sollte es möglich sein, durch den vorgelegten dialogischen Prozeß, die sprachliche Ohnmacht in Spiritualibus aufzubrechen und vielen, die guten Willens sind, den Mut zu eigener Erfahrung und Sprache zurückzugeben? Aus dieser Hoffnung ist mein paradoxer Versuch entstanden.

Die Dialogform

Eine Abfassung des Buches in diskursiver Prosa verbot sich als Konsequenz der voranstehenden Überlegungen. Nicht, weil damit einer der zahllosen populär-theologischen Traktate mehr entstanden wäre, sondern weil eine solche Darstellungsform keine Entsprechung zum eigentlichen Ort einer Gebetsschule gewahrt hätte. Dem Lehrer-Schüler-Verhältnis korrespondiert als literarisches Genus der Dialog. Während aber die oben zitierten Lehrgespräche Shrî Ramanas einen ausschließlich hörenden Schüler kennen, der nicht einmal eine Gegenfrage, geschweige denn einen Einwand vorbringt, ist der sokratische Schüler von anderer Art. Seine Grundposition ist kritisch, er kennt Vorbehalte, Einwände, Gegenargumente, steht dem Lehrer mehr denkend als in einem geistlichen Sinne ergeben gegenüber. Das macht ihn einesteils distanzierter, begründet den rationalen und skeptischen Charakter der sokratischen Schule und gibt ihm andererseits mehr demokratische Partnerschaftlichkeit, eigenständiges Bewußtsein, logisch räsonierende Potenz. Der abendländische Mensch, seine stürmende Größe und spirituelle Armut sind darin mitangelegt, während der Tschela zwar in ergebener Ehrfurcht den Guru als eine Manifestation des Göttlichen sieht und sich ganz dessen überlegener Führung anvertraut, dafür aber auch zu den tiefsten spirituellen Erfahrungen gelangt, von der »Vorderseite zur Rückseite des Geistes«. Dieses Führungsverhältnis ist in einer religiösen Kultur, die die Zwangsjacke des diskursiven Denkens sprengt, um in die gefährliche Freiheit einer inneren Selbsterfahrung zu geleiten, unentbehrlich. Ohne Assistenz des Guru müßten die seelischen Gratwanderungen sonst tödlich verlaufen.

In die Höhen und Tiefen eines solchen Lebensweges vermag kein Buch zu führen. Im Gegensatz hierzu ist der Schüler meiner Gebetsschule sokratischer Art, allerdings weniger rationalistisch, sondern mit mehr Intuition für die spirituelle Dimension unseres Lebens begabt. Während er anfangs noch ziemlich unbedarfte Fragen stellt, entwickelt sich seine geistliche Sensibilität, und zeitweilig vermag er – mehr aus anempfundener Intuition als aus Erfahrung – den Lehrer mit Fragen und Antworten zu konfrontieren, die diesem als sein Eigenes vertraut sind. Natürlich ist dieser Schüler eine synthetische Figur. Er artikuliert, was der zeitgenössische Leser an geistlicher Fremdheit, religiöser Unterentwicklung oder Desorientiertheit dem Gebet gegenüber vorbringen kann. Das muß er tun, wenn dieser Leser sich in der Position des Schülers wiederfinden soll, um sich andererseits selbst gefordert zu sehen – aus der Leserdistanz heraus in eine Situation eigener Betroffenheit. Eben das leistet der Dialog. Hier wird keine »Sache an sich« abgehandelt, vielmehr in Rede und Gegenrede ein Weg beschritten, in dessen Gesprächsgang sich der Leser einmischt, weil ihn die Direktheit des gesprochenen Wortes seinerseits betroffen macht und zu eigener Stellungnahme herausfordert. Dabei kann es dem so Angesprochenen ähnlich ergehen wie dem Autor: er findet sich in beiden wieder, im Schüler wie im Lehrer. Je nach eigener Reife ist er mehr Lehrer oder mehr Schüler, so daß er durch den Prozeß dieser Dialoge nie ganz unberührt bleibt, sondern sich stets inmitten des artikulierten Anspruchs befindet.

Es wäre noch einiges mehr über die didaktische Leistungsfähigkeit des Dialogs zu sagen. Das frühe Christentum hat dieses Genus zunächst eifrig aus der antiken Tradition übernommen und hauptsächlich zu apologetischen Intentionen verwendet. Später verliert sich diese Gattung immer mehr, selbst in den ausgesprochen didaktischen Lehrbüchern, sofern wir das steril-pervertierte Frage-Antwort-Schema der systematischen Katechismen hier nicht als legitimen Sprößling des sokratischen Dialogs gelten lassen wollen. Ich persönlich habe meinen Impuls zur dialogischen Darstellungsform zunächst über Nikolaus von Cues erhalten, und zwar durch seinen Dialog »De deo abscondito«, den ein Heide und ein Christ in höchst anregender Weise führen. Je gegensätzlicher solche Dialoge besetzt werden, um so betonter wird aber auch ihre apologetische Tendenz, die im Lehrgespräch zwischen Meister und Jünger ganz entfällt. Darum ist die didaktische Relevanz des Dialogs nicht unterschiedlos gleich, und wer immer auf dieses literarische Genus zurückgreift, sollte die wechselseitige Angemessenheit von Lehrgespräch und Disputanten wohl erwägen.

Die symbolische Dimension

Als der Sophist Protagoras Schülern seine Lehre entwickeln wollte, fragte er vorweg, ob sie lieber einen Mythos hören oder rationaler Gedankendarlegung folgen wollten. Protagoras entschied sich seinerseits für den Mythos; der sei angenehmer aufzunehmen.

Unterweisung wird in dieser Fragestellung noch als lustbetonte Erfahrung für Lehrer und Schüler verstanden. Erst der Siegeszug des Logos verbannte Sinnenhaftigkeit und Lust aus den Lehrtraditionen unserer Kultur.

Für die Anlage der Gebetsschule war die Frage des Protagoras – zusätzlich zur Dialogform – Hinweis auf eine narrativ-symbolische Qualität des Textes, wie bereits der Buchtitel anzeigt. Es ist ein mythischer Titel, dessen Bedeutung sich gleich zu Beginn im eröffnenden Dialog und der darin aufgenommenen Erzählung erschließt:

Schüler: Zeige mir, wie ich beten kann.
Lehrer: Kann ich es dir zeigen? Ich kann es nicht.
Schüler: Bist du denn nicht ein Lehrer der Religion?
Lehrer: Eben deswegen! Beten lernt niemand durch Wissen und Können, sondern durch Erfahren und Leben. Was immer ich weiß, kann dir nicht ersparen, dich selbst zu suchen. Selbst mußt du in den Brunnen springen, die Tiefe wagen, den inneren Raum und die innere Zeit entdecken. Hör zu!

Da ging eines Tages der Knabe zu seinen Brüdern. Er sagte zu ihnen: »Gebt acht! Ich will, daß wir zusammen einen merkwürdigen Ort aufsuchen.«

»Wohin willst du uns denn führen?« fragten die Brüder.

»Ich will euch dahin führen, wo ihr die Wahrheit über euch selbst erfahren sollt.«

Die Brüder baten ihn: »Laß es doch sein, es lohnt sich nicht. Danke, wozu sollen wir schon wieder ausziehen?« Sie wollten nicht gehen. Der Jüngste aber bestand darauf: »Entweder kommt ihr mit, oder ich bringe mich um!« So zwang er sie, mit ihm zu gehen.

Sie gingen lange, und noch am selben Tage kamen sie zu jenem Brunnen. Der Jüngste sagte zum Ältesten: »Ich will dich anbinden und in den Brunnen hinunterlassen. Schau dir an, was es dort im Brunnen gibt.«

Der Älteste fing zu weinen an. »Warum willst du mich in den Brunnen hinunterlassen?« Er hatte Angst, in den Brunnen zu gehen. Er bat um Gnade. Der Jüngste sagte zu ihm: »Bitte nicht um Gnade, wir müssen dorthin!« Er band ihm den Strick um und ließ ihn hinunter. Aber kaum war der Bruder ein paar Klafter tief, fing er zu schreien und zu weinen an – noch ein bißchen, und die Angst zerreiß ihn. »Ich sterbe, ich sterbe!« Er war noch nicht einmal ein Viertel des Brunnens hinunter. Der Knabe zog ihn heraus, denn er sah, was für ein Mensch das war.

Dann kam der zweite. Der Knabe band auch ihn und ließ ihn hinunter. Er war kaum bis zur Hälfte des Brunnens gekommen, da begann er zu schreien vor lauter Angst. »Ich sterbe, ich sterbe!« Er zog ihn heraus.

Dann kam die Reihe an den Jüngsten. Er sagte: »Hört zu! Wieviel ich auch weinen und schreien werde, zieht mich nicht hoch. Laßt mich hinunter, bis ihr fühlt, daß der Strick leicht geworden ist.« Die Brüder fingen ihn zu bitten an: »Du bist unser Jüngster! Warum willst du von uns gehen?« Sie baten, er möge sie doch nicht verlassen, aber er wollte nicht auf sie hören. Da banden sie ihn und ließen ihn hinunter.
Schüler: Das ist eine schöne Geschichte. Ich möchte wissen, wie sie weitergeht.

Lehrer: Es ist nicht irgend*eine* Geschichte, es soll *deine* Geschichte werden. Wohin sie führt, mußt du selbst erproben.
Schüler: Aber wo gibt es den Brunnen, in den ich springen könnte?
Lehrer: Weitab und doch nahe: »Sie gingen lange, und noch am selben Tag kamen sie an«, heißt es. Je weiter du in die Welt ausschweifst, um so entfernter bist du ihm. Suchst du bei dir, schaust du über seinen Rand.

Was wird hier unternommen? Das Lehrgespräch bewegt sich nicht auf einer abstrakt-gedanklichen Ebene, sondern führt in ein Symbolfeld ein, genauer gesagt, in ein symbolisches Handlungsgeschehen, dessen eigene Dynamik einen Prozeß in Gang setzt, von dem niemand weiß, wie er enden mag. Symbole sind Träger weitherkommender Menschheitserfahrungen. Sie entstammen einer inneren Dimension, die dem rational kontrollierbaren Bereich voraufliegt. Darum geht die Wirkung der Symbole auch nicht primär über bewußte Abläufe, sondern über ein vorreflexives Berührtwerden, von dem der Mensch schwerlich sagen kann, wie tiefgehend es ihn bestimmt. Mit den objektiven Symboltraditionen der Menschheit korrespondieren individuelle Dispositionen, von kollektiven und subjektiven Erfahrungen bestimmt, die durch das von außen kommende Symbolangebot aktiviert werden. Aus diesem Grunde gibt es keinen Umgang mit Symbolen, der nicht zugleich innere Vorgänge anstößt. Es kommen vergessene und aktuelle Erfahrungen, Ängste und Sehnsüchte ins Spiel. Verhaltensmöglichkeiten werden latent erprobt, und meist unbewußt regt sich der Wunsch, die Herausforderung des Symbols bestehen zu können.

In einer sehr geheimnisvollen Weise geht eine solche Faszination vom Symbol des Brunnens aus: In seiner Herzensangst springt das arme Mädchen in den Brunnen hinein, um die entfallene Spule wiederzuholen. »Es verlor die Besinnung, und als es erwachte und wieder zu sich selber kam, war es auf einer schönen Wiese, wo die Sonne schien und viel tausend Blumen standen.«[7] Hier ist die Unter- und Innenwelt im Symbol des Brunnens gegenwärtig. Die sonnige, blühende Wiese spiegelt die Seele des Mädchens. Darin gewinnen die Dinge ihre eigentümliche Sprache, die es versteht und deren Anspruch es folgt, während die Stiefschwester, die aus Neid und Berechnung die Spule in den Brunnen wirft und selber hinterherspringt, zwar auch in die Anderswelt gelangt, hier aber in der Begegnung mit den Dingen ihre innerste Wahrheit nicht verbergen kann.

Um die gleiche Unter- und Innenwelt geht es in dem Märchen »Die drei Federn«[8]. Während die älteren Brüder ihren Federn in die Ferne nachzie-

[7] *Brüder Grimm,* Kinder- und Hausmärchen Nr. 24, »Frau Holle«.
[8] A. a. O., Nr. 63.

hen, dort aber nichts als das Geläufige finden, fällt die Feder des Jüngsten gleich vor dem Hause zu Boden, und der Dummling muß dort sitzen bleiben. Zwar ist er zunächst traurig, aber er läuft nicht davon, sondern »versinnt« sich. Ohne dieses Versinnen vor der eigenen Tür, an einem Ort also, den man sogar im Schlafe zu kennen glaubt, wäre freilich die Entdeckung der Tiefe nie möglich gewesen, denn wie der Dummling sich so versann, »bemerkte er auf einmal, daß neben der Feder eine Falltür lag. Er hob sie in die Höhe, fand eine Treppe und stieg hinab...«, zu einem Lebensweg in die Tiefe, der ungeahnte Entdeckungen und einzigartigen Reichtum beschert...

Das Brunnensymbol als Grundfigur einer Erzählung und eines weiterführenden, vertiefenden Dialogs bezieht den Hörer dieser Vorgänge mit ein. Er selbst erfährt die Ängste des Abstiegs, überträgt sie, gewollt oder ungewollt, in den eigenen Lebensraum, identifiziert sich mit einer der handelnden Personen oder erkennt sich in allen dreien zugleich wieder. »Ich bin noch immer wie die älteren Brüder, die sich zu sträuben beginnen, sobald der obere Brunnenrand sie schluckt«, sagt der Schüler. Wenig später aber bekennt er: »Ich fürchte, ich bin der erste, zweite und dritte Bruder in einem. Ich versuche zu springen und kehre vor Angst ständig zurück, bleibe vom Wunsch her aber doch der Jüngste, der in die Tiefe will.« So spricht der Dialog mit seinen Symbolgeschichten unmittelbar die Neugier und Anteilnahme des (lesenden) Schülers an, weckt Fragen und Konflikte in ihm und rührt an seine bewußten wie unbewußten Schwächen, Nöte und Strebungen. Beispielsweise treibt ihn die Not, bei sich selbst unbehaust zu sein und die Stille als innere Belastung zu erleben, mit allen guten Absichten immer wieder bald an ein Ende... Die narrativ-symbolische Dimension des Kurses bringt also fortwährend die eigenen Verhältnisse und Erfahrungen ins Spiel, zugleich entstehen Wunsch und Hoffnung, diesmal mit dem Schüler, der so oft seine Empfindungen artikuliert, wirklich aufbrechen zu können in das Land des Brunnengrundes, wo jeder die Wahrheit über sich selbst erfahren kann.

Zum Brunnensymbol gesellen sich die Symbole des Labyrinths und des Lebensbaumes, wenngleich der Brunnen die symbolische Grundfigur bleibt, auf den sich der fortschreitende Dialog in immer neuen, vertiefenden Aspekten bezieht. Letztlich ist das Brunnensymbol auch die entscheidende Metapher für die Theologie des Buches, die Mystik Meister Eckeharts, die Mitte und Tiefe des Mandalas. Es geht an dieser Stelle nicht darum, die einzelnen Symbolbereiche interpretierend vorzustellen, vielmehr soll auf die didaktische Leistung des Symbols hingewiesen werden, und dies vor allem deshalb, weil das religionspädagogische Denken vor lauter Problemorientierung das Symbol als Orientierungs- und Handlungsstruktur nicht wahrnimmt, geschweige denn in gottesdienstlichen, schulischen und freizeitpädagogischen Situationen zu nutzen versteht.

Auf einen weiteren Aspekt, der für manche didaktische Bücher bedeutsam ist, muß in diesem Zusammenhang noch hingewiesen werden. Gemeint ist die Altersbezogenheit gerade solcher Bücher, die den Jugendlichen ansprechen wollen, ohne sich damit den erwachsenen Leser fern zu halten. Soweit diese Literatur in diskursiver Prosa geschrieben wird, definiert die Sprache immer auch Lesealter und Leserkreis. Erst in dem Maße, als die Sprache poetisch, die Darstellung erzählend, ihre Bedeutungswelt symbolisch wird, erweitert sich auch ihre Reichweite. Sie erlaubt dem jungen Leser eigenständige Zugänge, die sich dem Erwachsenen nie versperren, sondern immer wieder neu erweitern und die – mit wachsender Reife – hinter dem Vertrauten allemale wieder Unbekanntes entbergen.

Die theologisch-anthropologischen Grundlagen

Schon bei einer flüchtigen Lektüre des Buches fällt auf, daß man den ersten Teil lesen kann, ohne dem Wort »Gott« zu begegnen. Darum verwundert sich der Schüler schließlich: »Du bist ein seltsamer Lehrer der Religion. Immerfort sprichst du vom Beten, ohne von Gott zu sprechen.« Aber auch das traditionelle Wort Beten wird nicht traditionell eingeführt und verwendet. Wenn man es umschreiben oder ausklammern wollte, wäre alles, was hier gesagt wird, weiterhin gültig, wegweisend, nachvollziehbar. Selbst dort, wo das Sprechen von Gott schließlich thematisiert wird, wo das Wort »Gott« gedeutet und als »erfahrbar« gewiesen wird, ist diese Unterweisung im gleichen Maße, als sie sich Theologie nennen kann, doch auch Anthropologie, und zwar so ausdrücklich, daß für den Leser, der »nicht an Gott glaubt«, die Rede von Gott dennoch nicht sinnentleerte Sprache wird, sondern nachdrücklich darin ihren Sinn findet, den Menschen vor jedem eindimensionalen Mißverständnis zu bewahren. Ich kann kaum deutlich genug unterstreichen, wie wichtig es mir war, jede theologische Aussage so zu formulieren, daß sie auch ohne Glaubenszustimmung als sinnvoll, hilfreich und anregend verstanden werden kann. Darum standen mir beim Schreiben weniger die gewohnten Abnehmer des theologisch-kirchlichen Vokabulars vor Augen als solche, die gegenüber diesem Sprachstil allergisch sind, weil er für sie eine praktikable Erfahrungsrelevanz verloren hat.

Die angedeuteten Überlegungen sind freilich noch zu ungenau, als daß sie im Sinn einer theologisch-didaktischen Theorie die anstehende Problematik bereits hinreichend beleuchteten. Ich will deshalb den theoretischen Hintergrund der Gebetsschule näherhin klären, indem ich zunächst über das theologische Vermittlungsproblem einiges sage, dann die Mystik Meister Eckeharts in ihrer didaktischen Relevanz vorstelle, um abschließend auf die Integration aller Aspekte in der Mandala-Symbolik hinzuweisen.

Eine theologia naturalis als Vermittlungsvoraussetzung

Während der Arbeit an dem Buch hatte ich mehrfach Gelegenheit, mit Pfarrern und Lehrern Konzeption und Dialogführung zu besprechen. Dabei zeigte sich wiederholt, daß evangelische Theologen, die einer an Karl Barth orientierten theologischen Schule entstammen, große Schwierigkeiten haben, das Gottesverständnis des Lehrgesprächs mitzuvollziehen. Zum einen irritierte die Terminologie und Vorstellung des »Innen« und »Außen«, zum andern das Verhältnis von Gott und Welt, Natur und Gnade, Offenbarung und Universalgeschichte. Spitz gesagt: daß der Mensch in seinem eigenen Seelengrund Gott findet, daß Gott also nicht als der »ganz Andere« fern gegenübersteht, sondern als seine tiefste Wahrheit eigen ist, obwohl er jeden einzelnen zugleich grenzenlos überschreitet, so daß der Weg zu Gott der Weg zu sich selbst, der Weg zu sich selbst der Weg zu Gott ist – diese Sicht provozierte immer die größte Uneinigkeit.

Wir berühren mit dieser Kontroverse ein fundamentales Problem der Religionsdidaktik. Es geht um das Verhältnis von Erfahrung und Offenbarung und damit zugleich um die didaktische Struktur der Vermittlung christlicher Glaubensinhalte. Die immer noch nicht aufgearbeitete theologische Tradition denkt hier ja reichlich dualistisch und additiv: als trenne Natur und Gnade eine saubere Horizontale; als könne der Mensch »reine Natur« – bar des »göttlichen Funkens« – sein; als füge sich Gotteserkenntnis aus »geoffenbarter« und »natürlicher« Erkenntnis zusammen. Sofern wir solche Modelle gelten lassen, ist die Korrelation zwischen Theologie und Anthropologie gestört, eine Vermittlung zwischen Glaubenssatz und menschlicher Erfahrung nur noch als »Anwendung« denkbar.

Die gegenwärtige, zumal evangelische Theologie geht in ihrer Mißachtung der theologia naturalis von der stillschweigenden Unterstellung aus, man wisse, was »Natur« sei, zumal menschliche Natur, als könne man sie genau begrenzen und angeben, wie weit sie reiche. Dabei wird unterstellt, alles über das faktische menschliche Wesen Erfahrbare umschreibe diesen Begriff der Natur, ergebe unser anthropologisches Wissen, während die Hinordnung des Menschen auf das göttliche Geheimnis jenseits dieser

Natur liege. Zu fragen bleibt hier, ob die innere und unbedingte Hinordnung des Menschen auf Gott nicht in dem Sinne ein Konstitutiv seiner Natur ist, daß der Mensch qua Mensch ohne dieses Konstitutiv nicht gedacht werden kann. Gotteserkenntnis ist dann nie eine partielle Erfahrung, sondern umgreift das Ganze, Gott, Mensch und Welt in einem, ohne sich aus »natürlicher« und »übernatürlicher«, geoffenbarter Erkenntnis zusammenzusetzen. Der Weg zur Gotteserfahrung setzt deshalb nicht *neben* oder *hinter* den regulären menschlichen Erfahrungen an, sondern *in* diesen selbst, wobei sich religionsdidaktisch die Aufgabe stellt, die Erfahrungen selbst auf ihren inneren Kern hin freizulegen, sie über die vordergründige Faktizität hinwegzuführen an eine Schwelle, hinter der sie im »Geheimnis« gründen. Anders gesagt: Die Menschen müssen befähigt werden, eine Erfahrung mit der Erfahrung zu machen. Dies bedeutet, die Gotteserfahrung nicht neben der lebenslangen Selbsterfahrung unterzubringen, sondern die sich in ihrem inneren Wesen transzendierende Selbsterfahrung mit der Gotteserfahrung verschränkt zu sehen. Geschieht dies, ist kein theologischer Satz mehr möglich, der nicht zugleich auf eigene Erfahrung bezogen wäre, und zwar in einer Weise, die im Aufschließen eigener Erfahrung die Sensibilität für neue, tiefgehende Erfahrung weckt.

Aus diesem Grunde geht es in der »Gebetsschule« nie um Gottesbeweise und nirgendwo um das distanzierte Räsonnement, »ob es Gott eigentlich gebe oder nicht«, sondern um einen Prozeß des Zu-sich-selbst-Kommens. »Du mußt nicht gleich am Ziel sein wollen«, sagt der Lehrer. »Die tiefste Wahrheit, von der wir herkommen, weil sie in jedes Menschen Kindheit leuchtet, ist zugleich die Wahrheit, zu der wir ein Leben lang unterwegs bleiben. Laß das Mandala deinen Weg begleiten. Es will dir sagen: Das bist du! Wenn du das eines Tages mit deinem inneren Auge ein-siehst, ist die Wahrheit in dir zu sich selbst heimgekehrt.«

Die mystische Theologie des Meister Eckehart

Unsere bisherigen Überlegungen zur theologischen Vermittlung sind grundsätzlicher Natur. Sie finden sich hier nur knapp benannt, mit der Intention, sie für Religionsbücher und Religionsunterricht weiterzuverfolgen. Innerhalb der in den vergangenen Jahren geführten Korrelationsdebatte sind bereits wesentliche Vermittlungsfragen aufgenommen, doch dürfte vor allem die sprachliche (und das heißt zugleich: die metaphorische und symbolische) Dimension dieses didaktisch-fundamentalen Aufgabenbereichs noch intensivere Studien notwendig machen.

Eine andere, ebenfalls elementare Frage für jede religionspädagogische Theorie ist ihre Verhältnisbestimmung zu den verschiedenen theologischen Schulen und Richtungen. Das heute verhandelte religionspädagogische Theoriebewußtsein ist verschwommen genug, um diese Frage nicht einmal zu stellen. So wird ein recht krauser Markt der theologischen Möglichkeiten eingeräumt, ohne daß kritisch gefragt würde, ob oder inwieweit die jeweiligen Theologien anthropologisch vermittelbar, also auch erziehungswissenschaftlich kommensurabel sind. Zweifellos sind eine fundamentalistische scholastische Theologie oder die Dialektische Theologie für eine erziehungswissenschaftlich kontrollierte Religionspädagogik von sich aus weniger vermittelbar als ein theologisches Denken, das bereits in seinem ersten Ansatz von »Gott in Welt« ausgeht.

Die Theologie, die hinter »Der Sprung in den Brunnen« steht, soll nachfolgend im Sinne ihrer religionspädagogischen und didaktischen Kommensurabilität vorgestellt werden. Es ist die Theologie Meister Eckeharts (um 1260–1327), des Hauptvertreters der Deutschen Mystik.

Der theologische Rückzug auf diese Position wird viele irritieren, einerseits weil die Deutsche Mystik eher unbekannt ist und man sich weithin nichts Klares darunter vorstellen kann, andererseits weil das Wort »Mystik« umgangssprachlich belastet erscheint, so daß man damit leichter eine verschwommene, gefühlsbetonte oder gar mysteriöse Geheimlehre verbindet als eine begrifflich präzise und gedanklich streng reflektierte Theologie. Überraschen mag auch, daß der Anschluß an eine hochmittelalterliche theologische Schule gesucht wird, während die moderne Theologie übergangen erscheint.

Es kann sich hier natürlich nicht darum handeln, die Theologie Meister Eckeharts in Grundzügen zu referieren, lediglich sollen einige Gesichtspunkte angedeutet werden, warum diese Gebetsschule auf die Deutsche Mystik zurückgeht, und zugleich, warum dieser Theologie eine besonders faszinierende religionspädagogische und didaktische Relevanz zukommt, die größte Beachtung verdient.

Der wichtigste Aspekt ist die geradezu vollkommene Entsprechung von Anthropologie und Theologie in der Mystik des Meister Eckehart. Hier wird an keiner Stelle »etwas« über Gott gesagt. Hier wird nicht gedacht, was dieser weltlichen Welt einen göttlichen Überbau gäbe. »Got ist nihtes, er enist weder diz noch daz.«[9] Andererseits ist Gott nichts Fremdes, sondern dem Menschen näher, als dieser sich selbst ist, auch wenn er von Gott, von seinem eigenen tiefsten Wesen also, nichts weiß. Der Wein Gottes ist immer schon im Keller oder in der Tiefe der Seele, jenseits der Geschäftigkeit: »Als ein man, hât er wîn in sînem keller und

[9] Deutsche Werke I, 402, 1 ff: »Gott ist gar nichts, er ist weder dies noch das.«

enhaete er sîn niht getrunken noch versuochet sô enweiz er niht, daz er guot ist.«[10] Wenn aber der Mensch das göttliche Leben einholt, holt er sich selbst ein, das, was er, ohne es zu wissen, schon war. So wird denn Meister Eckehart nicht müde zu zeigen, daß Gott als der geheimnisvolle Grund immer schon im Geist des Menschen leuchtet.

Diese Theologie ist universal. Was sie über den göttlichen Funken im menschlichen Seelengrund sagt, gilt nicht eingeschränkt, etwa nur für Christen oder Heilige, sondern für *jeden* Menschen, einerlei, wann, wo und als was er geboren ist. Das ist ebenso beglückend, wie es die einzig mögliche Basis für religionspädagogisches Denken (innerhalb eines allgemeinen Religionsbegriffs) ist!

Ein anderer Aspekt der bedeutsamen didaktischen Relevanz der Eckehart'schen Theologie ist ihre Konvergenz zum heutigen Weltbild. Natürlich wußte Eckehart nichts von den späteren Revolutionen der Astronomie, aber seine Mystik ist so sehr jenseits der raumzeitlichen Denkmodelle gegründet, daß sie die irritierenden kosmischen Dimensionen des modernen Weltbildes zu ertragen und zu tragen vermag. Auch hier herrscht kein entfremdender Dualismus: »Der alle die werlt naeme mit gote, der enhaete niht mê, dan ob er got aleine haete.«[11] Die Welt nämlich nennt Eckehart »das Andere Gottes«. Die unendliche Vielheit der Welt ist in ihm umgriffen und als Einheit gegründet. »Das, was verschieden ist und entgegengesetzt in sich selber, existiert voraus in Gott als eines, unbeschadet der Einfachheit Gottes.«

Schließlich möchte ich noch das neuzeitliche Bewußtsein nennen, das Aufklärung und Religionskritik geprägt haben. Ich weiß keine reifere, mehr überlegene Theologie als die Mystik des Meister Eckehart, um etwa atheistische und nihilistische Positionen ebenso tief annehmen wie auch überschreiten zu können. Würden wir aus der gleichen Tiefe unseren Glauben artikulieren lernen, wüßten wir uns einiger mit den großen Zweiflern und verbunden mit den wahrhaft Glaubenden, gleichzeitig vermöchten wir eine Lebensform zu realisieren, vor deren Praxis das pausenlose theologische Gerede verflöge.

Die Mandala-Symbolik als didaktische Grundfigur

Jede mystische Lehre, mit ihrem inneren Blick für Einheit und Fülle, Mitte und Peripherie, findet im Mandala ihre didaktische Grundgestalt. Zwar ist die christliche Mystik in ihrer kurzen Blütezeit nicht soweit

[10] Deutsche Werke I, 164, 6ff: »Wie ein Mann, der Wein in seinem Keller hat, und er hätte davon nicht getrunken noch versucht, so weiß er nicht, daß er gut ist.«

[11] Deutsche Werke I, 70,4f: »Wer alle Welt nähme mit Gott, der hätte nicht mehr, als wenn er Gott allein hätte.«

gekommen, eine ihr gemäße Symbolsprache zu entwickeln, die in der Lage wäre, die dem diskursiven Denken voraufliegenden Erfahrungsdimensionen auszudrücken, doch bestehen hier die gleichen Dispositionen für eine Didaktik des Mandalas, wie wir sie in der östlichen Religionswelt finden.

Mandala ist ein Sanskritwort und bedeutet als Adjektiv »rund«, als Substantiv »Kreis« oder »Ring«. In der tibetischen und indischen Tradition sind Mandalas »vollendete Symbole der Polarität und der integrierenden Gegensatzvereinigung«.[12] Sie dienen als Meditationshilfen (Yantras) auf dem Wege zur inneren Erkenntnis.

Zugrunde liegt die Erfahrung der einen Gottheit, die sich in allen Erscheinungen entfaltet. Im bindu, dem Mittelpunkt des (linearen) Mandala, der ausdehnungslos ist und doch den gesamten dargestellten Kosmos hält, ruht die ungeteilte Gottheit. Der oft reichgegliederte kosmische Weltplan ist auf diese Mitte bezogen. Mandalas sind darum sowohl kosmische Weltsymbole als auch Diagramme des Selbst. Sie vereinen das Innen und Außen, Mitte und Peripherie, Gott, Mensch und Welt. C. G. Jung, der über Heinrich Zimmers Vermittlung die Mandala-Tradition anthropologisch aufgeschlossen hat, deutet das Mandala als Symbol der Mitte, des Ziels und des Selbst (im Sinne psychischer Ganzheit). »Der durch das Mandala konstellierte Archetypus stellt ein Ordnungsschema dar, welches als psychologisches Fadenkreuz bzw. als viergeteilter Kreis gewissermaßen über das psychische Chaos gelegt wird, wodurch jeder Inhalt seinen Ort erhält und das ins Unbestimmte auseinanderfließende Ganze durch den hegenden und schützenden Kreis zusammengehalten wird.«[13] Dieserart Mandalas dienen also, lediglich auf der psychischen Ebene betrachtet, als Symbole der Selbstfindung. Doch sind sie noch am wenigsten in dieser Dimension zu Hause. Sie sind sowohl Kosmogramm wie Psychogramm, zuallererst aber »bildlich kristallisierte Dynamik inneren Seins auf Grund von Gesichten.«[14]

Um die symbolische Gestalt des Mandala als sichtbaren Ausdruck einer spirituellen Wirklichkeit deutlich zu machen, genügt es, einige Grund-Sätze des Meister Eckehart zu zitieren. Sie können zeigen, wie sehr das Mandala den mystischen Denkstil repräsentiert:

> »Ein genaues Achten auf des Menschen Inneres und ein waches, wahres, besonnenes, wirkliches Wissen darum, worauf das Gemüt gestellt ist mitten in den Dingen und unter den Leuten – dies kann ein Mensch nicht durch Fliehen lernen, indem er vor den Dingen flüchtet

[12] *Detlef-Ingo Lauf*, Symbole. Verschiedenheit und Einheit in westlicher und östlicher Kultur, Frankfurt a. M. 1976, Bild 12.

[13] *C. G. Jung*, Gesammelte Werke, X, Olten 1974, 461.

[14] *Heinrich Zimmer*, Kunstform und Yoga im indischen Kultbild, (1926) Frankfurt a. M. 1976, 130.

und sich äußerlich in die Einsamkeit kehrt; er muß vielmehr eine innere Einsamkeit lernen, wo und bei wem er auch sei. Er muß lernen, die Dinge zu durchbrechen und seinen Gott *darin* zu ergreifen und den kraftvoll in einer wesenhaften Weise in sich hineinbilden zu können.«[15]

Im Mandala entspricht dieser Anweisung der Prozeß zwischen Peripherie und Zentrum. Was immer den großen Lebenskreis ausfüllen mag, er ist in allen seinen Einzelheiten von der Mitte her bestimmt. Schritt um Schritt ist alles aufzunehmen, in seiner Isoliertheit zu durchbrechen und auf die Mitte hin zu richten, die nichts anderes ist als der Schauende selbst, »dessen innerstes einziges Wesen demantene Leere ist«,[16] und darin zugleich die Gottheit in uns. Denn wenn der Mensch alles Denken und Wollen lassen kann, versinkt er in die reine Stille und Leere, »vergißt sich selbst in die namenlose Unendlichkeit hinein, er wird so dem Nichts gleich und dadurch eben Gott gleich.«[17] So hebt der Mensch die Welt, die er aus sich entfaltete, wieder in sich auf. Damit findet er zugleich nach Hause, in die Mitte aller Mitten, in der das individuelle Selbst mit dem universalen Selbst verschmilzt.

»Fürwahr, ein Mensch, der sich des Seinen ganz entäußert hätte, der würde so mit Gott umhüllt, daß alle Kreaturen ihn nicht zu berühren vermöchten, ohne zuerst Gott zu berühren; und was an ihn kommen sollte, das müßte durch Gott hindurch an ihn kommen, da empfängt er seinen Geschmack und wird gotthaft.«[18]

In einer einfachen Weise findet die Mandalastruktur als eine Außen-Innen-, Vielfalt- und Einheit-Beziehung, ihre Verdeutlichung in Meister Eckeharts Wort:

»Der Mensch muß jeweils nur eines tun, er kann nicht alles tun. Es muß je Eines sein, und in diesem Einen muß man alle Dinge ergreifen.«
»Mit Gott kann man nichts versäumen; so wenig Gott etwas versäumen kann, so wenig kann man mit Gott etwas versäumen. Darum nimm Eines von Gott, und dahinein ziehe *alles* Gute.«

Die hier gedeutete Mandala-Symbolik entfaltet sich in der Gebetsschule in mehrfacher Weise. Brunnen, Labyrinth und Lebensbaum gehören insgesamt zu dieser Motivgruppe des Mandalas: Der Titel »Der Sprung in den Brunnen« bezeichnet den Auftrag, die eigene Mitte zu finden. Ähnliches gilt für das Labyrinth, das als eine Art Spiral-Mandala

[15] Reden der Unterweisung, Nr. 6.
[16] *H. Zimmer*, a. a. O., 128.
[17] *Bernhard Welte*, Meister Eckhart. Gedanken zu seinen Gedanken, Freiburg 1979, 90.
[18] Reden der Unterweisung, 70.

angesehen werden könnte; um den noch unerkannten Mittelpunkt schlingen sich die Windungen des Lebensweges, immer wieder fliehend und doch stets näherrückend. Auch der Lebensbaum partizipiert an dieser Konstellation. Er vermag sowohl die Weltachse oder -mitte zu symbolisieren, aber auch das Selbst als den Ausgangs- und Zielpunkt der Individuation. Vollends geht es um das Mandala in den zentralen Gesprächen des Buches. Hier offenbart es sich als die didaktische Grundfigur der Eckehart'schen Theologie:

Schüler: Ist Seelengrund dasselbe wie Seele?
Lehrer: Eckehart nennt den Seelengrund das Göttliche in jedem Menschen. Gott und Mensch gehören hier in Einheit zusammen.
Schüler: Dann ist der Weg zu meinem eigenen Seelengrund der Weg zu Gott. Sich selbst zu finden und Gott finden wäre dann eins!
Lehrer: So verstehe ich es. In diesen ungeschiedenen Grund – denk an den Brunnen! – soll sich der Mensch fallen lassen, ohne Seil und Netz. Es erscheint als ein Sturz ins Nichts.
Immer ist es ein Weg ins Schweigen.

Lehrer: Auf deinem Wege zur Ein-sicht kann dir ein Bild helfen, das unser inneres Auge führt.
Sieh es dir in Ruhe an ... Man nennt dieserart Bilder Mandala ...
Schüler: Was ist ein Mandala?
Lehrer: Eine Wegekarte der Wahrheit. Ein mystisches Bild, das Gott, Mensch und Welt in ihrer Zusammengehörigkeit schauen läßt.
Schüler: Der Mensch in der Bildmitte – kann ich es sein?
Lehrer: Es ist Christus. Du bist es. Ich bin es auch. Zugleich ist es die ganze Welt ...
Schüler: Das ist schwer einzuholen.
Lehrer: Du mußt nicht gleich am Ziel sein wollen. Die tiefste Wahrheit, von der wir herkommen, weil sie in jedes Menschen Kindheit leuchtet, ist zugleich die Wahrheit, zu der wir ein Leben lang unterwegs bleiben. Laß das Mandala deinen Weg begleiten. Es will dir sagen: Das bist du! Wenn du das eines Tages mit deinem inneren Auge ein-siehst, ist die Wahrheit in dir zu sich selbst heimgekehrt.

GRUNDLAGEN

Religionsunterricht und Schulkultur

Ich betrete einen Übungsraum der Hochschule. Zuvor hatte ein Kunstseminar dort gearbeitet und alles Mobiliar umgestellt. Jetzt ist es dabei geblieben: Man sitzt teils an Tischreihen, teils in zufälliger Unordnung. Die unbenutzten Stühle stehen wahllos im Raum.

»Glauben Sie, man könne Theologie treiben und gleichzeitig die passive Zufälligkeit, mit der Sie hier Platz genommen haben, ignorieren?«

»Es stört doch niemanden«, sagt eine Studentin.

»Dann müssen Sie lernen, sich davon stören zu lassen!«

Alle sind verblüfft und wissen nicht, wohin das zielt.

»Es ist nicht einerlei, wie wir uns hier zusammenfinden: ob wir eine Sitzordnung herstellen, die kommunikativ ist, oder ob uns das gleichgültig bleibt. Es geht hier nicht nur um Sachen, sondern in allen Inhalten auch um uns selbst. Und wenn Sie die Sensibilität für unsere Raum- und Gemeinschaftsbezogenheit nicht erlernen, ihr nicht einen räumlich sinnenhaften Ausdruck geben können, wie gleichgültig und formlos mögen dann wohl Ihre späteren Schulen bleiben ...?«

Einige Studenten verstehen diesen Hinweis sofort. Für andere muß er in immer wieder neuen Situationen wiederholt und variiert werden, zumal dann, wenn die eigene Formlosigkeit gerade als Ausdruck gesellschaftlicher Ungebundenheit erobert wurde. In jedem Fall sind solche Gespräche ebenso unerläßlich wie eine Einführung in die exegetischen Arbeitsmethoden. Nein, sie sind viel wichtiger, weil sie die Rahmenbedingungen betreffen, ohne die der Religionsunterricht seine Sache nicht ausrichten kann.

Leider stehen die Studenten mit ihrer Mißachtung äußerer Formen nicht allein. Es hat den Anschein, daß auch die Fachkollegen glauben, eine Didaktik des Religionsunterrichts von den allgemeinen Schulverhältnissen abheben zu können. Jedenfalls nimmt die religionspädagogische Literatur erstaunlich selten, um nicht zu sagen nie, von der allgemeinen Schulwirklichkeit Kenntnis. Es ist dem Religionslehrer darum auch kaum bewußt, daß er über seine Fachstunde hinaus für das Niveau des gesamten Schullebens mitverantwortlich ist – genau genommen sogar mehr verantwortlich als jeder andere Fachlehrer. Denn was immer der Religionsunterricht thematisiert – die Beziehung zu sich selbst und zu anderen, die Suche nach Sinnerfüllung und nach Glück –, die erste und grundlegende Beglaubigung all dieser Bezüge geschieht im Schulleben selbst. Es nutzt nicht viel, nur vom späteren Leben zu sprechen oder von Wirklichkeiten jenseits der Schule, die konkret gegebene Situation aber auszuklammern. In solcher Praxis fallen (Lehrer-)Wort und (Schüler-)Erfahrung heillos auseinander. Wer »Gott« sagt, muß auch »alles« meinen: den Klassenraum und seine Atmosphäre, die Gemeinsamkeit des Lebens und Lernens, das Spiel, die Besinnung, die Entwicklung beheimatender Häuslichkeit in der Schule.

Natürlich gilt auch die umgekehrte Beziehung: Mehr als die schulischen Leistungsfächer ist der Religionsunterricht vom gesamtschulischen Milieu abhängig. Jeder Lehrer erlebt ja immerzu, daß seine eigene Unterrichtsvorbereitung keineswegs allein über den Stundenerfolg entscheidet, weil die je vorherrschende schulische Kultur oder Unkultur, weil Umgangston und Gesittung, institutionalisiertes Vertrauen oder Mißtrauen mächtige Faktoren sind, die bei negativer Prägung selbst ein gutes Lehrtalent nicht einfach überspielen kann. Zwar liegen diese Wechselbeziehungen für jeden Lehrer auf der Hand – und werden dennoch vom fachdidaktischen Sachdenken verdrängt, so als ob der Religionsunterricht seine eigenen Bedingungen innerhalb des jeweiligen Stundenplanabschnitts produzieren könnte.

Wenn aber Schüler kein festes Klassenzimmer haben, in dem sie sich nach eigenen Vorstellungen einrichten können, wenn sie statt dessen in unwirtliche Wartesäle gedrängt werden, die eine schweifende aggressive Mißmutigkeit fördern, so ist bereits die erste Voraussetzung für ungedecktes Wortgeklingel im Religionsunterricht gegeben. Und wo die Pausenhöfe kein differenziertes Spielangebot kennen, von lauten Bewegungsspielen bis zur Ermöglichung stiller Beschäftigung, wo Umgangsformen nicht aus innerer Gesinnung eingeübt, sondern nur durch Disziplinierungsmittel lanciert werden, wo Lehrer Aufsichtspersonen sind statt Leitbilder, da greift die allgemeine Formlosigkeit bis in die Markzellen des Religionsunterrichts über. Eben deswegen sind Religionsunterricht und allgemeines Schulleben nicht geschiedene Dinge, die getrennt voneinander verhandelt werden könnten. Die jeweilige Schulkultur konstituiert auch die Bedingungen des Religionsunterrichts. Bemühungen des Religionslehrers um pädagogische Schulkonferenzen und eine kinderfreundliche Schulatmosphäre sind folglich nichts, was *neben* seinem Auftrag läge, sondern dessen Ermöglichung selbst. Und aus dem gleichen Grunde ist nicht der stundenweise ins Schulhaus kommende Fachlehrer – einerlei ob Pfarrer oder Katechet – der wünschenswerte Religionslehrer, sondern der Klassenlehrer, der durch seine übrigen Unterrichtsstunden und seine Integration ins Kollegium die angemessenen Voraussetzungen für eine allen wohltuende Schulkultur mitbringt.

In den folgenden Abschnitten sollen vier Dimensionen einer solchen Schulpädagogik entwickelt werden, von der ich glaube, daß sie für jede Religionspädagogik konstitutiv ist: Lernen als räumliche Erfahrung; Lernen als Umgang und Gesittung; Lernen als Weg in die Stille, Lernen als Handeln. Es wäre wünschenswert, daß diese Aufgabenbereiche in Zukunft ihre Darstellung auch in den Religionsbüchern finden könnten. Auf diese Weise würden sie am wirksamsten von der theoretischen Reflexion zur praktischen Anwendung gelangen.[1]

Lernen als räumliche Erfahrung

»Der Mensch befindet sich nicht im Raum, wie ein Gegenstand sich etwa in einer Schachtel befindet, und er verhält sich auch nicht so zum Raum, als ob zunächst etwas wie ein raumloses Subjekt vorhanden wäre, das sich dann hinterher auch zu einem Raum verhielte, sondern das Leben besteht ursprünglich in diesem Verhältnis zum Raum und kann davon nicht einmal in Gedanken abgelöst werden.«[2]

Die Raumerfahrung des Menschen ist nicht nur in seinen bewußten Wahrnehmungen und Tätigkeiten gegeben, sie ist vielmehr grundlegender Teil seiner Existenz. Die familiäre Lebenswelt, die Beschaffenheit des Hauses, der Nachbarschaft, des Dorfes oder der Stadt, die heimatliche Landschaft... das alles sind Raumbezüge, in denen der Mensch sich orientieren und sich selbst verstehen lernt. Je nach Zuordnung und Qualität dieser verschiedenartigen Räume bleiben lebenslängliche Gestimmtheiten konstitutiv.

Die Schule wirkt auf die räumliche Sensitivität des Menschen besonders nachhaltig ein. Sie sendet mit der Architektur ihrer Gebäude, ihrer langen Flure und gleichförmigen Klassenzimmer, mit der Funktionalität ihrer Tische, Stühle, Tafeln und Kartenständer über viele Jahre Botschaften aus, die von den meisten Schülern niemals bewußt gelesen, dafür aber um so auswegloser mit Leib und Seele verinnerlicht werden. So wie wir alle einmal als Kinder zur Schule gingen, haben wir dieses erste Schulhaus mit sämtlichen Sinnen in uns aufgenommen. Unverlierbar für ein Leben sind

[1] In meinen in den Verlagen Benziger und Patmos erscheinenden Religionsbüchern für die Grundschule werde ich diese Verschränkung von Religionsunterricht und Schulkultur zu realisieren versuchen, damit nicht irgendwo »draußen«, sondern in der konkreten Schule das Ineinander von Glaube und Leben, Gott und Welt, Theologie und Politik ihren ersten Ort finde. Gleichzeitig gewinnt der Religionsunterricht die Möglichkeit, durch die Thematisierung wichtiger Bedingungen eines bekömmlichen Schullebens, seine eigenen Abhängigkeiten und Voraussetzungen mitverantwortlich zu qualifizieren.

[2] *Otto Friedrich Bollnow*, Mensch und Raum, Stuttgart 1963, 23.

die Gerüche der geölten Fußböden, der Arbeitstische mit ihren Tintenklecksereien (Botschaften der Langeweile und selbst kindlicher Vergewaltigung); für immer gegenwärtig bleiben der riesige Kohleofen mit dem schwarzen Blechschirm, der hohe Schrank, der fast nie geöffnet wurde, die seelenlosen Bilder, seinerzeit sowohl durch den konfessionellen Status wie durch die politischen Verhältnisse diktiert; und unvergeßlich bleibt die eigene Schulbank, die Deckung, die sie bot, die Ausgeliefertheit, die sie bedeutete...

Aber auch die modernen Bauten, um die man zeitweilig die Nachgeborenen beneidete, haben längst ihren architektonischen Offenbarungseid geleistet. Mit ihren unstrukturierten Flächen, dem künstlichen schattenlosen Licht, der Bewegungsführung auf verwechselbaren Ebenen, der Abschirmung von Außenreizen, der thermischen Gleichförmigkeit... alles in allem einer einlinigen, nur auf Instruktion gerichteten Funktionalität sind diese Schulen Ausdruck einer verkümmerten Seele. Sie behindern das Lernen der Kinder letztlich gerade deswegen, weil sie die ganzheitliche Art allen Lernens, das Leib, Seele und Geist umfaßt, nachhaltig ignorieren. »Was uns erschöpft, ist die Nichtinanspruchnahme der Möglichkeiten unserer Organe, ist ihre Ausschaltung, Unterdrükkung; ist der ›negative Streß‹ – viel schlimmer, weil viel allgemeiner und noch viel weniger durchschaut als der aktuale Streß. Was aufbaut, ist Entfaltung. Entfaltung und Auseinandersetzung mit einer mich im Ganzen herausfordernden Welt.«[3]

Also geht es bei der Frage nach der Architektur unserer Schulen und der Einrichtung unserer Klassenzimmer nicht um vordergründige Probleme einer ästhetischen Gestaltung, sondern um ein grundlegendes Verständnis der anthropologischen Bedeutung des Lernraumes.

Hier steht im Ansatz die Frage nach dem, was wir unter Schule und Lernen verstehen wollen, zur Disposition, denn immer schon waren die bauliche Gestalt der Schule und das Erscheinungsbild des Klassenzimmers der gegenständliche Ausdruck dessen, was in diesen Schulen pädagogisch geschah.

In jedem Fall bedeuten Schulhaus und Klassenzimmer eine Vor-Ordnung der schulischen Sozialisation. Meistens erweist sich der Raum als total vermessen und auf den hergebrachten Typ des Frontalunterrichts hin funktionalisiert. Dann kann nur noch eine »Zurücknahme von Schulbestimmtheit«[4] angeraten werden. Im Klartext heißt das: Verzicht

[3] *Hugo Kükelhaus*, Unmenschliche Architektur. Von der Tierfabrik zur Lernanstalt, Köln [4]1978.

[4] Vgl. *Hildegard Kasper* (Hrsg.), Vom Klassenzimmer zur Lernumgebung. Bausteine für eine fördernde Grundschule, Ulm 1979, 22; *dies.*, Erfahrung und Lernen im Raum, in: H. Halbfas / F. Maurer / W. Popp (Hrsg.), Neuorientierung des Primarbereichs. Band 5: Lernwelten und Medien, Stuttgart 1976, 164–197.

auf die gewohnte Standard-Ausstattung der Klassenzimmer, statt dessen ein *gemeinsames*, stetiges Einrichten des Klassenraumes nach eigenen Bedürfnissen und Möglichkeiten. Ein solcher Vorgang darf nicht in einer einmaligen Aktion bestehen, sondern muß prozeßhaft sein, um erzieherisch wirksam zu werden. Dann entstehen lebendige Ordnungen, die sowohl beanspruchen als auch inneren Halt geben, denn in wohnlichen Klassenräumen vermag sich der Schüler mit Leib und Seele einzuhausen. Demgegenüber hat die Zerstörungswut in der modernen Massenschule, »die Achtlosigkeit und Schlamperei im Umgang mit Mobiliar und Arbeitsmaterialien, nicht zuletzt mit der Unbezüglichkeit der Räume zu den Lehrern und Schülern, mit deren Funktion als bloßen Aufenthalts- und Durchgangsstationen zu tun, natürlich auch mit der Flüchtigkeit der sozialen Kontakte, den normierten und objektivierten Lernprozessen und -inhalten. So wie die Unwirtlichkeit der Unterrichtsräume eine Identifikation mit der Welt der Schule, ihren Forderungen und Aufgaben, erschwert und einen geheimen Lehrplan gegen das offizielle Curriculum stellt, duldet sie keine legitimen Spuren des Ich im Raum, denn Eigenes stört den objektiven Gang des Unterrichts, die anderen Klassen, den Putzvorgang. Ein Schulzimmer hat eben wie ein Schulzimmer auszusehen. Und seit jeher wußte sich das gekränkte Subjekt zu rächen, indem es mit Taschenmessern und Tintenkuli seinen Protest, seinen Schmerz, seinen Hohn und Spott gegen diese Exkommunikation des Ich aus der Schulwelt stumm in die blanken Tische ritzte. In so bestimmten Schulräumen kann sich kein Spiegel für die eigene Lernbiographie ausbilden, in ihnen findet man eher Anhaltspunkte zu deren Verhinderung, Elemente einer Pathographie des Lernens.«[5]

Wissen wir nach all dem Gesagten nun auch im Grundsätzlichen Bescheid, so bleibt doch die Frage nach den Gegenmodellen und ihrer schrittweisen Verwirklichung. Eine Antwort ist nicht so leicht, wie es auf den ersten Blick scheinen mag, denn die Lösung liegt nicht in konkreten Detailangaben. Mit Inventarlisten und vermehrten Schmuckobjekten kann man zwar ein Klassenzimmer bald auffallend herausputzen, aber solche Dinge allein bestimmen über die Qualität der Veränderung ebenso wenig, wie die üblichen Einrichtungsregeln über Formen, Farben und Mengenverhältnisse nicht die Individualität und den Charakter einer Wohnung ausrichten. So sind also nicht Rezepte, wohl aber ein paar Grund-Sätze möglich, die der eigenen Praxis Anhaltspunkte sein können.

Erstens: Die räumliche Qualität eines Klassenzimmers ist nicht von außen bestimmbar, sondern nur als innere Erfahrung von Schülern und Lehrern, d. h. als Resultat gemeinsamen Lernens.

[5] *Friedemann Maurer*, Lernen als räumliche Erfahrung, in: Die Deutsche Schule 73 (1981) 260f.

Unwichtig ist die Perfektion der Einrichtung, entscheidend der gemeinsame Prozeß eigener Auseinandersetzung zur Nutzung des Raumes. Die Aufgabe heißt nicht Verschönerung und nicht »Gestaltung«, so wie man heutzutage von der Gestaltung der Wohnung oder der Gestaltung der Freizeit spricht. Gestaltung steht dann für etwas Sekundäres, Künstliches, nachträglich Aufgepfropftes, weil die gewachsene Lebensäußerung zu keiner eigenen Gestalt mehr fähig wird. Vielmehr soll der reguläre, aber vielseitige und lebendige Arbeitsprozeß einer Klasse zu Sachordnungen führen, die – nahezu als Nebenprodukt – auch eine eigene Behaustheit im Raum zur Folge haben.

Zweitens: Phantasie und das Engagement von Lehrern und Schülern, nicht aber der Schuletat bestimmen den Maßstab des Möglichen.

Neuanschaffungen sind in jeder Hinsicht überflüssig, um ein Klassenzimmer in einen Wohn- und Arbeitsraum zu verwandeln. Mit gestapelten Kisten, selbstgezimmerten Regalen und gebrauchten Möbeln lassen sich originelle Einrichtungen schaffen, die genau auf den Stand des jeweiligen Klassenlebens abgestimmt sein können. Dabei sollte jede Veränderung im Raum eine Folge konkreter Schülerinteressen sein. Wenn sie ein Aquarium unterhalten wollen oder einen Vogelbauer, so bestimmt das Vorhaben selbst die notwendigen Einrichtungen; wollen sie gemeinsam ein selbstgeschriebenes Buch drucken, irgend etwas aus Ton herstellen oder Modelle aus Papier und Pappe bauen, so brauchen sie dafür Arbeitsvorkehrungen, Materialien, Werkzeuge und dementsprechende Ordnungssysteme in der Klasse. Fast immer sind solche Pläne ohne Geldmittel, aber nie ohne Phantasie und Unternehmungslust realisierbar. Durch ihren Vollzug und ein wenig ordnende Strategie prägen diese Aktivitäten sehr bald den Klassenraum und geben ihm eine anregende Atmosphäre.

Drittens: Je jünger die Kinder sind, um so wichtiger ist die Wohnlichkeit des Klassenzimmers.

Für viele Kinder ist der Bruch zwischen häuslicher Wohnatmosphäre und der nackten Wirklichkeit des konventionellen Klassenzimmers belastend. Sie empfinden die Lieblosigkeit dieser Schulwelt und »wissen« vom ersten Schultag an, daß man es dort nicht länger aushält, als unbedingt sein muß. Da sind es oft betont schulfremde Dinge, die dem Klassenraum eine mehr wohnliche Note geben können: zum Beispiel eine Büffet-Uhr, deren Tick-Tack und deren Glockenschlag den Charakter dieses Klassenzimmers prägt und unverwechselbar gegenüber allen anderen Räumen macht; oder eine Kommode, ein Sofa bzw. ein Sessel für die Leseecke, ein Teppich, ein gewöhnlicher Holztisch ... und natürlich auch Blumen auf den Fensterbänken, manchmal sogar auf den Arbeitstischen, Tiere, die sorgfältig gepflegt werden wollen, Spielzeug, Puppen ...

Viertens: Ein Klassenzimmer muß veränderbar sein. Insbesondere muß die Zuordnung der Arbeitsplätze variabel bleiben.

Die dem Frontalunterricht entsprechende Aufreihung der Sitzplätze wie auch ein Arrangement in Hufeisenform sind für jeweils unterschiedliche Zwecke ebenso legitim und notwendig wie die Bildung kleiner Arbeitsgruppen. Wichtig ist außerdem, die Tische an die Wände rücken zu können, damit ein freier Platz entsteht für den großen Sitzkreis zum Erzählen und Spielen. Grundordnungen für den Religionsunterricht sind a) die Anordnung der Arbeitsplätze in Hufeisenform, b) dezentrale Arbeitsgruppen, c) der (tischfreie) Sitzkreis.

Fünftens: Neben der allgemeinen Verkehrs- und Arbeitsfläche ist eine Gliederung des Klassenraumes in funktionsverschiedene Zonen wichtig.

Diese Differenzierung ist natürlich nicht vom ersten Schultag an möglich, sondern *Ergebnis* des sich auffächernden Lernprozesses. Zunächst mag eine abgeschirmte Bücherecke entstehen mit Literatur aller Art. In den Anfangsklassen dominieren die Bilderbücher und großzügig illustrierte Werke. Später werden im Kontext zu den Schwerpunktthemen des Unterrichts Lesestoff und Anschauungsmaterial ergänzt. Aber auch Spiele zur Stillbeschäftigung und schöne Dinge zum ruhigen Betrachten gehören hierhin.

Eine andere Zone gehört speziellen manuellen Arbeiten. Hier finden sich Werkzeuge und Materialen. – In einer dritten Zone können Einzelarbeitsplätze eingerichtet sein, zum Beispiel für Diktate nach Diktaphon, Übungen mit Aufgaben der Übungskartei oder für Geräte zum Anschauen von Dias und Hörbildfolgen.

Sechstens: Von besonderer Wichtigkeit ist ein Vorrat und die offene Zugänglichkeit vielfältiger Materialien.

Gesammelt und ordentlich verwaltet werden Papiere aller Art und jeden Formats, Karton, Farben, Stifte, Pinsel, Bindfäden, Drähte, Korken, Rollen, Metallfolien, Schnittholzreste, Stoffreste, Joghurtbecher, Strohhalme, Bast, Wolle, Watte... also vielfältige Bastelmaterialien. Dazu kommt eine Grundausstattung mit Werkzeugen und Hilfsmitteln. Jedes Kind braucht eine Schere, Klebstoff, Leim, Zeichen- und Malutensilien. In ältere Klassen gehören außerdem (für bestimmte Vorhaben) Hämmer, Zangen, Schraubenzieher, Nägel, Klemmzwingen und ähnliche Werkzeuge.

Natürlich haben diese Dinge nur Wert, wenn sie geordnet untergebracht werden. Dazu ist Leergut, zu Systemen angeordnet, brauchbar. Das wiederholte Aufräumen und Pflegen dieser Dinge verlangt natürlich ständige Aufmerksamkeit und allseitige Disziplin. Aber solche Aufgabenfelder sind geradezu notwendig, um die Schüler in die Eigenverantwortung für den Schulalltag einzubinden. Die Montessori-Pädagogik zählt sie zu einem wesentlichen Aktivposten ihrer Arbeit.

Siebtens: Sobald sich die unterrichtlichen Aktivitäten verzweigen, ist die Einbeziehung von Nebenräumen, Sonderräumen und Fluren in den Aktionsbereich der Klasse wünschenswert.

Eine Erweiterung des Bewegungsraumes und der Kontaktebenen ist natürlich nicht ohne Kooperation innerhalb des Kollegiums denkbar. Vorbehalte resultieren hier jedoch meistens aus mangelnder Erfahrung. Wer einmal miterlebt hat, wie Schüler verschiedener Klassen mit eigener Stillarbeit einen Schulflur bevölkern – sie nehmen eine kleine Teppichrolle mit und setzen sich darauf –, der wird begeistert sein und alle Vorbehalte aufgeben. Ähnlich ist es auch in anderen Hinsichten. Man muß zunächst selbst überzeugt und motiviert sein, alles andere ist dann ebenfalls zu bewegen, und seien es Berge, die zu versetzen wären.

Die Beachtung dieser sieben Ratschläge schafft freilich nicht »automatisch« Räume, in denen sich Kinder wohlfühlen, denn das Klassenzimmer ist stets eine »abhängige Variable«, die vor allen Dingen durch die Person des Lehrers und das soziale Miteinander der Schüler qualifiziert wird. Entscheidend ist darum, ob das Klassenzimmer als ein Raum des Mit- und Gegeneinanders erlebt wird, als Ort der Anregung und Freude oder als ein Stelldichein der Kontrolle, Mißgunst und der tödlichen Langeweile. Doch spricht alles dafür, daß der Lernprozeß, der zum bewohnten Klassenzimmer führt, allen Schülern die Möglichkeit anbietet, sich mit diesem Raum zu identifizieren. Dann gewinnen Schulräume jene Dimension, in der sich Verantwortung und Gesittung ausbilden können.

Lernen als Umgang und Gesittung

Die für die heutige pädagogische Sprache ungewohnte Formulierung soll auf eine in Vergessenheit geratene Sache verweisen: Das Wort Schule leitet sich vom griechischen *scholä* ab, dessen Grundbedeutung mit Muße wiedergegeben werden kann. Angesichts eines auf formale Leistung und Arbeit getrimmten Ausbildungswesens wirkt die etymologische Herkunft des Wortes »Schule« schon fast peinlich, weil heute in der Schule alles andere eher gefunden wird als gerade Muße. Solange aber die Schule auf ihren pädagogischen Anspruch, den sie von Hause aus mitbringt, nicht verzichten will, muß sie sich unaufhörlich ihrer Herkunft von der »Ruhebank«[6] erinnern, weil ihre erzieherische Qualität nicht primär

[6] Daß »schola« ursprünglich auf Muße verweist, belegt eine mehrfache Bedeutung des antiken Wortgebrauchs: 1. Seit dem 1. Jh. v. Chr. gab es auf öffentlichen Plätzen halbrunde steinerne

einem äußeren Reglement entspringt, sondern der Art des Umgangs miteinander und der Gesittung, die darin wurzelt.

Mehr negativ gewendet hat der amerikanische Pädagoge Jules Henry diesen Sachverhalt so geschildert: »Es gibt (...) ein interessantes Merkmal von Nachrichtensystemen, das sich auf Unterricht übertragen läßt: gemeint ist deren unvermeidbare Tendenz, Rauschen hervorzubringen. Als Rauschen bezeichnet man in der Nachrichtentheorie all jene zufälligen Schwankungen im System, die nicht unter Kontrolle gehalten werden können. Sie ergeben Signale, die nicht Teil der Nachricht sind; den besonderen Klang, den die Stimme durch die Beschaffenheit der Telefonleitung erhält; die Störgeräusche im Radio und so weiter. In einer Rechenstunde beispielsweise wären zum Rauschen die Konkurrenz der Schüler, die Eigenart einer Lehrerstimme (»Ich erinnere mich genau, mit welcher Betonung sie zu mir sagte, ich solle mich hinsetzen.«) und auch das Scharren von Kinderfüßen zu zählen. Das Eindrückliche am Kind ist, daß es zusätzlich zu seinem Rechnen – den Informationen übers Rechnen – alles Rauschen im System mitlernt. Dieses Unvermögen, einen Fachgegenstand zu lernen, ohne das Rauschen mitzulernen, stellt für ein Geschöpf wie den Menschen, das so stark zum mehrphasigen Lernen hinneigt, einen erheblichen Unsicherheitsfaktor dar. Dies ist auch der Grund, weshalb ein um Objektivität bemühter Beobachter nicht zu sagen weiß, was nun wirklich in einer Unterrichtsstunde gelernt wird: das Rauschen oder der offizielle Unterrichtsgegenstand. Aber – und das sollten wir festhalten – letztlich ist doch das Rauschen der wichtigere Unterrichtsgegenstand, und nicht die Information (sagen wir: Rechnen oder Rechtschreiben). Die bedeutsamen gesellschaftlichen Lernprozesse – besonders die Übermittlung der gesellschaftlichen Bedürfnisse – finden auf der Ebene des Rauschens statt.«[7]

Dieses Rauschen ist darum im Schulsystem allgegenwärtig. Es wird bestimmt durch den Charakter des Gebäudes und das Aussehen des Klassenzimmers, durch den Empfang am Morgen, die Vorgänge an der Garderobe, die Pausenzeichen, die Begrüßung, die Gespräche untereinander, die Art, wie das Frühstück eingenommen wird, wie man aufeinander eingeht, von den Geburtstagen der Kinder Notiz nimmt, miteinander singen und feiern kann... Es gibt keine Schule ohne ein jeweils spezifi-

Bänke (mit Rücklehne) zu öffentlicher Benutzung, mit Blickrichtung auf eine besonders schöne oder wichtige Aussicht; eine solche öffentlich aufgestellte Ruhebank heißt schola. 2. In den römischen Thermen heißen die apsisartigen Nischen mit Wasserbecken, in denen man sich vor und nach dem Bad aufhalten konnte, ebenfalls schola. 3. In der Kaiserzeit nennt man Räume verschiedener Form, die teils mit Gemälden und Plastiken geschmückt waren, teils auch ungeschmückt blieben, und in denen sich der Senat, Vereine und sonstigen Gruppen versammelten, erneut schola. Vgl. Der kleine Pauly. Lexikon der Antike. Bd. V, München 1979, 23f.

[7] *Jules Henry*, Der erlebte Alptraum, in: betrifft erziehung 5 (1973) 23.

sches Rauschen, aber was Schule von Schule unterscheidet, ist die Frage, ob es verletzend erfahren wird oder fördernd, abstoßend oder anziehend. Wesentlich dafür ist die Grundeinstellung des Lehrers, seine Hinwendung zum Schüler, die Freude, die er empfindet, mit Kindern gemeinsam zu sein und ihnen zu helfen, ein wahrhaftiges Leben zu führen.

Eine solche Beziehung zum Kind wird sich in allem äußern, was Lehrer und Schüler miteinander verbindet: Die Begrüßung am Morgen ist persönlich, mit einem offenen Blick für jedes einzelne Kind; zur großen Pause flüchtet der Lehrer nicht gleich ins Lehrerzimmer, sondern frühstückt gemeinsam mit seiner Klasse; die Jahreszeiten werden mit all ihrem Brauchtum abwechslungsreich gefeiert... In solchem Umgang miteinander gewinnen die Kinder eine selbstverständliche, ruhige Disziplin und freundliche Verhaltensformen. Man muß ihnen nichts aufreden oder durch »Maßnahmen« abtrotzen. Die alltäglichen Lebensvollzüge in der Klasse sind aus ihrer inneren Form heraus mächtig genug, unter den Kindern eine Gesittung zu fördern, die selbst dann zur freundlichen Selbstverständlichkeit wird, wenn die Kinder aus Milieus vernachlässigter Umgangsart kommen.

Auf zwei Punkte, die für das schulische Klima besonders wichtig sind, soll noch genauer hingewiesen werden: auf das morgendliche Schulfrühstück und das gemeinsame Singen und Musizieren.

Viele Schüler kommen ohne Frühstück in die Schule, oder sie haben nur mit innerer Unruhe und Unlust etwas gegessen. Das belastet den Schulmorgen. Sie werden leicht müde und fahrig im Verlauf des Unterrichts. Aber das Frühstücksbrot, das fast alle mitbringen, und die Milch, die sie zur großen Pause bekommen, werden meist ebenso lieblos zwischen Tür und Angel verspeist wie die morgendliche Mahlzeit zu Hause. Dabei wäre überall möglich, was in einigen Schulen täglich mit zwingender Selbstverständlichkeit getan wird: in einer *bewußten* Weise gemeinsam zu frühstücken. Man kann vorweg ein Lied singen. Wer Geburtstag hat, findet besondere Aufmerksamkeit. Alle Kinder haben ein Set in ihrem Fach, bekommen Milch oder Kakao und packen ihre Brote aus. Gegessen und getrunken wird erst, nachdem man sich gegenseitig guten Appetit gewünscht hat.

Ebenfalls mißachtet und verdrängt ist der Gesang in unseren Schulen. Man überläßt ihn dem Musikunterricht, wo er – oft ungünstig im Stundenplan gelegen – manchmal nur wenig Ermutigung finden kann. Und doch gab es einmal Zeiten, in denen unsere Schulen singende und klingende Häuser waren. An vielen Tagen begann der Morgen mit Gesang und wurde mit Gesang fortgesetzt. Dabei wurden die Jahreszeiten in ihrer eigenen Stimmung intensiv erlebt, vor allem der Frühling mit den zahllosen frischen Liedern der Lebensfreude und der Advent mit seinen innigen Liedern und Singspielen. Es ist nicht zu ermessen, welchen Verlust wir durch das Ersterben der Musik in unseren Schulen haben. Dieser Niedergang ist aber auch nicht einfach hinzunehmen. Jeder, der mit seinen Schülern singt, erfährt dadurch große Freude und erlebt, wie der Gesang alle zusammenführt. Wichtiger, als die Lethargie der Schüler zu durchbrechen, ist es freilich, die eigene zu überwinden. Wer es schafft, wird einen Zugewinn an Freude und innerer Form erleben, die dem gesamten Schultag neuen, frischen Ausdruck geben.

Lernen als Weg in die Stille

Unsere Zeit ist der Stille völlig entgegengesetzt. Sie ist erfüllt von Dynamik, Geschäftigkeit und Lärm – innerhalb der freien Zeit oft noch mehr als während der Arbeit. Es fällt schwer, dem Angebot elektronischer Unterhaltung etwas entgegenzusetzen, so daß von früh bis spät Musik und Wörter den Menschen umspülen. Das Erlebnis der Stille ist selten und vielen sogar unbekannt. Eher fühlen sie sich von der Stille bedroht, verbinden sie mit toter Leere und Langeweile, der um jeden Preis zu entfliehen ist. Von der Stille als einem Erlebnis zu sprechen, das nicht aushöhlt, sondern reicher macht, sie als einen Weg anzusehen, der in die Mitte führt, in der der Mensch zu sich (und zu Gott) kommt, weckt Ratlosigkeit – notwendigerweise! muß man sagen –, denn wo das Verhältnis zur Stille fehlt, weiß der Mensch auch nichts mit sich selbst anzufangen, und wer immer bei sich selbst unbehaust ist, fürchtet die Stille. Eine Folge dieser inneren Entfremdung ist die Verlagerung der Lebenssinne an die Peripherie. Dann gilt nur noch äußere Spannung als entspannend, und zwar nach dem Gesetz der Droge: Nichts befriedigt über den Konsum hinaus, das Bedürfnis nach Lebenslust gerät in die Gefangenschaft der Unterhaltungsangebote und vermag sich meist ein Leben lang diesem Netz nicht mehr zu entwinden.

Und dennoch kann alle Veräußerlichung ein geheimes, meist unbewußtes Verlangen nach dem Segen der Stille nicht ersticken. Es ist das Wissen, daß uns die Stille mit dem Wurzelgrund der eigenen Existenz verbindet. Darum haben alle großen Religionen der Welt, insbesondere ihre mystischen Traditionen und ebenso alle Schulen der Weisheit Wege in die Stille geführt. Meister Eckehart lehrt: »Nur in der Stille spricht Gott sein ewiges Wort in der Seele.« Doch um diesen Raum der Stille zu finden, ist der gleiche Rat zu beherzigen, den Nan-in, ein japanischer Zen-Meister (1868–1912), einem Universitätsprofessor gab, der etwas über Zen erfahren wollte: Nan-in servierte Tee. Er goß die Tasse seines Besuchers voll und hörte nicht auf weiterzugießen. Der Professor beobachtete das

Überlaufen, bis er nicht mehr an sich halten konnte: »Es ist übervoll. Es läuft daneben!« – »So wie diese Tasse«, sagte Nan-in, »sind auch Sie voll mit ihren Meinungen und Spekulationen. Wie kann ich Ihnen Zen zeigen, bevor Sie Ihre Tasse geleert haben?«

Unsere bisherigen Überlegungen gelten nicht nur für einzelne Menschen, die ihr Leben ernst nehmen, sondern auch für Schulen, also für reguläre alltägliche Unterrichts- und Erziehungssituationen, ungeachtet der Tatsache, daß die Stille seit langem kein Thema mehr für Schulpädagogen zu sein scheint. Vielleicht kommt es vielen Lehrern und Schülern sogar zynisch vor, allen Ernstes die Schule mit Stille verbinden zu wollen, als sei nichts unmöglicher für diesen Ort aufreibenden Lärmes als gerade Stille und Schweigen. Wahrscheinlich sind die folgenden Erfahrungen, die dem Schultagebuch von Job-Günter Klink[8] entstammen, für die heutigen Schulverhältnisse kennzeichnend. Klink übernahm ein 7. Schuljahr einer Bremer Hauptschulklasse. Zu Beginn des Schuljahres notiert er am 6. September:

»Um die Arbeit mit den Schülern gemeinsam planen zu können, wollte ich zunächst ihre Erwartungen erfahren: »Was wollen wir während der nächsten Wochen in den Gemeinschaftskundestunden machen?«
Elisabeth: »Wir wollen uns über die Lehrer unterhalten.« Gemeint waren die 7 Kollegen, die in der Klasse Fachunterricht geben werden. Bei einigen Namen waren beim Aufschreiben des Stundenplanes bereits Unmutsäußerungen laut geworden: »Da macht es keinen Spaß.« »Der nervt uns.«
Niko: »Wir wollen über Berlin sprechen.« (Gestern waren die Viermächtegespräche vereinbart worden.) Aus der Umgebung von Niko ein Stöhnen.
Anregung von mir: »Im Oktober sind die Bürgerschaftswahlen ...«
»Scheiße.« »Das macht keinen Spaß.«
Ich: »Wann macht etwas Spaß?«
Norbert: »Wenn es nicht zu lange dauert.«
Lothar: »Wir wollen einen Klassensprecher wählen. Darüber wollen wir sprechen.« Zustimmendes Gemurmel aus der Umgebung von Lothar.
Ich: »Was erwartet ihr vom Klassensprecher?« »Aufpassen.« »Die stören, soll er bestrafen.« Ich: »Soll er das?«
Während bis jetzt die Unruhe so groß war, daß die einzelnen Beiträge kaum von allen akustisch zu verstehen waren, tritt bei dieser Frage eine gewisse Ruhe ein.

[8] *Job-Günther Klink,* Klasse H 7e. Aufzeichnungen aus dem Schulalltag, Bad Heilbrunn 1974, 10–12; 145. J. G. Klink war Schulpädagoge an der Universität Bremen. Für das Schuljahr 1971/72 übernahm er den regulären Unterricht in Deutsch, Mathematik, Geschichte, Gemeinschaftskunde und Biologie.

Der Klassensprecher soll bestrafen – er soll es nicht.

Wie ich versuche, das Ja oder Nein begründen und das Wie erklären zu lassen, tritt die allgemeine Unruhe nach etwa 1 Minute des relativen Aufeinanderhörens wieder ein. Es gelingt mir nicht, ein Gespräch in Gang zu setzen.

Vorschlag von mir: »Wir müßten uns wohl darüber unterhalten, wie wir uns in der Klasse verhalten wollen, daß wir Gespräche führen können; dafür müßten wir Regeln aufstellen.« Zustimmung von einigen. Egon: »Wir wollen bestimmen, was gemacht wird!« Zustimmung. Ich versuche, mit diesem Vorschlag wieder auf die Planung der Unterrichtsarbeit in den nächsten Wochen zurückzukommen: »Gut. Was wollen wir während der nächsten Wochen in Biologie behandeln?«

»Tiere.«

Ich nach längerem Warten: »Welche?«

»Die meisten haben wir schon gehabt.« »Die Ameise haben wir noch nicht gehabt.«

Ich: »Was meinen die anderen dazu?«

Keine Antwort. Ich erzähle von einem Erlebnis, das ich mit meinem Gipsameisennest hatte: Wie sich Ameisen auf einer Duftstraße zurechtfinden und wie wir diese Duftstraße feststellen können. Wir könnten ein Ameisennest bauen.

Während der etwa 5 Minuten dauernden Erzählung wird die Klasse ruhiger. Alfred: »Das würde mich wohl interessieren, das könnte man mal machen.« »Nö, das ist nichts, wir wollen was vom Menschen machen.« Heftiger Widerstand! »Den haben wir schon ganz gemacht.« »Da wissen wir schon alles von.«

Ich, zögernd: »Sagt mal, wenn einer von uns Kopfstand macht und dann Wasser trinkt, kommt dann das Wasser in den Magen, wenn er schluckt, oder läuft es wieder zurück in den Mund?« Zunächst verdutztes Schweigen bei einigen, die Mehrzahl spricht mehr oder weniger leise weiter, Mädchen kämmen sich.

Lothar: »Das kommt nicht wieder in den Mund, das geht wohl in den Magen.« Hildegard: »Du bist ja blöd, Wasser fließt doch nicht nach oben.«

Lothar widerspricht nicht, Hildegard vertieft nicht: Das Problem ist nicht gelöst – es wird nicht weiter auf eine Lösung hin gedrängt.

Ich bitte Rolf nach vorn, er macht auf dem Schreibtisch einen Kopfstand, trinkt Wasser, schluckt, macht den Mund auf – das Wasser ist weg. Während des Versuches, relative Ruhe.

Ich: »Wie kommt das Wasser rauf in den Magen?« Keine Antwort, keine Vermutung, kein Staunen, das ich bemerken könnte.

Während der ganzen Zeit (ca. 40 Minuten) eine mehr oder weniger große Unruhe, Unaufmerksamkeit, Schwierigkeit, die Klasse zu pakken. Die Unruhe war für mich so ungewohnt groß, daß es mir schwer fiel, mich auf den zähflüssigen Gesprächsverlauf zu konzentrieren. Die Unruhe wurde bei der Darbietung (Erzählung, Versuch) geringer, steigerte sich aber sofort wieder, wenn Gesprächsversuche unternommen wurden. – Herr T. scheint recht zu haben, daß eine Gesprächsführung in der Klasse schwierig ist. Die Ursache hierfür muß ich herauszufinden suchen.

Wenn die Unruhe so groß wurde, daß die Beiträge der einzelnen nicht mehr akustisch aufzunehmen waren:

- wartete ich – darauf reagierte die Klasse nicht;
- sprach ich leiser – in der allgemeinen Unruhe fiel diese Änderung nicht auf;
- versuchte ich deutlich zu machen, daß bei einer solchen Unruhe eine Mitarbeit nicht möglich wäre – Zustimmung – aber keine Änderung;
- sprach ich einzelne an – kaum Erfolg, jedenfalls nicht länger als für einen Augenblick.

Ich drohte nicht, sprach keine Strafen aus, verwies keinen Schüler aus der Klasse und wurde nicht laut. Ich hatte den Eindruck, die Klasse legte meine Zurückhaltung als Schwäche aus. Meine Hoffnung, daß in der Stunde mit schriftlicher Aufgabenstellung die Klasse ruhiger arbeiten würde, stellte sich als trügerisch heraus.«

Gegen Ende des Schuljahres, am 27. Juni, findet sich folgender Eintrag:

»Gestern hatte ich eine Auseinandersetzung mit Kollegen E. Er wirft mir vor, ich praktiziere einen ›antiautoritären Laissez-faire-Erziehungsstil‹!

... Während der Stunden aßen Schüler. Das Essen störte mich sehr, ich versuchte, die Gewohnheit zu verändern. Durch meine Arbeit mit Studenten, zukünftigen Lehrern, war ich allerdings an mehr als nur Essen während der Übungen gewöhnt: Rauchen, Stricken, Schreiben, Lesen usw. Im übrigen, in wieviel Klassen wird heute während der Stunden nicht gegessen? Haben diese Klassen alle antiautoritäre Lehrer? Die Schüler verließen den Platz, wenn sie austreten wollten, ohne zu fragen. Ich weiß, daß sie auch rausgingen, wenn sie nicht ›mußten‹, sondern nur wollten. Ja, wie viele, die heute fragen, wollen denn nur raus, ohne zu ›müssen‹? Verhielt ich mich hier antiautoritär?

Ich sagte irgendwann im letzten Jahr, daß ich keine Strafarbeiten aufgeben würde, die Kinder nicht nachsitzen lassen und nicht aus der Klasse werfen würde. Wenn Unruhe war, unterbrach ich den Unterricht, appellierte an die Einsicht, die getroffenen Vereinbarungen einzuhalten, sprach Erwartungen aus. Was tut in solchen Fällen Kollege E.?«[9]

Ja, was kann »in solchen Fällen« ein Lehrer tun? Die Mittel, die hier der Lehrer anwandte – seine Rede unterbrechen, abwarten, verbal um Mitarbeit werben, mit einzelnen Schülern sprechen – verfingen allesamt nicht, über ein ganzes Schuljahr hinweg nicht, obwohl Ehrlichkeit und Engagement des Lehrers ungewöhnlich waren. Nur ein einziges Mal, am 10. Dezember, findet sich eine Reflexion, die über die sonstigen Disziplinierungsversuche hinausdeutet:

»Wo können junge Menschen noch erleben, was Feier, gestaltete Muße ist, wenn nicht in der Schule? In vielen Familien erfahren sie es nicht. Kann die Schule allerdings den Ausfall in den Familien ersetzen?

Wie still die Schüler in den ersten Morgenstunden sind! Wie wenn sie die Ruhe genießen würden. Pflegen wir in der Schule Ruhe, Stille, Muße, geformte Feiern genügend? Der nur schwer veränderbare affektive Bereich des Menschen bleibt in unserer Schule weithin unberührt, ungepflegt. Wir vernachlässigen seelische Bereiche, die für das soziale Leben grundlegend sind. Die Schule verarmt und in ihr der junge Mensch.«[10]

Mit dieser Überlegung wird sicherlich der wunde Punkt berührt. Es gilt, zweierlei Arten von Stille auseinanderzuhalten: Den meisten Lehrern gilt die Unterdrückung von Lärm bereits als Stille oder Ruhe. Hierzu dienen die üblichen Disziplinierungsmittel. Aber eine solche »Stille« ist äußerlich. Sie bleibt den Kindern aufgenötigt. Komplementär zu dieser Stille sind die heimlichen Störversuche, die gelangweilte innerliche Abwesenheit, der Tumult und die lärmende Aggression in den Pausen. Ganz anders die wirkliche Stille. Sie kann nicht gegen die Kinder durchgesetzt werden, läßt sich auch nicht durch Mahnungen, beschwörende Appelle und argumentative Reden herbeiführen. Aus diesem Grunde (und einigen mehr, die mit Fragen der Form zusammenhängen) scheitern die Bemühungen des Lehrers um eine ruhige Unterrichtsatmosphäre, in der die Schüler einander zuhören.

Man kann an der Stille am leichtesten ablesen, wie das pädagogische Klima des Unterrichts ist. Stille ist hier freilich nicht gleichzusetzen mit Schweigen und der Abwesenheit von Geräuschen. So wie das Ticken einer Uhr erst die Stille des Raumes bewußtmachen kann, kann das Gesumm ruhig miteinandersprechender Schüler, das Klappern der Scheren, das Rascheln von Papier die Stille des Unterrichts gerade unterstreichen. Eine solche Stille aber kommt von innen. Sie lebt aus der Hingabe an eine

[9] *Job-Günther Klink*, a.a.O.
[10] *Job-Günther Klink*, a.a.O.

Sache, ist also Bedingung und Ausdruck dafür, daß die Kinder zu den Dingen des Unterrichts Kontakt gewinnen.

In den meisten Schulen entsteht keine ruhige Grundhaltung der Kinder, weil keine Arbeitsatmosphäre da ist, die sich über punktuelle Anlässe oder einzelne Stunden hinaus erhält. Um sie zu ermöglichen, ist ein behagliches und zu vielerlei Tun inspirierendes Klassenzimmer wichtig, sind Formen des Umgangs miteinander und Traditionen der Feier notwendig – und vor allen Dingen vielerlei Aktivitäten, die dem nur verbalen Frontalunterricht die Balance halten. Doch so sehr alle diese Dinge eine gute Atmosphäre begünstigen, so sehr sind sie auch abhängig von der Fähigkeit und Bereitschaft zur Stille. Ein Unterricht, der wirkliches Interesse weckt, wird nur da möglich, wo nicht äußerliche Konsumhaltung, die Gier nach Kurzweil, Medienvielfalt und Sensation herrschen. Anders gesagt: Nur wo Schüler zur Stille befähigt werden, kommen ihre Worte von innen, ist ihre Arbeit Ausdruck innerer Haltung; nur wo Stille ist, sind Vorlesen und Erzählen möglich, weil die Kinder zuhören können; und nur wo Stille ist, können sie mit Farbe oder Ton ihren inneren Empfindungen im freien Gestalten angemessen Ausdruck geben.

Mehr als jedes andere Fach ist der Religionsunterricht auf die Stille angewiesen. Was hier zu sagen und zu erfahren ansteht, läßt sich nicht dem üblichen Unterrichtskonsum unterstellen, es sei denn um den Preis seiner inneren Dimension. »Alle sind außer sich«, sagte eine Kindergärtnerin. »Wie soll man Gott begegnen, der in uns ist, wenn es nicht gelingt, uns in uns selbst zurückzuziehen, um uns zu sammeln.« Oder anders gesagt: »Draußen ist der Lärm, ist die Eile, die Gier, die Eitelkeit. Aber das Zuhause ist nicht draußen, es ist drinnen. Es ist nicht die Welt, wir sind es. Es liegt nur an uns, das Haus mit Stille zu erfüllen. – Die Stille schenkt Erholung und Ruhe, sie heilt und tröstet. Sie stellt die Kräfte wieder her, behütet das Leben, fördert das Denken. Die Stille macht besser. Sie allein bringt Geist und Materie in Einklang.«[11]

Innerhalb der pädagogischen Landschaft hat eigentlich nur Maria Montessori ein ausgeprägtes Verhältnis zur Stille in unseren Schulen entwickelt. In einer gewissen Weise – darf man wohl sagen – *entdeckte* sie die tiefe innere Bereitschaft des Kindes zur Stille.

»Eines Tages betrat ich das Schulzimmer, auf dem Arm ein vier Monate altes Mädchen, das ich der Mutter auf dem Hof aus den Armen genommen hatte. Nach dem Brauch des Volkes war die Kleine ganz in Windeln gewickelt, ihr Gesicht war dick und rosig, und sie weinte

[11] *Jeanne Dingeon,* Le grain de Sénevé, Paris 1956, zit. nach Walter Kettler/Antoinette Becker, Gebet, in: F. Betz u. a. (Hrsg.), Religiöse Elemente in der Vorschulerziehung, München 1973, 206.

nicht. Die Stille dieses Geschöpfes machte mir großen Eindruck, und ich suchte mein Gefühl auch den Kindern mitzuteilen. »Es macht gar keinen Lärm«, sagte ich, und scherzend fügte ich hinzu: »Niemand von euch könnte ebenso still sein.« Verblüfft beobachtete ich, wie sich der Kinder rings umher eine intensive Spannung bemächtigte. Es war, als hingen sie an meinen Lippen und fühlten aufs tiefste, was ich sagte. »Sein Atem geht ganz leise«, fuhr ich fort. »Niemand von euch könnte so leise atmen.« Erstaunt und regungslos hielten die Kinder den Atem an. Eine eindrucksvolle Stille verbreitete sich in diesem Augenblick. Man hörte plötzlich das Ticktack der Uhr, das sonst nie vernehmbar war.

Es schien, als hätte der Säugling eine Atmosphäre von Stille in dieses Zimmer gebracht, wie sie im gewöhnlichen Leben sonst nie besteht.

Niemand machte auch nur die leiseste wahrnehmbare Bewegung, und als ich die Kinder später aufforderte, diese Übung der Stille zu wiederholen, gingen sie sogleich darauf ein – ich will nicht sagen mit Begeisterung, denn die Begeisterung hat etwas Impulsives an sich, das sich nach außen hin kundtut.

Was sich hingegen hier kundgab, war eine innere Übereinstimmung, geboren aus einem tiefinneren Wunsch. Die Kinder saßen still bis zur Regungslosigkeit, beherrschten sogar ihre Atemzüge und hatten dabei heiter-angespannte Züge, so als seien sie in Meditation versunken. Inmitten der eindrucksvollen Stille wurden allmählich selbst die schwächsten Geräusche vernehmbar: das ferne Tropfen von Wasser, das Zirpen eines Vogels draußen im Garten.

Auf diese Weise entstand unsere ›Übung der Stille‹«.[12]

Diese Übung der Stille wird nicht als Disziplinierungsmittel eingesetzt, sondern um die Kinder vollkommene Stille erfahren zu lassen und ihren Sinn dafür zu üben. Man kann sie auch erst einführen, wenn die Kinder schon zu einer ersten äußeren Ordnung gekommen sind:

»Die Lehrerin fragt, ob die Kinder zur Übung der Stille bereit sind. Das Einverständnis der Kinder ist notwendig. Dann fordert sie die Kinder auf, sich bequem hinzusetzen und alle Bewegungen zu unterlassen, sie wartet, bis vollständige Stille herrscht, sie selbst und die Kinder keinerlei Geräusche mehr machen. In dieser Stille hören die Kinder einzelne Geräusche oder Töne, die sie sonst nicht bemerken: das Ticken der Uhr, einen Vogel, den Regen. Nach einigen Minuten ruft die Lehrerin die Kinder einzeln zu sich, indem sie jedes Kind mit leiser, fast unhörbarer Stimme beim Namen nennt. Das einzelne Kind erhebt sich leise und kommt zu ihr, möglichst geräuschlos. Alle Kinder

[12] *Maria Montessori*, Kinder sind anders, Stuttgart 1952, 172f.

müssen einzeln aufgerufen werden. Diese Übung, die vollständige Stille und Bewegungslosigkeit, das Hören des Namens in dieser Stille, das gemeinschaftliche Stillesein, alles dies macht großen Eindruck auf die Kinder.«[13]

In Montessori-Schulen wird diese Stille-Übung leider nicht mehr überall geschätzt. Ich habe sie in verschiedenen Variationen in unruhigen Grundschulklassen beim Tagespraktikum mit Studentengruppen aufgegriffen und bin stets von neuem erstaunt, mit welcher Bereitschaft, oft sogar Begeisterung die Kinder unsere Stille-Übungen annahmen. Die nachfolgenden Ratschläge und Beispiele stammen aus dieser Praxis.

Stille-Übungen

Mit den folgenden Übungen wird nicht irgendeine Leistung angestrebt, sondern menschliche Reife. Ihr Ziel ist keine isolierbare Fertigkeit, sondern eine innerliche Veränderung. Deshalb wollen diese Übungen den Menschen vor sich selbst bringen, indem sie ihn in ein neues Verhältnis zu den Dingen um ihn her versetzen.

Gegenstand der Übung kann nahezu *jedes* einfache Objekt oder Tun werden. »Damit etwas religiöse Relevanz bekommen kann, braucht es nur *einfach* und *wiederholbar* zu sein.« In diesem Sinne sind die nachfolgenden Übungen alle einfach und wiederholbar. Es handelt sich nicht um Spiele und nicht um Unterhaltung. Darum ist jeder Anspruch an äußere Attraktivität abzuwehren, weil die Übungen dadurch unter Konsumerwartungen gerieten, die ihren Sinn verfälschen würden. Das Alltägliche und Selbstverständliche wird hier geübt, denn es ist der einzige Weg zur Menschwerdung.

Die nachstehenden Vorschläge sind alle im Elementar- und Primarbereich realisierbar. Als *Übungen* sollten sie regelmäßig wiederholt werden. Sie sind jedoch auch in höheren Klassen durchführbar.

Voraussetzungen

1. Grundvoraussetzung ist die innere Sammlung des Lehrers. Am Vorabend des Schultages muß er sich seinerseits vorbereiten, indem er sich selbst auf die Stille einläßt. Wichtig ist auch ein genaues Antizipieren der Stille-Übung im Blick auf die einzelnen Schüler.
2. Zu Beginn des Unterrichts sitzt jedes Kind auf *seinem* Platz; es ist stets derselbe.

[13] *Helene Helming*, Montessori-Pädagogik, Freiburg 1958, 74. Diese Übung entstand ursprünglich im Kinderhaus (Kindergarten), wird aber in der Grundschule, zumal in den ersten zwei oder drei Jahren, von den Kindern ebenso gern mitvollzogen.

3. Die Tische und Ablagen ringsum werden aufgeräumt.
4. Jeder setzt sich bequem hin.
5. Alle schließen die Augen, soweit es sich nicht um eine Sehübung handelt.

Hören

Der einfachste Weg, die Stille zu finden, ist eine Übung im Hören. Wenn die Schüler auf ihren Stühlen sitzen, sollten sie ihre Füße geschlossen nebeneinandersetzen und die Hände ineinander legen. Wenn sie sich im Kreis auf den Boden setzen können, entweder im Schneider- oder im Hocksitz, legen sie ihre Hände mit den Innenflächen nach oben ineinander; die Arme hängen dabei entspannt herunter. Die Haltung des Oberkörpers ist gerade, die Augen sind geschlossen.

Nun lauschen alle auf Geräusche, die von draußen kommen oder die im Klassenraum zu vernehmen sind. Anfangs genügt dazu die Dauer einer Minute. Später kann diese Zeit schrittweise verlängert werden. Aber nicht die Länge der Zeit ist für diese Übung wichtig, sondern die Intensität, mit der die Kinder die Stille erleben.

Auch außerhalb des Klassenraumes, bei einem Spaziergang im Wald oder beim Besuch einer Kirche ist diese Stille-Übung möglich. Wichtig ist, daß die Kinder anschließend über ihre Wahrnehmungen sprechen. Dabei darf die gefundene Stille nicht verletzt werden: Der Lehrer spricht sehr verhalten und gibt damit an, in welcher Behutsamkeit die Kinder sich äußern.

Möglich ist diese Übung in zweifacher Form: gemäß der Grundform nach Maria Montessori kommen die Kinder auf das leise Rufen ihres Namens hin zum Lehrer. Dabei gehört die Art, wie sie aufstehen und sich durch den Raum bewegen, mit zur Stille-Übung. Die andere Form ist kürzer und verzichtet auf das Aufrufen jedes einzelnen Schülers. Hier erzählen die Schüler von ihren Plätzen aus über die Erfahrung der Stille.

Variationen dieser Übung mit einzelnen Geräuschen sind denkbar. Wenn es regnet, können wir unser Ohr ganz auf den Regen richten, ein andermal auf einen Vogel vor dem Klassenfenster oder auf die Stimmen der Menschen, die von der Straße hereindringen. Bei fortgeschrittener Erfahrung kann sich die Aufmerksamkeit dem eigenen Atem zuwenden.

Zu warnen ist noch vor technischen Spielarten dieser Übung, etwa daß der Lehrer einzelne Gegenstände fallenläßt, welche die Schüler an ihrem Geräusch erraten, oder daß über Tonband Geräusche bestimmt werden sollen. Solche Experimente sind keine Stille-Übungen, sondern gehören zum Rate-Sport. Um diese Unterscheidung nachzuvollziehen, ist es wichtig zu erinnern, was wir eingangs über den Charakter der Übung gesagt haben.

Fühlen

Hier geht es um Wahrnehmung über die Haut und den Tastsinn. Die meisten Gegenstände werden durch die Augen erfaßt. Das kann sehr oberflächlich sein, so daß ihre materiale Beschaffenheit eher gedacht als empfunden wird.

Bei dieser Übung sitzt jeder Schüler am besten an seinem Arbeitsplatz. Der Gegenstand, den wir allen in die Hände geben, soll nicht erraten, sondern so andächtig und intensiv wie möglich erfühlt werden: Wir ertasten, streicheln, reiben ihn mit Fingerkuppen und Handflächen, legen ihn an die Wange und bewegen ihn über unsere Haut. Dabei sind die Augen geschlossen, die Ohren unempfindlich, als könnten wir die Welt über keinen anderen Sinn wahrnehmen als über unser Tastvermögen. Auch verbindet sich keine sachbezogene Aufgabenstellung mit dieser Stille-Übung, denn nicht die Erkenntnis von Materialqualitäten ist wichtig, sondern die Erfahrung unserer selbst in der Stille.

Für eine solche Übung darf den Kindern jeweils nur *ein* Gegenstand gegeben werden, beispielsweise ein Bleistift, ein Stückchen Baumrinde, ein Stoffläppchen, ein Hobelspan. Von allen Seiten sollen die Kinder dieses Material ertasten und dabei »die Welt anhalten«, d.h. alles vergessen, was sie sonst darüber wissen. Es herrscht absolutes Schweigen, jedes Kind ist in sich gekehrt und gleichzeitig mit all seiner Ernsthaftigkeit auf diesen Gegenstand gerichtet. Selbstverständlich gehört abschließend dazu, daß sie alle Dinge lautlos wieder vor sich hinlegen.

Riechen

Von allen Sinnesorganen, die der Mensch besitzt, ist der Geruchssinn der ursprünglichste. Auf der Entwicklungslinie des Lebens ist er die früheste Sinnenfähigkeit, die sich ausbildete, und zugleich ist der Mensch das späteste Ergebnis dieser Evolution.

»Das Organ, mit dem der Mensch seine im eigentlichen Sinne menschliche Leistung vollbringt, ist das Denkhirn. Es ging hervor aus dem Riechhirn. In ihm hat – um in einem Vergleich zu sprechen – das Denkhirn seine Wurzeln wie ein Baum im Erdreich. Wie aber steht es mit dem Denken, wenn diese Wurzeln verkümmert sind; wie, wenn die anatomischen Bahnen, die sie mit dem End- und Denkhirn verbinden, Schaden erleiden? Ist das Denken dann noch ein Denken? Kann der Mensch ohne ›Riecher‹ denken?«[14]

[14] *Hugo Kükelhaus,* Handbuch zum Versuchsfeld Organerfahrung. »Exempla 75«. Veranstaltung des Vereins für Handwerksausstellungen und Messen im Rahmen der Internationalen Handwerksmesse München. Sonderschau Organismus und Technik.

So unmittelbar wie keine andere Sinnesleistung können Gerüche die menschliche Empfindungslage verändern. Das Riechen wirkt unter allen Sinnestätigkeiten am tiefsten. Darum können Gerüche mit frühesten Erinnerungsschichten verbinden.

In unserer optischen oder akustischen Wahrnehmung von Dingen können wir differenziert und distanziert zu diesen Dingen Stellung nehmen. Beim Riechen aber fällt die Empfindung, die unser Geruchssinn auslöst, mit der Wahrnehmung des betreffenden Gegenstandes unmittelbar zusammen, zumal eine Geruchserfahrung von ungewöhnlich starken emotionalen Komponenten begleitet sein kann.

Von manchen Menschen sagt man, daß man sie nicht riechen könne. Es ist die elementarste Wahrnehmung, ob zu diesen Menschen eine persönliche Beziehung möglich ist oder nicht.

Der Duft, den eine Nahrung ausströmt, enthält besonders reine Spurenelemente der Nahrung. Ohne das Aroma unserer Speisen würde das Essen nicht schmecken, die Verdauung nicht angeregt und das gesamte Wohlbefinden gemindert. Das Wahrnehmen des Aromas ist darum ein wesentlicher Vorgang, der mit zu einem bewußten Leben und der Verfeinerung der menschlichen Sinnesfähigkeiten gehört.

Als Stille-Übung geben wir jedem Kind das Blatt eines Gewürzkrauts. Es empfiehlt sich, mit einem kräftigen Geruch anzufangen (z. B. mit Liebstöckel, Pfefferminze, Lavendel, Rosmarin), jedoch sollte man möglichst bei einem Kraut bleiben, also nicht mehrere Proben nebeneinander vorlegen. Möglich sind auch Blumengerüche oder Gartengerüche von verschiedenen Gemüsen. Für das methodische Vorgehen gilt hier:

- die Augen schließen,
- Blätter und Blüten mit der Nase fühlen und schnüffelnd riechen,
- immer nur frische Pflanzen vorlegen, damit die Kinder das Lebendige spüren.

Sehen

Der Gesichtssinn verbindet uns am stärksten mit der Außenwelt, aber die Wahrnehmung kann auch ganz äußerlich bleiben. Konventionen und Oberflächlichkeit verhindern, etwas wirklich zu sehen, das heißt, es in sich aufzunehmen und zu bewahren. In einer Welt wie der unsrigen, in der sich die optischen Reize überschlagen, ist eine Übung des Sehens besonders wichtig, denn das Vielerlei-Sehen verhindert, daß der Mensch sieht, was er sieht.

Die Übung der Stille geschieht nicht durch die Vorführung komplexer Gestalten. Je einfacher der Gegenstand ist, den die Kinder anschauen sollen, um so angemessener ist er. Denkbar sind ein Blatt, eine Hagebutte, eine Muschel, ein Stein, ein Grashalm. Zu bevorzugen sind jedoch

Gegenstände, die eine Mitte haben. Gut eignet sich eine Gänseblümchenblüte, eine in dünne Scheiben geschnittene rote Rübe (Möhre) oder ein quergeschnittener Apfel mit seinem sternförmigen Kernhaus und insbesondere ein quergeschnittener Baumstamm mit seinen Jahresringen. Denkbar sind auch schöne Weihnachtssterne aus Stroh oder in Faltarbeit geschnitten.

Nach dem Anschauen sollten die Kinder ihre Augen schließen, damit sich das Bild einprägt. Erst dann ist ein kleines zurückhaltendes Gespräch angemessen.

Lernen als Handeln

Kinder lernen handelnd. Nicht gedankliche Verbalität fördert ihre Entwicklung nachhaltig, sondern ein gegenständlich gerichtetes Tun. Am meisten befriedigen sie Lernprozesse, die zu realen Lernprodukten führen, die man anschauen und dauerhaft vorzeigen kann. Je mehr in der Schule solche Aktivitäten möglich sind, durch die man etwas machen, fortlaufend verbessern und schließlich fertigstellen kann, um so größer ist die Freude an diesen Tätigkeiten. Sie dienen nicht allein der eigenen handwerklichen und geistigen Bildung, sondern zugleich einer natürlichen Kooperation untereinander. Anfangsklassen, die gleich zu Beginn der Schulzeit Werkprogramme in den Unterricht einbeziehen, helfen den Kindern, sich leichter einzuleben und untereinander vertraut zu werden. Die Ergänzung des Klassenunterrichts durch solche Aktivitäten schafft überdies die besten Voraussetzungen für eine sachbezogene Ruhe. Die Übungen der Stille bedürfen dieser Erfahrung.

Für den Religionsunterricht mag es auf den ersten Blick erscheinen, selbst weit entfernt von allen manuellen Arbeiten angesiedelt zu sein. Solange die Volksausgabe des problemorientierten Unterrichts das Lehrerbewußtsein fixiert, werden auch wohl nur verbale Möglichkeiten erkannt. Dennoch ist hier nichts zwingend, allenfalls die akademische Lehrerbildung ihrerseits, die sich nur über Manuskripte und Bücher vollzieht. Aber die Sache des Religionsunterrichts selbst führt an vielfältige Lebensvorgänge heran: an Feste und Zeiten im Kirchenjahr, an Bräuche und symbolische Kommunikationsformen, an soziale Engagements und gesellschaftspolitische Gärprozesse. Also hätte der Religionsunterricht vielfältigen Anlaß, mit allen Schülern Brot zu backen und Tische zu decken, Feiern mit Herz und Hand vorzubereiten, Spiele aller Art aufzuführen, Lieder und Musikstücke einzuüben, vergessene Bräuche wieder aufzugreifen, ... durchweg Dinge, für die man Verstand und Phantasie, praktische Hände und flinke Füße braucht.

Aber es ist gar nicht vorrangig, von unmittelbaren Handlungsaufträgen für den Religionsunterricht auszugehen. Wichtiger ist die Sorge, Schulkonzept und Klassenzimmer in einer elementaren Weise auf manuelle Schüleraktivitäten auszulegen. Dazu bedarf es einiger Materialsammlungen, von denen wir bereits gesprochen haben, und der Bereitstellung jeweils geeigneter Arbeitsplätze. Nachfolgend beschreiben wir einige Handlungsbereiche, die zur eigenen Praxis anregen sollen, ohne daß ihr Blick auf den Religionsunterricht zielt. Diese Aktivitäten stehen zum Religionsunterricht nur in einer mittelbaren Beziehung. Je offener und handlungsfreudiger ein Schulmorgen verläuft, je weniger »Fächer« gegeneinander abgegrenzt werden, um so ganzheitlicher ist das Lernen in solchen Schulen. Das humane Niveau einer derartigen Schulkultur trägt und verifiziert, was der Religionsunterricht als spezifische Ziele verfolgt. Wir greifen jedoch bewußt solche Aktivitäten heraus, deren heilende und pflegende Wirkung gerade dem Religionslehrer bedeutsam werden kann.

Arbeiten mit Ton

Der manuelle Bereich

»Alle Kinder, solange sie noch im Geheimnis stehen«, sagt Hermann Hesse, »sind ohne Unterlaß in der Seele mit dem einzig Wichtigen beschäftigt, mit sich selbst und mit dem rätselhaften Zusammenhang ihrer eigenen Person mit der Welt ringsherum. Sucher und Weise kehren mit den Jahren der Reife zu diesen Beschäftigungen zurück, die meisten Menschen aber vergessen und verlassen diese innere Welt des wahrhaft Wichtigen schon früh für immer und irren lebenslang in den bunten Irrsalen von Wünschen, Sorgen und Zielen umher, deren keines in ihrem Innersten wohnt, deren keines sie wieder zu ihrem Innersten nach Hause führt.«

Unsere Schule ist fast nie eine Schule der inneren Erfahrung gewesen. Tendenziell ist sie kopflastig und geeignet, die Spaltung der Person zu fördern. Dieser Prozeß beginnt in voller Massivität bereits beim Erstkläßler: Dem Wissenserwerb steht nur selten ein Wachsen und Reifen des inneren Menschen gegenüber. Es fehlt ein gesunder Wechsel von Kopf- und Handarbeit, von Denken und Tun, von äußerem und innerem Gerichtetsein. Der formende Umgang mit Ton kann diesem Mißverhältnis wehren. Es ist eine manuelle Tätigkeit, die inneren Vorgängen Ausdruck gibt. Im Gegensatz zum heute favorisierten sogenannten didaktischen Spielzeug (das meist allzu kognitiv entworfen ist), ist das Formen mit Ton ein elementarer Ansatz, wieder aus dem Unbewußten heraus gestalten zu lernen und dadurch die gefährliche Abspaltung der tieferen Seelenkräfte von bewußten Aktivitäten zu mildern. Auf kaum einem anderen Gebiet ist dieser Weg zur Ganzheit des Menschen so eindeutig, so leicht und so befriedigend zu finden.

Es bedarf eigentlich keines Instruments, allenfalls eines Holzstückes zum Modellieren. Die Hand ist unser bestes Werkzeug. Sie betätigt sich von innen heraus, gibt inneren Kräften Form. Der Ton übt dabei eine »magische« Wirkung auf Hand und Geist aus. Die Kinder beginnen aus innerem Drang, den Ton zu befühlen, zu betasten, zu greifen und zu begreifen, sie kneten, walzen, kugeln und formen ihn mit einer Kreativität, die in der eigenen Seele ruht und durch den Ton geweckt und freigesetzt wird. Sofern *keine* Vorlagen und Beispiele geboten werden, an welche die Kinder sich anlehnen können, entwickeln sie Formen, die Ausdruck ihres eigenen Wesens sind.

Es ist in den vergangenen Jahren viel über therapeutischen Unterricht, zumal über therapeutischen Religionsunterricht geschrieben worden. Sehr vieles davon war intellektuelles Geklingel aus menschenfreundlicher Absicht und eigenem Bedürfnis. Demgegenüber geht eine tatsächlich »handfeste« Therapiewirkung vom formenden Umgang mit Ton aus. Wer seinen Schülern diesen Weg einräumt, erlaubt ihnen eine wahrhaft bildende Korrektur des ansonsten zu kopflastigen Unterrichts.

Die Arbeit mit Ton unterscheidet sich grundlegend vom formenden Umgang mit Holz oder Stein. Bei diesen Materialien entsteht eine Plastik durch Wegnehmen; man arbeitet von außen nach innen. Mit dem Ton dagegen wird *aufbauend* gearbeitet. Figürliche Gestaltungen entstehen durch Rollen, Drücken, Ansetzen, Auflegen, Streichen, Glätten usw. Gebrauchsgegenstände, zum Beispiel eine Schale, werden unten begonnen und durch Aufsetzen kleiner Tonwülste Schicht für Schicht aufgebaut, dann geglättet und verstrichen. Jüngeren Kindern entspricht es durchaus, mit freier figürlicher Gestaltung zu beginnen. Man kann Häuser, Tiere, Menschen formen und ein vielgestaltiges gemeinsames Werk schaffen – eine Arche Noah, eine Krippe mit zahlreichen Figuren, aber auch Kerzenständer oder Baumschmuck für den eigenen Klassenraum. Die Kinder gehen an solche Aufgaben mit großer Unbekümmertheit heran, und was sie schaffen, ist immer ein authentischer Ausdruck ihrer selbst.

Soweit die Schüler sich gegenseitig beeinflussen, also voneinander abgucken, ist nichts dagegen zu sagen. Wenn sich ihre Nachahmung aber an fremden Entwicklungsgraden orientiert, kann die eigene innere Formenwelt dadurch verwirrt und überfremdet werden und zu problematischem Kitsch führen. – Damit ist das Wichtigste bereits gesagt. Für die praktische Arbeit stehen eine Fülle brauchbarer Anleitungen zur Verfügung, die auch dem unerfahrenen Lehrer hinreichend Hilfe bieten.

Umgang mit der Natur

Pflanzen und Tiere im Klassenzimmer

Als ein ganz anders gearteter Handlungsbereich soll hier der Umgang mit Pflanzen und Tieren in der Schule vorgestellt werden. Es geht um ein Vertrautwerden der Kinder mit dem Lebendigen, um die Freude daran und um die Einübung zuverlässiger Verantwortung für alles, was sie sich vertraut gemacht haben. Eine Einbeziehung der Natur in das schulische Leben ist kein neues Programm – die Reformpädagogik hat hierfür hervorragende Modelle entwickelt –, aber es ist heute notwendiger denn je. Um nicht maximale Forderungen zu stellen, soll hier weder von Schulgärten und Terrarien noch von angemessenen Wandertagen oder Waldspielen die Rede sein, sondern allein von der Natur im Klassenzimmer. Dabei spielt es letztlich keine Rolle, ob die Schule von Beton und Straßenverkehr umgeben ist oder ob sie noch Verbindung zur offenen Landschaft hat: Für Kinder aus Stadt und Land ist allemale ein Klassenzimmer wohltuend, in dem Pflanzen wachsen, Blumen blühen, Vögel singen, Goldhamster klettern oder Fische im Aquarium schwimmen. Solche Klassenräume verlieren für die Schüler ihre Langeweile und Beziehungslosigkeit. Hier gibt es auch vor und zwischen dem Unterricht immer etwas zu sehen und zu tun. Gleichzeitig nehmen die Pflanzen und Tiere in die Pflicht. Man muß sie genau beobachten und kennenlernen, ihre natürlichen Lebensbedingungen studieren und sie mit beständiger Zuverlässigkeit pflegen. Das stellt den Schülern zahlreiche sinnvolle Aufgaben, die miteinander überlegt und kooperativ getan werden wollen. Zwar mag man als Lehrer die so entstehende Arbeit scheuen oder als Überforderung betrachten, es gilt aber ebenso zu bedenken, daß gerade dieser beständige Pflegeanspruch für die geistige und seelische Entwicklung der Schüler eine wichtige Chance ist. Kindern eine Orientierung zu geben, sie zu Kooperation und Verantwortlichkeit zu erziehen, verlangt unbedingt, ihnen sinnvolle Arbeiten zuzuweisen, statt diese ihnen und sich selbst zu ersparen. Darum bedeutet die Hineinnahme der Natur ins Klassenzimmer eine große Chance, gerade hier, an einem Ort so häufigen Unbehagens, Beziehungen zu stiften, die die Schulstube zu einer erweiterten Erfahrung der Heimat werden lassen.

Kein Kenner unseres Schulmilieus kann freilich solche Gedanken niederschreiben oder vortragen, ohne daß ihm nicht gleich zu Anfang ein vieltausendköpfiger Lehrerchor in den Ohren dröhnt: In unserer Schule sind Blumen und Tiere unmöglich! Sie behindern die täglichen Putzarbeiten! Und wer will in den Ferien, wer an den Wochenenden dafür aufkommen? Dieser Skepsis steht nichts wirkungsvoller entgegen als die

Praxis normaler Schulen. Ich habe mich in allen Klassen, in denen ich grünende Fensterbänke oder einen Vogelbauer, ein Aquarium und einmal sogar eine große Voliére antraf, stets bei allen Beteiligten nach den tatsächlichen Schwierigkeiten, die sich mit solcher Pflege verbinden, genau erkundigt, immer hieß es: es gibt keine. Hausmeister sagten, es sei eine geringe Mühe, übers Wochenende die Tiere zu füttern; Lehrer betonten, wenn man Pflanzen und Tiere im Schulleben als eine pädagogische Rahmenbedingung ansehe, erscheine die damit verbundene Sorge nicht als Last, sondern als Chance; die Kinder aber berichteten, über die Ferien nähmen sie gern eine Pflanze oder ein Tier mit nach Hause.

Über den emotionalen Gewinn, die Intensivierung sozialer Tugenden, das Mehr an neuen Interessen, an Verantwortungsfähigkeit und Können, soll hier nicht weiter gesprochen werden. Es genügt der Hinweis auf die fundamentale Bedeutung des Naturverhältnisses, ohne das eine ganzheitliche Erziehung unmöglich ist – und zweifellos liegt in diesem Hinweis auch die religiöse Dimension solcher Pädagogik eingeschlossen.

Begegnung mit Menschen

Soziale Aufgabenfelder

Ein drittes Tätigkeitsfeld, das der Religionsunterricht in seiner verbalen Engführung fast immer nur aus dem Buch bespricht, ohne die eigenen Möglichkeiten der menschlichen Begegnung und des Engagements auch nur zu erkunden, ist der soziale Bereich. Zunächst geht es um die Grundkategorie des Christlichen, die Frage nach dem Nächsten. Kann man über alte Menschen sprechen, über ihre Einsamkeit und ihre Nähe zum Tod ohne Besuche im Altersheim? Das würde eine individuelle und gemeinsame Vorbereitung einschließen, Singen und Spielen, ein selbstgefertigtes Mitbringsel – und zugleich den Gewinn einer Begegnung verschiedener Generationen, den kein Schulunterricht wettmachen kann. Kann man das Schicksal der Behinderten thematisieren, ohne Behinderte selbst zu hören, wie sie leben, wie sie ihre Mitmenschen erfahren, was sie suchen und wünschen? Hier könnte eine Begegnung zweier Schulklassen vorbereitet werden, sorgfältig auch im Detail, und gewiß würden beide Seiten, die gesunden und die behinderten Kinder nachhaltig davon profitieren. Oder kann man fortwährend das Außenseiterproblem angehen, ohne Kontakte ins Gastarbeiter-Milieu hinein zu knüpfen? Die vielen Worte bewirken erwiesenermaßen nichts, aber Gespräche, ein gemeinsames Festprogramm, Begegnungen im Handlungsraum würden Brücken zueinander bauen.

Auch in anderen Bereichen ist es in vielfältiger Weise möglich, den oft lähmenden unterrichtlichen Sprachfluß durch konkrete Wege zu anderen Menschen zu überwinden. Wenn der Religionsunterricht über monastische Existenz belehren soll, wäre es klug, für Stunden oder einen ganzen Tag selbst ins Kloster zu gehen. Steht der Islam auf dem Lehrplan, gibt es fast überall auch fähige Gesprächspartner, die persönliche Eindrücke von der muslimischen Lebensform vermitteln können. Und eine Fahrt zur nächsten jüdischen Gemeinde lohnt sich selbst bei längeren Anwegen. Unser Bedacht sollte dabei immer auf Arrangements zielen, die einseitige Vorträge gegen Gespräch, Spontaneität und vor allen Dingen gemeinsames Tun austauschen. Das ist erreichbar durch die jeweils größtmögliche Zurücknahme der Lehrerdominanz: Die Schüler planen, organisieren, leiten so weit wie möglich selbst diese Unternehmungen; sie begrüßen die jeweiligen Gastgeber eigenständig, überreichen das gemeinsam vorbereitete Geschenk, üben sich in gegenseitiger Vorstellung, in Verabschiedung und Dank. Wenn man solche »Übungen des täglichen Lebens«, wie sie Maria Montessori genannt hat, zum regulären Bestand dieser Schulexkursionen nehmen würde, wäre der Gewinn bald eine spürbare Anhebung der Umgangsformen und einer angemessenen Selbstsicherheit aller Schüler. Es entstünde ein erzieherisches Klima, von dem Anreiz und Ermutigung für alle, Lehrer und Schüler, ausgehen könnten.

Unsere bisherigen Überlegungen sind nicht erschöpfend. Sie haben nur Beispielcharakter und möchten aufmerksam machen. Allerdings beanspruchen sie in ihrer exemplarischen Auswahl eine didaktische Relevanz, die das gesamtschulische Denken der Religionslehrer wie aller sonstigen Fachlehrer angeht. Es gibt keinerlei Fachdidaktik, die nicht im Kontext schulpädagogischer Verantwortung stünde. Wenn dies schon für Lehrer aller Schulgattungen zutrifft, so gilt es auch für die Schulbücher, hier aber in besonderer Weise für die Religionsbücher. Alles, was vorangehend bedacht wurde – der Raumfaktor, die Umgangsformen, die Stille, der Handlungsbereich–, hat eine unmittelbare und sehr konkrete didaktische Bedeutung für die Anlage von Religionsbüchern: sie sollten in Zukunft auf die Rahmenbedingungen und Lebensformen des Schullebens einwirken, zu Aktivitäten und Übungen anleiten, die aus der verbalen Unverbindlichkeit heraus Anstöße zu einer sensibleren Schulkultur sein können.

Montessori-Pädagogik und Religionspädagogik

Das Verhältnis Montessori-Pädagogik und Religionspädagogik läßt sich von zwei Seiten angehen: einmal von der heutigen Religionspädagogik, von ihren bevorzugten Fragestellungen und Interessen her; dann wird man überlegen, was die Montessori-Pädagogik von der Religionspädagogik lernen kann. Sodann von der Montessori-Pädagogik her unter dem Aspekt, was sie der heutigen Religionspädagogik an Anregungen und Korrekturen zu vermitteln hat. Und schließlich ist noch eine dritte Version denkbar. Sie fragt von beiden Seiten zugleich, welche Möglichkeiten genuiner Art in der Montessori-Pädagogik deren religionspädagogisches Konzept weiterbringen können. Den letzten Weg werde ich zu gehen versuchen, wenn auch hier nicht so etwas wie eine neue Programmatik erwartet werden kann. Ich möchte einige Gedanken entwickeln, von denen ich meine, daß sie von seiten der Montessori-Pädagogik als die eigenen erkannt werden können, um sie dann – hoffentlich nicht minder hilfreich – über ihre Wirkkreise hinaus für die gesamte religionspädagogische Situation als Desiderate anzumelden.

Wenn ich beim Besuch von Montessori-Schulen und im Gespräch mit ihren Lehrern bisher richtig zugehört habe, herrscht hier ein teils bewußter, teils intuitiver Vorbehalt gegenüber manchen Entwicklungen der heutigen Religionspädagogik. Dieser Vorbehalt zielt auf alle konsumptiven, verbalisierten und lauten Tendenzen, die hier Einzug gehalten haben und die ich aus anderer Perspektive als »die geistigen Defizite« unserer gegenwärtigen Situation beschrieb.[1] Diese Situation läßt sich etwa so charakterisieren: Die heutige Religionspädagogik ist gekennzeichnet durch einen maximalen Materialreichtum, also auch Anregungsreichtum, aber zugleich durchzogen von einer starken Verbrauchereinstellung, die keineswegs nur die Lehrerschaft kennzeichnet, sondern auch Autoren und Verlage. Vermißt wird die Fähigkeit zu verweilen, die Ruhe und Sicherheit, beim Detail zu bleiben und gerade über das Detail einen inneren Sinn für das Ganze zu gewinnen. Solange wir Religionspädagogik als einen »Markt der Möglichkeiten« weiterbetreiben, dürfte sich diese

[1] Siehe Seite 13–18 in diesem Buch.

Situation nicht ändern. Auch die didaktische Einheitsparole vom »problemorientierten Religionsunterricht« erschwert eine Korrektur, weil sie einerseits größte Offenheit signalisiert bei immanenter Tendenz zu konsequenzenlosem Verbalismus und andererseits problemblind für den eigenen schulpädagogischen Standort macht.

Hilfreich in dieser Situation erscheint das Gespräch mit alternativen Schulkonzepten zu sein, wie sie die Montessori-Pädagogik, die Steinerschen Waldorf-Schulen und die Freinet-Schulen realisieren. Es leuchtet ohnehin nicht ein, die pädagogische Erfahrung dieser Schulmodelle unbefragt zu lassen, als könnten wir es uns leisten, nicht voneinander zu lernen. Da es sich allemale um Erziehungsentwürfe größerer Sensibilität und gesteigerter Intuition für das Kind handelt, ist die Religionspädagogik insbesondere auf diese Praxisfelder verwiesen. In keinem anderen Fach geht es ja so unverzichtbar um eine Befähigung zu Stille und Sammlung und eine Wachheit aller Sinne, wie in einem recht verstandenen Religionsunterricht.

Montessori-Pädagogik und die via indirecta

Der eigentliche und dauerhafte Beitrag der Montessori-Pädagogik liegt nicht in ihren expliziten religionspädagogischen Anstößen, sondern in ihrem allgemeinen Konzept von Schule und Erziehung. Eine explizite Religionspädagogik läßt sich ja auch nur im Rahmen einer Pädagogik entwickeln, deren Maßstäbe »stimmen« und die zugleich ein Schulmilieu begründen, in dem Schüler und Lehrer sich rundherum wohlfühlen.

Religionspädagogik und Schulpädagogik sind nicht geschiedene Dinge. Die allgemeine Schulkultur konstituiert die Bedingungen des Religionsunterrichts. Darum fängt die Didaktik des Religionsunterrichts auch nicht bei fachlichen Fragen an, sondern bei den Konstitutiva eines gedeihlichen Schullebens, und eben deshalb sind *nicht* Montessoris spezifisch religionspädagogische Vorstellungen das, was uns *grundlegend* interessiert, sondern ihr Schulmodell schlechthin.

Eine Beschreibung dieses Modells ist hier nicht zu leisten, ganz davon abgesehen, daß Beschreibungen nicht die eindrücklichen Erfahrungen eines eigenen Schulbesuchs ersetzen können. Pädagogische Wirklichkeiten erschließen sich letztlich nur in der Situation. Die nachträgliche Reflexion ist wichtig, aber erst im zweiten Schritt ertragreich.

Statt einer allgemeinen Darstellung der Montessori-Pädagogik will ich mich auf einige Momente beschränken, die ihr eigen sind und die ich auch religionspädagogisch für besonders bedeutsam halte:

Ein erstes Moment, das Montessori-Pädagogik kennzeichnet, ist ihr Programm der indirekten Erziehung. Für Montessori ist die via indirecta ein durchgehendes Prinzip ihrer Pädagogik. »Die Grundlage ist also nicht das Nachdenken darüber, wie man das Kind belehren oder erzieherisch beeinflussen kann, sondern wie man ihm eine Umgebung schaffen kann, die seiner Entwicklung förderlich ist, um es dann in dieser Umgebung sich frei entwickeln zu lassen.«[2] Für Erziehung und Unterricht gilt nicht mehr die übliche Direktheit einer Einwirkung, erst recht nicht die rein verbale Einwirkung auf das Kind, sondern eine Einbeziehung sämtlicher Umgebungsfaktoren, die es dem Kind erlauben, ohne »von oben« angestoßen oder aufgefordert zu sein, eigene – indirekt initiierte – Anteile in das gemeinsame Verhältnis einzubringen. Negativ formuliert bedeutet dies die Relativierung der Lehrerdominanz und eine erhebliche Zurückdrängung der nur-verbalen Belehrung. Für den gängigen, zumal den »problemorientierten« Religionsunterricht bedeutet dieses Prinzip, wenn man sich ihm stellen will, eine totale Herausforderung, denn er lebt von Texten und direkter Belehrung. Daß statt dessen der eigentliche Lernprozeß in der Wechselbeziehung von Kind und Sache, Kind und Umgebung liegen soll, muß für die religionspädagogische Praxis revolutionäre Folgen haben, die nachher noch bedacht werden sollen.

Eng verbunden mit dem Prinzip der indirekten Erziehung ist bei Montessori das Modell von Peripherie und Zentrum. Für sie ist Erziehung ausschließlich an der Peripherie möglich: »Die Peripherie ist das einzig erkennbare Gebiet, zu dem wir in Beziehung treten können, und dieser Begriff der peripherischen Belehrung stellt eines unserer leitenden Prinzipien dar, durch das wir uns grundlegend von anderen Methoden unterscheiden.«[3] Das Zentrum gehört dem Kind allein. Montessori pointiert sehr eindeutig: »Wir haben uns mit den Dingen, die im Zentrum vorgehen, nicht zu befassen ... Das Ziel anderer Methoden ist, sofort in das Zentrum einzudringen. Man wünscht, daß das Kind gleich anfangs die Dinge auf irgendeine Art versteht. Man glaubt, daß es nötig sei, große Dinge in kleiner Form zu geben ...«[4] Montessoris Weg ist gegenüber dieser groben Zugreif-Pädagogik hinweisender Art. Sie beschränkt sich auf die Bereitung der Peripherie. Das Zentrum gehört dem Kind allein, es ist sein Geheimnis, in dem es – es drängt sich der Gedanke an Meister Eckeharts Mystik auf – zu Gott unmittelbar ist. In diesen Innenraum soll der Lehrer nicht eindringen wollen, sondern Freiheit geben, damit der junge Mensch zu eigenen Resultaten kommen kann.

[2] *Maria Montessori,* Grundlagen meiner Pädagogik, (München 1934) Heidelberg [3]1968, 46.

[3] *Wilfried Böhm,* Maria Montessori. Hintergrund und Prinzipien ihres pädagogischen Denkens, Bad Heilbrunn 1969, 43 f.

[4] *W. Böhm,* a. a. O., 42 f.

Montessori hat keine unmittelbar lehrhaften Konsequenzen aus ihrem Denken über Zentrum und Peripherie für die Religionspädagogik gezogen. Aber vielleicht ist ihre auffallende Scheu, ein wirkliches religionspädagogisches Konzept zu entwickeln, hierin begründet. Denn zu Beginn dieses Jahrhunderts hätte die Folge ihres didaktischen Ansatzes eine derartige Relativierung des dogmatisch-postulierenden Religionsunterrichts bedeutet, eine solche Verschiebung der Materialien und Gewichte, daß dies zu einem Vorwegnehmen von Entwicklungen hätte führen müssen, die selbst zum Ende des Jahrhunderts noch nicht selbstverständlich, ja, vielen immer noch nicht denkbar, geschweige denn sanktionsfrei durchführbar erscheinen.

Die folgenden vier Punkte, die ich zur Kennzeichnung der Montessoripädagogik herausstellen möchte, sind dem geschilderten Ansatz verpflichtend. Ich skizziere sie jeweils im Blick auf ihre innovierenden Möglichkeiten für die heutige Religionspädagogik.

Die vorbereitende Umgebung

Die erste Aufgabe sieht Maria Montessori darin, »vor allen anderen Dingen die Umgebung zu pflegen. Das ist eine indirekte Arbeit, und wenn die Umgebung nicht gut gepflegt ist, wird es weder auf physischem noch intellektuellem oder spirituellem Gebiet wirkungsvolle und dauerhafte Ergebnisse geben.«[5]

Dieser Ansatz führt zur Gestaltung von Schulzimmern, die in ihrer Einrichtung und atmosphärischen Gestaltung Anforderungscharakter für Handeln haben. Der Klassenraum soll so beschaffen sein, daß er eine »Anregungswelt voll progressiver Interessen«[6] wird, in der die Selbsttätigkeit der Kinder geradezu herausgelockt wird. Dadurch gewinnt der Lehrer gegenüber dem gewöhnlichen Frontalunterricht sofort eine neue Funktion. Sie besteht jetzt primär in der Vermittlung zwischen dem Schüler und der vorbereiteten Umgebung mit all ihren Materialien, die zu eigenständiger Auseinandersetzung reizen. »Wir bieten dem Kind mit dem Material geordnete Reize an und lehren also nicht direkt, wie man es sonst mit kleinen Kindern zu tun pflegt, sondern vielmehr durch eine Ordnung, die im Material liegt und die das Kind sich selbständig erarbeiten kann. Wir müssen alles in der Umgebung, also auch alle Gegenstände so weit für das Kind vorbereiten, daß es jede Tätigkeit selbst ausführen kann.«[7]

[5] *M. Montessori,* Das kreative Kind, Freiburg 1972, 250.

[6] *Hildegard Holtstiege,* Modell Montessori. Grundsätze und aktuelle Geltung der Montessori-Pädagogik, Freiburg 1977, 128.

[7] *M. Montessori,* Grundlagen, a. a. O., 13.

Für unsere nackten, auf nur technische Funktionalität reduzierten Klassenzimmer ist diese Forderung nach anregender Umgebung eine Herausforderung, welche die Religionspädagogik bisher selbst als theoretisches Postulat nicht angenommen hat. Im Gegenteil: Wir diskutieren nur Lehrplaninhalte und ihre Vermittlung, also Fragen direkter Lehre. Überlegungen, wie unsere Schüler sitzen, welche Kooperationsformen möglich sind, ob es unterschiedliche Aktivitätszonen im Klassenraum gibt, atypische Gegenstände, die durch ihre Wohnlichkeit Schule verfremden und sie zugleich häuslich werden lassen, ob die Kinder Pflanzen und Tiere im Klassenzimmer pflegen dürfen, und vor allem: welche Materialien dort möglich sind, damit die Schüler nicht pausenlos allein vom Lehrer in ihren Aktivitäten abhängig sind... diese Überlegungen sind leider keine religionspädagogischen Sorgen. Ich teile jedoch Montessoris Erfahrung, daß es nirgendwo wirkungsvolle und befriedigende Ergebnisse geben wird, wenn die Lernumgebung nicht mit größter Sorgfalt eingerichtet und gepflegt wird. Das Unbehaustsein der Kinder, ihre Fahrigkeit, ihr fluchtartiges Verlassen der Schule, ihr Benehmen und die Rücksichtslosigkeit sowohl gegenüber Sachen wie Mitschülern, das alles hängt mit davon ab, ob der Klassenraum ein unwirtlicher, häßlicher Warteraum ist oder eine anheimelnde Stätte, zwischen Stube und Werkstatt angesiedelt, in der sich die Kinder durch vielfältige Aktivitäten regelrecht einhausen können.

Das Materialangebot

Zur »vorbereiteten Umgebung« gehören spezifische Materialien, von denen Montessori fordert, daß sie »progressive Interessen« wecken. In erster Linie sollen diese Materialien die Schüler zur Beschäftigung mit ihnen reizen, sie dann aber einen offenen Erfahrungsweg weisen, der vom Detail zur Erfassung des Ganzen führt. Das geschieht vor allem durch eine Isolation von Eigenschaften, d. h., bei jedem einzelnen Gegenstand wird eine bestimmte Eigenschaft, wie zum Beispiel Größe, Form, Farbe, Klang, Gewicht, Temperatur, Oberflächenstruktur u. ä. m. hervorgehoben. Bei den fachdidaktischen Materialien sind es entsprechend ähnliche Elementarisierungen. Die Untersuchung des Details, man sagt auch »die Meditation am Detail«, soll das Studium des Ganzen in Gang setzen. Feststellbar ist hier das sogenannte Montessori-Phänomen: Die Schüler geraten in den Bann der Sache, sind so vertieft in ihre Arbeit, daß alles übrige um sie versinkt, und erst nach Beendigung ihrer Arbeit löst sich allmählich die innere Faszination.

Über dieses Materialangebot und seine Grenzen muß später noch etwas gesagt werden. Vordem erscheint eine religionspädagogische Reflexion geboten.

Zunächst im Blick auf den »problemorientierten« Religionsunterricht. Die sogenannte Problemorientierung intendiert, jeweils bei den Fragen, Problemen und Bedürfnissen der Schüler anzusetzen. Demgegenüber orientiert die Montessori-Methode die Schüler auf »Sachen« (als Entfaltung der Peripherie), deren Praxis – das ist mein akzentuiertes Urteil – in einem wohltuenden Gegensatz zu einem verquatschten problemorientierten Religionsunterricht steht, zumal die therapeutische Funktion der Montessori-Methode mir eher problemlösend zu sein scheint als das elende Bereden von »Angst«, »Vorurteilen« oder »Außenseiter«-Thematik.

F. J. Buytendijk hält es für eine der wichtigsten Entdeckungen Maria Montessoris, »Situationen von höchst verpflichtender Art erfunden zu haben«, und sicherlich ist dies ein Schlüssel zu ihren großen und andauernden schulischen Erfolgen. Zu diesem Konzept gehören auch die »Übungen des praktischen Lebens«, welche die Entwicklungsmaterialien in ihrer Wirkung ergänzen und vertiefen. Montessori hat hier drei Aufgabenfelder herausgestellt: Erstens Übungen zur Pflege der eigenen Person; sie setzen im Kinderhaus an, zielen darauf, sich selbständig an- und ausziehen zu können, sich waschen und pflegen zu können. Zweitens Übungen, die dem angemessenen Umgang mit anderen dienen; dazu gehören Formen der Begrüßung, Modalitäten, andere im Haus zu empfangen und zu bewirten oder ihnen Geschenke zu machen. Drittens Übungen zur Gestaltung und Pflege der Umwelt; zu diesem Bereich können viele Aufgaben gehören, beispielsweise das richtige Decken des Tisches, Servieren, Abdecken, Aufräumen, das Pflegen der benutzten Dinge. Und weil diese Aufgaben des täglichen Lebens weniger besprochen als in konkreten Situationen geübt werden, entstehen in Montessori-Schulen Lebenszusammenhänge, deren pädagogische Wirkung dem praktischen Vollzug immanent ist.

Für den Religionsunterricht selbst fehlt innerhalb der heutigen Montessori-Praxis ein Materialangebot. Die seinerzeit naheliegende Lösung, über liturgische Riten und Geräte den Kindern einen Zugang zur Mitte des Glaubens zu ermöglichen, ist aus mancherlei Gründen überholt. Neue Entwicklungen sind nicht erfolgt, so daß in Sachen Religionsunterricht die Montessori-Schulen – soweit ich sehe – im unmittelbaren Inhaltsbereich nicht weiter sind als andere Schulen. Trotzdem besteht die Frage, ob dies so sein und bleiben muß. Wegen der konfessionellen Trennung, die zum Religionsunterricht die Kinder immer wieder umorganisiert und in extremen Diasporaverhältnissen sogar mehrere Jahrgänge in eine Lerngruppe zusammenfassen läßt, wäre eine größere Differenzierung durch mehr Freiarbeit wichtig. Gleichzeitig könnte hier eine Entlastung des Lehrers in seiner ständigen Dominanz des Frontalunterrichts erfolgen. Von der Situation her besteht also ein unbedingtes Interesse an spezifischen religionspädagogischen Materialien. Ob und inwieweit ein solcher Wunsch realisierbar erscheint, will ich später reflektieren.

Die Polarisation der Aufmerksamkeit

Mit der Beschreibung der Faszination, die von den Materialien auf die Kinder ausgeht, haben wir bereits das »Schlüsselphänomen« der montessorischen Methode erwähnt. »Das ist offenbar der Schlüssel der ganzen Pädagogik: diese kostbaren Augenblicke der Konzentration zu erkennen, um sie beim Unterricht in Lesen, Schreiben, Rechnen, später in Grammatik, Mathematik und Fremdsprachen auszunützen. Alle Psychologen sind sich übrigens darin einig, daß es nur eine Art des Lernens gibt: tiefstes Interesse...«[8] Dieses Phänomen gefesselter Aufmerksamkeit beobachtete Montessori bei einem dreijährigen Kind, das sich mit Einsatzzylindern befaßte, und von da an war es ihr »Streben, Übungsgegenstände zu suchen, die die Konzentration ermöglichten; und ferner studierte ich gewissenhaft, welche Umgebung die günstigsten äußeren Bedingungen für diese Konzentration bietet. So begann ich meine Methode aufzubauen.«[9]

Polarisation der Aufmerksamkeit bedeutet eine Sammlung aller kindlichen Kräfte auf einen Punkt, Ausrichtung der Aufmerksamkeit auf einen Gegenstand oder Vorgang, Vertiefung in eine Sache bei gleichzeitiger innerer Loslösung von der Umgebung.

Der stärkste Widerspruch zu diesem Aufgehen in der Sache kann in allen Klassen erlebt werden, deren Schüler zu nichts Lust haben, die mit allen, auch den selbstgewählten Aufgaben und Themen, gleich wieder »fertig« sind und deshalb jeder Sache, gleich welcher Art, überdrüssig werden, kaum daß sie einen Blick darauf geworfen haben. Das erschütterndste Dokument dieser Mentalität ist der Erfahrungsbericht von Job-Günter Klink, »Klasse H 7e.«[10]

Der Religionsunterricht kennt diese demoralisierende lustlose Blasiertheit allerwege. Im Kampf ums Überleben – wobei das Überleben der eigenen Selbstachtung als Lehrer nicht das unwichtigste Motiv ist – hat die

[8] *M. Montessori,* Das Kind in der Familie, (Wien 1923) Stuttgart 1954, 59.
[9] Ebd., 58f.
[10] *Job-Günther Klink,* Klasse H 7 e. Aufzeichnungen aus dem Schulalltag, Bad Heilbrunn 1974.

Gegenstrategie zu anbiedernden Themen und zu immer stärkerer Konsumgängigkeit der Inhalte und Medien geführt. Daß dieser Weg, der auch an der Entwicklung unserer Religionsbücher abgelesen werden kann, zum pädagogischen Bankrott führt, ist klar, aber was soll der als Fachlehrer pädagogisch gelähmte Religionspädagoge machen, wenn das gesamte Schulsystem nur durch Leistungsdruck und Disziplinierungsmittel »über die Runden« zu kommen glaubt?

Auch hier heißt der Rat: von Montessori lernen, wenngleich gerade die Konzentration der Aufmerksamkeit nicht als isolierter Vorgang übernommen werden kann. Doch wenn wir beginnen, den Klassenraum zu verändern, ihn im Sinne einer »Anregungswelt voll progressiver Interessen« einzurichten, ist bereits ein erster, sehr, sehr wichtiger Schritt getan, der neue Möglichkeiten eröffnet. Nehmen wir dann noch Montessoris Erfahrung hinzu, daß es zum Menschen gehöre, »mit den Händen und der Intelligenz zu arbeiten«,[11] woraus sie den Schluß zog, daß »die Arbeit des Geistes stets durch die Arbeit der Hände begleitet werden« müsse, dann könnte das für die Religionspädagogik die Wende zur Wiederentdeckung zahlreicher manueller und musischer Tätigkeiten sein, durch die erst eine volle personale Aneignung wesentlicher Inhalte erfolgt.

Die Stille-Übungen

Mit der »Polarisation der Aufmerksamkeit«, diese weitgehend vorbereitend und tragend, sind die Übungen der Stille bei Maria Montessori verbunden. Der Anlaß dazu waren – wie vieles in der Montessori-Pädagogik – Beobachtungen an Kindern. Sie fand, daß Kinder die Stille lieben, ja, davon fasziniert sein können, und entwickelte im Anschluß daran eine Übung, welche die Schüler für innere Vorgänge sensibilisieren soll. Ihre Schülerin Lubienska de Lenval hat, hieran anknüpfend, die Stille-Übungen zu einer tragenden Voraussetzung ihrer katechetischen Schule gemacht. Mehr als jede andere Montessori-Praxis ist die Übung der Stille ein Modus, der in den Religionsunterricht übernommen werden sollte. Damit würde bei Lehrern und Schülern eine neue Erfahrungsdimension gestiftet, die für unsere lärmenden Schulen mit ihrem oft pathologisch hektischen Getriebe sehr heilsam wirkte. Freilich müßte dazu der Montessori-Ansatz weiter ausgebaut werden. Er wäre einerseits auf die verschiedenen Schulstufen hin zu differenzieren bzw. sollte zwischen Anfangs- und Aufbau-Übungen unterschieden werden. Andererseits könnten in einer der Schule gemäßen Weise neue Erfahrungen aus

[11] *M. Montessori,* Frieden und Erziehung, Freiburg 1973, 46.

Eutonie und Meditations-Übungen hinzugenommen werden. Darüber wird später noch zu sprechen sein.

Anzumerken bleibt freilich die Frage, wie es die Montessori-Schulen ihrerseits mit den Übungen der Stille halten. Es fällt auf, daß der überlieferte Ansatz allem Anschein nach nicht weiter entwickelt worden ist, ja eher in Vergessenheit geriet. Hier sind neue Impulse dringend erwünscht.

Die Grenzen der Montessori-Pädagogik

Die Grenzen der Montessori-Pädagogik scheinen mir zugleich mit ihrem Ansatz gegeben zu sein. Um nicht in eine uferlose Analyse ihrer weltanschaulichen und anthropologischen Voraussetzungen zu gelangen, möchte ich mich im folgenden auf das Materialangebot allein beschränken.

Es wurde bereits gesagt, daß das didaktische Auswahlprinzip dieses Materials die »Isolierung einer einzigen Eigenschaft im Material«[12] ist: »Der Isolierungsprozeß kann zweifacher Natur sein: er kann sich auf den von jedem Umwelteinfluß isolierten Menschen beziehen und auf das Material, das eine einzige graduell abgestufte Eigenschaft aufweist. – Diese als äußerste Vollkommenheit anzustrebende Präzision ermöglicht die Durchführung einer inneren und äußeren Analyse, die geeignet ist, dem kindlichen Geist Ordnung zu geben.«[13] Daß hier reduktionistisch-modellhaft vorgegangen wird, soll keineswegs Gegenstand meiner Kritik sein, jedenfalls nicht, solange man sich auf entsprechend methodisierbare Wirklichkeitsbereiche beschränkt. Es bleibt nur zu beachten, daß die Materialien der Montessori-Pädagogik so etwas wie elementare Modelle erster Ordnung sind, die dem pragmatischen Bereich des sinnenhaft Zugänglichen, des Meßbaren und Wägbaren, des puzzlehaft Einfügbaren angehören. Ein reflektiertes Kategoriengefüge darauf aufbauender Modelle im Bereich der Naturwissenschaften, der sozialen oder politischen Ordnung ist mir unbekannt, dementsprechend auch die didaktische Überlegung, welcher Realitätsbereich mit dem vorhandenen Material erschlossen und welche weiteren Wirklichkeitsdimensionen nicht mehr erreicht werden. Hier setzt denn wohl auch die Schwierigkeit ein, aus dem bislang realisierten Ansatz ein heute zureichendes religionspädagogisches Konzept zu entwickeln. Daß sich das im »Atrium« gegebene liturgische

[12] *H. Holtstiege,* a. a. O., 109.
[13] *M. Montessori,* Die Entdeckung des Kindes, Freiburg 1969, 115 f.

Modell der Montessori[14] überholte, liegt m. E. nicht an theologischen Entwicklungen, wie P. Oswald meint,[15] sondern an einem von vornherein verkürzten Verständnis von Liturgie, Gebet, Gemeinde, Kirche... letztlich an einer falschen Reduktion auf handhabbares Material und äußere Formen. Im Bereich religionskundlicher Realien bieten sich natürlich ebenso wie in Erdkunde »Sachverhalte« an, die modellhaft veranschaulicht werden können, für die also entsprechende Modelle erster Ordnung entwickelt werden können, wie sie für andere Grundschulfächer in Gebrauch sind. Aber das Problem setzt ja eigentlich erst dahinter an. Sobald es um Sinnfragen geht – und darum handelt es sich in entscheidenden Dimensionen des Religionsunterrichts, aber auch des sprachlichen und musischen Unterrichts –, ist die Grenze des Montessori-Materials erreicht.

Zur didaktischen Theorie des Montessori-Materials gehört also immer auch die Reflexion der gegebenen Grenzen: Daß es nicht nur das eindeutig Isolierbare, sondern zugleich, selbst im naturwissenschaftlichen Bereich, das Mehrdeutige gibt, eine Fülle offener Lösungen; daß das Eigentliche, von dem der Mensch lebt, nicht isolierbar, nicht definierbar, ja, nicht einmal sagbar ist. Der Hinweis auf Peripherie und Zentrum genügt hier nicht. Zu wünschen wäre eine sensible Didaktik des Nichtverfügbaren, wie sie sprachlich zum Beispiel in Formen der Legende und des mystischen Paradoxons angelegt ist.

Das Defizit der Montessori-Pädagogik liegt somit im Ausfall einer Didaktik subtiler Sinnvermittlung. Dazu zähle ich beispielsweise eine schulische Tradition des Erzählens symbolischer Geschichten wie Märchen, Mythen, Sagen und Legenden auf der Basis eines sensibel entfalteten Verhältnisses zu diesen Gattungen. Dazu zähle ich eine bewußte Hinführung zum Bild und insbesondere eine Symboldidaktik, die unsere Kinder zur Wahrnehmung und Realisation metaempirischer Wirklichkeit erst befähigt. Dazu zähle ich insgesamt eine literarische und musisch-künstlerische Erziehung, insofern sie in den spezifischen Ansätzen der Montessori-Pädagogik nicht fundiert ist. Mit anderen Worten: der Montessori-Pädagogik fehlt »das dritte Auge«, das den inneren Raum und die innere Zeit erkundet, ohne dessen Blick keine Kultur für die Tiefe des eigenen Reichtums voll erschlossen werden kann.

Ich sehe ein, daß mit diesem Postulat der »reine Ansatz« der Methode korrigiert werden müßte. Die naturwissenschaftliche Interessenrichtung

[14] *M. Montessori,* Kinder, die in der Kirche leben. Die religionspädagogischen Schriften von Maria Montessori, Freiburg 1964.

[15] *Paul Oswald,* Montessoris Beitrag zu einer indirekten religiösen Erziehung, in: Katechetische Blätter 106 (1981) 28–34.

und Begabung Montessoris, aber auch die darin zum Teil eingeschlossene pragmatische Tendenz spezifischer Entwicklungsmaterialien wäre durch eine genuine geisteswissenschaftliche Didaktik zu ergänzen. Sicherlich würden in diesen Bereichen die Ausgangsmöglichkeiten vom Material, also auch die Selbsttätigkeit der Schüler eingeschränkt, doch sollte dies keineswegs bedeuten, damit eine Angleichung an gängiges Unterrichtsverhalten hinnehmen zu müssen. Die Essentials der Montessori-Pädagogik könnten und müßten um jeden Preis gewahrt bleiben. Welche Möglichkeiten ich für eine spezifische Ergänzung und insbesondere religionspädagogische Weiterentwicklung der Montessori-Pädagogik sehe, will ich im folgenden entwerfen.

Neue Möglichkeiten der Montessori-Pädagogik

Prinzip für meine Überlegungen ist ihre Rückbindung an spezifische Qualitäten des Montessori-Modells. Ausgangspunkt bleibt also eine für die Montessori-Pädagogik grundlegende und kennzeichnende Praxis, die hier aufgenommen, in andere Aufgabenbereiche übersetzt und mit etwas Phantasie weitergedacht werden soll. Dabei handelt es sich in der Sache um Anstöße, die aus Erfahrungsbereichen der heutigen Religionspädagogik oder anderer alternativer Schulkonzepte stammen, die in ihrer pädagogischen und geistigen Ausrichtung der Montessori-Pädagogik aber nicht fremd entgegentreten, sondern deren eigene Intentionen aufnehmen und entwickeln.

Vertiefung der meditativen Dimension

Grundlegend für diesen Zielbereich sind die Stille-Übungen. Aus religionspädagogischer Sicht ist es der erste und wichtigste Ausgangspunkt. Sofern Montessori-Schulen sich nicht von ihren besten Wurzelgründen lösen wollen, bleiben diese Stille-Übungen unverzichtbar zentral (und dies um so mehr, je bewußter man das Erbe der Lubienska de Lenval weiterführen will). Außerdem begründen sie einen innerlichen Erfahrungsweg, der weitgehend non-verbal ist, aber wie kein anderer geeignet, mit dem »dritten Auge« zu begaben.

Meines Erachtens könnten die Stille-Übungen den wichtigsten Beitrag bilden, den Montessori-Schulen dem Religionsunterricht und darüber hinaus dem allgemeinen Schulwesen als praktikable Unterrichtselemente anbieten können. Freilich müßten sie dazu über die eigenen Anfänge endlich hinausgehen, sich nicht damit begnügen, die ehrwürdige Dottoressa nur zu wiederholen, sondern unter Einbeziehung neuer Erfahrungen eine differenzierte und über alle Schulstufen hin entwickelte Praxis zu erarbeiten. Die Trennungslinie zwischen Montessoris Stille-Übungen und eigentlicher Meditation sollte jedoch weiterhin bestehen bleiben und nicht beliebig verwischt oder überspielt werden. Es geht in allem um schulischen Unterricht, also um ein in diesem Rahmen allgemein lehrbares und praktikables Verhalten. Nicht spirituelle Expertenschaft, sondern pädagogisch vermittelbare Sensibilisierung ist das Ziel. Im Rahmen dieser Zielsetzung schlage ich den Montessori-Schulen folgende schulpädagogische Erkundungsarbeit vor:

Zunächst wäre eine genauere Grenzziehung zwischen dem (ausgeweiteten und differenzierten) Bereich der Stille-Übungen und einer eigentlichen Meditationspraxis vonnöten. Kriterium dafür sollte das schulisch allgemein Vermittelbare sein, eine Praxis, die vom Lehrer zwar Sensibilität, nicht aber Meditationserfahrung verlangt und die zugleich ausschließt, daß Schüler in Tiefen einbrechen, aus denen der Lehrer sie nicht mehr herausholen kann.

Zweitens ist das mögliche Spektrum schulischer Stille-Übungen altersspezifisch zu differenzieren. Zu unterscheiden wären möglicherweise auch grundlegende Übungen, welche die gesamte schulische Ausrichtung qualifizieren helfen von mehr punktuell gerichteten Übungen der inneren Sammlung zur Vorbereitung auf besonders beanspruchende Arbeiten.

Schließlich müßte – in einem eigenen Auftrag – erprobt werden, inwieweit eutonische Übungen (nach der Alexander-Methode oder nach der Scharing-Methode) eine behutsame schulische Aufnahme zur Unterstützung von Stille-Übungen finden können. Die Betonung eines »eigenen Auftrags« will besagen, daß für diese Erkundung sowohl persönliche eutonische Erfahrungen als auch die sachkundige Begleitung ihrer Übertragung in schulische Verhältnisse gehören.

Ergänzung des Unterrichtsmaterials

Bevor hier von der Neuentwicklung religionsdidaktischer Materialien die Rede sein soll, stellt sich eine Frage, die innerhalb der Montessori-Pädagogik möglicherweise als »grundsätzlich« verstanden wird. Gemeint ist die Überlegung, inwieweit sich die jeweiligen schulischen Alternativ-Konzeptionen, seien sie nun auf Montessori, Rudolf Steiner, Peter Petersen, Célestin Freinet oder andere verpflichtet, aufeinander einlassen wollen bzw. können, um wechselseitig voneinander zu lernen oder gar um einzelne Arbeitsmethoden aus dem anderen Bereich zu übernehmen. Ich weiß, daß hier kein beliebiger Synkretismus möglich ist, wenn die jeweilige Pädagogik ihre eigenen Ausgangspunkte, die oft weltanschaulich begründet sind, nicht verwischen oder gar aufgeben will. Andererseits gibt es aber im jeweils anderen System viele Praktiken, die sehr brauchbar sind und die ohne Beeinträchtigung des eigenen Profils, sofern kein falscher Stolz im Wege ist, übernommen werden können. Ein solcher Praxisbereich, der der Mentalität und dem pädagogischen Denken Maria Montessoris sehr nahe steht, ist das Setzen und Drucken eigener Texte in den Freinet-Schulen. »Indem das Kind setzt, schafft es ein wenig Leben, und vor allem einen Teil seines eigenen Lebens. Dieser Setzrahmen, den es soeben ausgefüllt hat und dessen Fehler es jetzt berichtigt, enthält einen lebendigen Teil jenes Textes, der es interessiert hat; und das ist keine vergebliche Arbeit... Es ist unnötig, die Kinder zu überwachen. Alle helfen sich gegenseitig, so gut sie können, um eine fehlerfreie Reihe zu setzen, und es gibt kein Beispiel, wo sich ein Schüler von den Schwierigkeiten oder vom Mißerfolg hätte abschrecken lassen. Bei dieser Arbeit stellen wir dieselbe geduldige Ausdauer fest, die auch für die Kinder charakteristisch ist, die spielend mit einem Konstruktionsbaukasten beschäftigt sind... Man muß in ihrem tiefen Interesse für ihr Material die wesentliche Ursache für die Sorgfalt sehen, die sie auf die Einordnung und die Pflege der Schriftzeichen verwenden...

Das Drucken! Die Kleinen selbst besorgen alle Tätigkeiten: Einfärben, Auflegen des Blattes, Druck, Ordnen der bedruckten Blätter. Das stellt eine neue, sauber aufgetragene, ernsthafte manuelle Arbeit mit einem ganz bestimmten Ziel dar: das Drucken des vorher gedachten, gesprochenen, geschriebenen, gelesenen und selbsterstellten Textes. Eine Arbeit, nach der wie nach einer unschätzbaren Gunstbezeugung regelrecht verlangt wird und die mehr geschätzt wird als die Spiele in der Pause, da die Gruppe in der Druckerei mit der gleichen Ernsthaftigkeit ihre Arbeit vollendet, ohne sich um den Unterrichtsschluß zu kümmern.«[16]

Ein Montessori-Lehrer, der solche Schilderungen hört, ist spontan im Bilde. Das ist gleichgerichtetes pädagogisches Denken, und wenn er zusätzlich hört, daß das »Verständnis des Ganzen, das die Grundlage unserer Methode ist«, es allen Schülern sehr früh ermöglicht, auch die von den älteren Kursen vorbereiteten Texte abzuschreiben und zu lesen, was die Arbeit in heterogenen Klassen erleichtert, so könnte er gleich denken, hier spreche Montessori selbst. Mein Vorschlag zielt also keineswegs auf ein äußerliches Kopieren, sondern auf eine dem eigenen pädagogischen Ansatz entsprechende Ergänzung, die zumal durch ihren sensiblen sprachlichen – und zugleich manuellen! – Charakter die geschilderten Engführungen und Grenzen des überkommenen Montessori-Materials

[16] *Elise Freinet*, Erziehung ohne Zwang. Der Weg Célestin Freinets, Stuttgart 1981, 45. 42f.

zu erweitern vermag.[17] Oder welche Gegenargumente sollten hier in Frage kommen?

Ist es noch notwendig hinzuzufügen, daß die Schuldruckerei eine wertvolle Verlebendigung des Religionsunterrichts sein kann? Hier gewinnt die sprachliche Formulierung wieder ihre volle Eindrücklichkeit, die Kinder arbeiten sich sinnend und meditierend in ihre oft hintergründigen Texte hinein, und außerdem werden sie nun Produzenten ihrer eigenen Schulbücher. Wie schweizerische und deutsche Klassen beweisen, entstehen mit der Schuldruckerei quicklebendige Hefte und sogar kleine Bücher, von denen manche Seiten den offiziellen Werken in ihrer steifen Farblosigkeit weit überlegen sind.

Ich habe bereits gesagt, daß die Montessori-Schulen mit ihrem religionspädagogischen Material in einer Sackgasse stecken. Diese Kirchenjahrstafeln, Rosenkranzgesätze oder biblischen Themen, die jeweils mit selbst gesuchten und fast immer auch minderwertigen Bildern gelegt und zugeordnet werden müssen, belegen zwar einen oft rührenden persönlichen Einsatz, aber keinen Fortschritt in der Sache. Sofern hier schon etwas weiterentwickelt werden sollte, dann nicht im Sinne einer »richtig« erinnernden Zuordnung, sondern einer kreativ realisierenden Assoziation, die im Erkennen zugleich deutet. Beispielsweise dürfte es nicht darum gehen, die Kreuzwegstationen in »richtiger« Reihenfolge zu legen, sondern in der Passion Jesu die fortwährende Passion der Menschheit, zumal unserer Tage, wiederzuerkennen, so daß Tagesereignisse auf dem Hintergrund des Kreuzweges gelesen werden können.

Nicht unbekannt in Montessori-Schulen ist auch die Arbeit mit Karteikästen, wenngleich religionspädagogische Aufgabenstellungen hierin wohl eher die Ausnahme bilden. Der Karteikasten kann die Individualisierung des Lernens gerade für jene Fächer stützen helfen, deren Inhalte in wesentlichen Dimensionen an sprachliche Arbeit gebunden sind. Je nach eigenem Wissen und Problemverständnis kann sich der Schüler hier Aufgaben holen, denen er gewachsen zu sein glaubt. Für Rechtschreibübungen oder ein mathematisches Training sind das geläufige Verfahren. Was aber vermag hier der Religionslehrer zu entwickeln? Ohne Zweifel ist der einzelne Lehrer überfordert, wollte er sein Karteikastenmaterial jeweils allein erarbeiten. Dazu fehlt es im Normalfall an sachlichem und auch didaktischem Überblick, um angemessene Themenfelder zu berücksichti-

[17] Zur weiteren Information siehe:
Célestin Freinet, Die moderne französische Schule. Übersetzt und besorgt von Hans Jörg, Paderborn ²1965;
Hans Jörg, Praxis der Freinet-Pädagogik (Les techniques Freinet de l'Ecole Moderne, 1964), Paderborn 1981;
Aida Vasquez, Fernand Oury u. a., Vorschläge für die Arbeit im Klassenzimmer. Die Freinet-Pädagogik. Alternativen zum gewöhnlichen Schulleben, Reinbek 1976.

gen und hinreichend zu differenzieren. Aber einer Arbeitsgemeinschaft von Religionspädagogen und Montessori-Lehrern müßte es möglich sein, allgemein verwendbare Materialien für die freie Arbeit im Religionsunterricht zu entwickeln.[18]

Last not least müssen wir über das eigentliche Notstandsgebiet der Montessori-Schulen, den Mangel an heute brauchbaren Arbeitsmaterialien für den Religionsunterricht, sprechen. Die voraufgegangenen Hinweise auf die Möglichkeiten der Karteikästen sind hier allerdings grundlegend, denn sie gestatten eine Entwicklung der Freiarbeit für *alle* Bereiche des Religionsunterrichts. Das ist ebenso für die biblische Textarbeit möglich, zumal dann, wenn man an den der sprachlichen Form immanenten didaktischen Qualitäten eines Textes anknüpft, als auch für glaubenskundliche, kirchengeschichtliche, ethische und religionswissenschaftliche Themenbereiche realisierbar. Doch sollten zunächst einige Modellkonzeptionen dieser Karteiarbeit entwickelt, erprobt und im Erfahrungsaustausch diskutiert werden, bevor man allen – also nicht nur Montessori-Schulen – ein solches Arbeitsmittel anbietet.

Für weitere, nun aber wirklich neue Unterrichtsmaterialien ist vorab eine Erörterung der Kategorien nötig, von denen hier ausgegangen werden kann. Bekanntlich verfügt der Religionsunterricht ja über keine homogene Didaktik, sondern ist – neben eigenen Feldern wie zum Beispiel einer Symboldidaktik – auf die didaktische Erschließung von Literatur, Kunst, Historie, Kultur, Musik und aller Fragen des Ethos und des sozialen Zusammenlebens angewiesen. Das macht für den Religionspädagogen die permanente Umschau unter den Nachbardidaktiken wichtig. Dementsprechend kann ein großer Teil aller Unterrichtsmaterialien für den Religionsunterricht im Anschluß an Arbeitsweisen des Deutsch-, Geschichts-, Kunst und Musikunterrichts entwickelt werden.

Neben dem didaktischen Fächerspektrum ist eine Unterscheidung verschiedener Sachstrukturen wohl aber noch wichtiger für die Schaffung neuer Materialien. Es liegt auf der Hand, daß zum Beispiel die sogenannten Realien dafür geeigneter sind als Sachverhalte höherer Abstraktionsgrade. Um aber nicht bei einer puren Realienkunde stehenzubleiben, empfehlen sich stets solche Gegenstandsbereiche, die Ausdruck einer

[18] Auch bezüglich dieser Kategorie von Unterrichtsmaterialien dürfte ein Blick über den Zaun in die Freinet-Pädagogik lohnen. Dort gibt es die *Versuchskartei,* eine auf 1000 Sachblättern gebotene Anleitung zu Versuchen im naturwissenschaftlichen und musischen Bereich; die *Arbeitskarteien,* die (mittels einer Gliederung in Informationskarten, Aufgabenkarten und Lösungskarten) den gesamten Grundlehrstoff der schulischen Fächer zur Eigenerarbeitung anbieten. Die Schüler können allein oder mit einzelnen Klassenkameraden ganze Sachgebiete selbständig erarbeiten und die Resultate zugleich kontrollieren. Besondere *Testkarten* erlauben dem Schüler die Kontrolle, ob er das jeweilige Thema beherrscht. – Für den Sprach-, Sach- und Rechenunterricht gibt es außerdem einige hundert *Lernprogramme* für grundlegende Übungen.

Gesinnung und einer inneren Lebensform wurden. Sollte es etwa innerhalb des umfangreichen Komplexes »Land und Leute in Israel« um die Frage gehen, welche Arbeitsschritte und Mühen hinter dem täglichen Brot stehen, dann verbindet sich damit ein elementarer Lernprozeß über Bodenbereitung, Aussaat und Ernte, Dreschen, Worfeln, Sieben, Messen, Mahlen, Teigbereitung und Backen des Brotes. Damit einher geht eine Erläuterung der Geräte: des Hakenpflugs, der Dreschtafel und des Dreschplatzes, der helfenden Tiere, der Worfelgabel, der Siebe, der Handmühle, des Backbleches. Und noch einmal damit verbunden sind Sprichwörter, Gebete, Gebräuche und Geschichten, die diese elementaren Arbeiten begleiten und in ihrem religiösen Kern *deuten*. Ist ein solches Sachgebiet hinreichend erkundet,[19] geht es darum, diesen Komplex für die selbständige Erarbeitung der Schüler didaktisch zu erschließen. Dazu gehören gute zeichnerische Rekonstruktionen der Geräte und Arbeitsgänge, aber auch Anweisungen zu eigenen oder gemeinsamen Versuchen und schließlich ein vertiefendes, deutendes Lesematerial. Es wäre gewiß zu wenig, lediglich die einzelnen Arbeitsschritte in der richtigen Reihenfolge mit Bildkarten legen zu lassen, vielmehr gehören der Aufbau und die Funktion der Geräte ebenso hinzu wie möglicherweise eine Beschriftung mit biblischen Kontexten, die der Schüler mit Hilfe von Stellenangaben selbst zusammenträgt. Die künstlerische Qualität solcher Materialien ist natürlich kompromißlos zu fordern.

Ich kann an dieser Stelle keine detaillierte Beschreibung solcher kultur- und religionskundlichen Selbstbeschäftigungs-Materialien geben. Es kommt auf ihre konkrete Entwicklung und praktische Erprobung an. Auf keinen Fall aber fehlt es an Möglichkeiten, immer wieder neue Gegenstandsbereiche, eigengeschichtliche und fremde, so zu erschließen, daß Begegnungen zwischen Schüler und Sache stattfinden können.

Erweiterung des manuellen und musischen Bereichs

Ist es noch einmal erlaubt, über den eigenen Zaun zu schauen, um sich angesichts fremder pädagogischer Praxis zu besinnen und zugleich anregen zu lassen? Diesmal soll es die praktische und künstlerische Erziehung in den Waldorfschulen sein, auf die sich unser Blick richtet. Ähnlich wie Maria Montessori weiß man dort, daß »die Arbeit des Geistes stets durch die Arbeit der Hände begleitet werden« muß, und man stellt sich deshalb als (nicht immer erreichbares) Ideal vor, »täglich zwei Stunden künstleri-

[19] Siehe hierzu die Zeichnungen von A. und J. Schelbert in meinem »Religionsbuch 1« in den Verlagen Benziger und Patmos und meine detaillierte Sachinformation im Lehrerkommentar.

schen oder praktischen Unterricht zu geben«.[20] Die Waldorf-Pädagogik möchte bewußt der schulischen Tendenz widersprechen, den Schüler vorrangig als einen Fakten-Registrator zu behandeln, seinen natürlichen Tätigkeitsdrang aber zu ignorieren, nein, viel mehr noch, ihn bewußt zurückzudrängen und in enge Bandagen einzuschnüren. Aus diesem Grunde gibt es in vielen Waldorfschulen eine überreiche Palette anregender Tätigkeiten. Zum vorwiegend handwerklichen Bereich gehört das Stricken, Spinnen, Weben, Kochen, Backen, Buchbinden, Schreinern, Kupfertreiben ... (sofern wir von Schulmodellen wie der Hibernia-Schule ausgehen, freilich noch viel mehr: dort sind die bedeutendsten Handwerksberufe mit kompletten Lehrwerkstätten vertreten, natürlich auch im technischen Bereich und in moderner technischer Ausrüstung); zum künstlerischen Programm zählen das Malen und plastische Gestalten mit Ton, mannigfache Formen des Theaterspiels, Singen und Musizieren und natürlich die Ausdrucks- und Bewegungsgestaltung, die pädagogische Eurhythmie. (Wie in allen alternativen Schulkonzeptionen dominiert auch in den Freinet-Schulen die Vorliebe zum handelnden Lernen, hier freilich stärker in der Neigung zu handwerklichen Praktiken, so daß manche Freinet-Klassen den Charakter einer Werkstatt einnehmen.)

Im Grundsatz, nämlich in der Wertschätzung der Hände für den schulischen Lernprozeß, stimmt die Montessori-Pädagogik also mit allen Sprößlingen der Reformpädagogik überein, seien es nun Kerschensteiners Arbeitsschule, Herrmann Lietz' Landerziehungsheime, die Jena-Plan-Schulen Peter Petersens sowie die oben angeführten Schulformen Rudolf Steiners und Célestin Freinets. In der pädagogischen Praxis unterscheiden sich die Montessori-Schulen jedoch von fast allen übrigen Schulmodellen durch ihre starke Fixierung auf das vorbereitete Unterrichtsmaterial. Zwar erfordert dieses Material mannigfache Schüleraktivitäten, aber eben doch weitgehend festgelegte, oft sogar in einem naturwissenschaftlichen Sinn funktional definierte Ordnungshandlungen. Freie handwerkliche und musische Aktivitäten werden von diesem Konzept nicht sonderlich beachtet. Das liegt zweifellos an der persönlichen Begabung und Neigung der Medizinerin Maria Montessori und an dem reichlich pragmatischen Hintergrund ihrer Zeit, doch sollte sich eine pädagogische Theorie auf solch subjektive und epochale Engführungen nicht grundsätzlich verpflichten lassen, vielmehr in bewußten Anstrengungen um einen Ausgleich bemüht sein. Dies um so mehr, je häufiger Montessori-Schulen heute über die Grundschule hinausführen und je klarer sie ihr kultur- und religionspädagogisches Defizit erkennen. Es geht hier nicht darum, bestimmte handwerkliche und künstlerische Techniken zu empfehlen –

[20] *Christoph Lindenberg,* Waldorf-Schulen. Praxis eines verkannten Schulmodells, Reinbek 1975, 117.

das mag sowohl Sache der Montessori-Vereinigung als auch jedes einzelnen Lehrers sein –, aber es geht entschieden um eine prinzipielle Ergänzung des definierten Materialangebots durch freie gestalterische Aktivitäten. Seitens der Religionspädagogik liegen hier die wichtigsten Bildungsfelder, und aus der Sicht einer pädagogischen Anthropologie ist diese Akzentsetzung wohl ebenfalls zu betonen.

Entwicklung einer Symboldidaktik

Ein letzter, für die Weiterentwicklung der Montessori-Pädagogik und deren religionsdidaktische Potenz allerdings entscheidender Bereich ist die bessere Begabung der Montessori-Pädagogen mit dem »dritten Auge«. Gemeint ist damit eine höhere Sensibilisierung aller Sinne, die Fähigkeit zur Wahrnehmung verborgenen Sinns oder – mit einer Formulierung von Jeanne Herrsch gesprochen – »der Sinn für den Sinn«. Daß sich mit diesem Postulat eine primäre Grundlegung religiöser Erziehung verbindet, soll hier nicht weiter ausgeführt werden; es darf als religionspädagogischer Common Sense gelten. Daß sich aber der Sinn für den Sinn nicht abstrakt entwickelt, sondern nur mittels jener Sprachlehre religiöser Erfahrungen, wie sie sich in tausendfältigen symbolischen Ausdrucksformen ritueller, sprachlicher und ikonischer Art darstellen, das muß für jede Pädagogik, die in einem fundamentalen Sinn religiös sensibilisieren will, zu der Notwendigkeit führen, eine eigene Symboldidaktik zu erarbeiten.

Ich verstehe unter Symboldidaktik mehr als eine Einführung in den Symbolbegriff und eine Erklärung elementarer religiöser Symbole. Überhaupt geht es nicht um Erklärung, also rational-begriffliche Interpretationen, sondern um die unmittelbare Begabung für alle sich sinnenhaft darstellende Kundgabe metasinnenhaften Sinns. Der Schüler soll lernen, in konkreten Gestalten die sie transzendierende Wirklichkeit zu erfassen, im Begrenzten das Unbegrenzte, im Augenblick das Nadelöhr der Ewigkeit. Das erfordert eine spezifische Pädagogik im Vorschulalter, doch erweist sich die Notwendigkeit zu einem grundlegenden Anfang in jedem späteren Schulalter, so oft neue Schüler kommen oder Lehrer ihre Klasse wechseln. Darum sind Elementarkurse für verschiedene Altersstufen zu entwickeln, die in einem ersten Ansatz Ahnung von der doppelbödigen Wirklichkeit vermitteln und die Suche nach dem »goldenen Schlüssel« aufnehmen helfen. Im Fortgang dieser Arbeit sind kontinuierliche Bemühungen notwendig, die – nach einer ersten Alphabetisierung an Märchen, Bildern und einfachen Symbolerfahrungen – eine spezifische

Didaktik des rituellen, des sprachlichen und des ikonischen Bereichs entwickeln helfen.[21]

Sofern die Montessori-Pädagogik ihr oft geäußertes Selbstverständnis, katholische – oder sagen wir besser: christliche – Pädagogik zu realisieren beibehält (was immer an Mißverständnissen dieser Anspruch einschließt und wie falsch es zugleich sein dürfte, Montessori für das Christentum oder den Katholizismus beschlagnahmen zu wollen), in jedem Fall erscheint es unumgänglich, daß Montessori-Pädagogen christlichen Eigenverständnisses den Auftrag zu einer dezidierten, sensiblen Symboldidaktik an sich selbst gerichtet sehen.

Ich möchte wünschen und auch gern dazu beitragen, daß die Montessori-Schulen in diesem Forschungsbereich zu einer tieferen Identität ihres eigenen Entwicklungsdenkens gelangen und damit zugleich Anregung und Segen für die allgemeine Schulwelt werden.

[21] Siehe hierzu in diesem Buch die Beiträge zur Bilddidaktik, S. 51 und zur Symboldidaktik, S. 84.

Lehrerbildung und Lebensform

Thesen gegen den Trend

Es gibt keine Lehrerbildung mehr, es gibt nur noch Ausbildung. Die vergangenen zwanzig Jahre haben diesen Verarmungsprozeß um sich greifen sehen. Meine Thesen wollen die Entwicklung deutlich machen und ermutigen, ihrem nivellierenden Trend entgegenzusteuern.

Erste These: Wir vermitteln nicht mehr Weisheit, sondern nur noch Wissen.

Der Wandel wird terminologisch greifbar im Austausch des Begriffs Pädagogik gegen den Begriff Erziehungswissenschaft. War noch in der ersten Hälfte dieses Jahrhunderts ein »System der Pädagogik« denkbar erschienen, drängten seitdem immer mehr anthropologische und gesellschaftswissenschaftliche Disziplinen hinzu, sprengten jede Geschlossenheit und erweiterten die ehedem in klaren Grenzen verwaltete Pädagogik in ein offenes Verbundnetz vielfältiger Forschungsansätze. Damit einher ging die Verlagerung von einer dominant philosophisch-geisteswissenschaftlich betriebenen Pädagogik hin zu empirischen Untersuchungen, die in ihren detailfreudigen Resultaten das erziehungswissenschaftliche Wissen seitdem mehrfach multiplizierten und es zugleich unüberschaubar machten. Diese Entwicklung spiegelt sich auch in der Konzeption pädagogischer Lehrstühle. Die alte Verbindung zwischen Philosophie und Pädagogik, wie sie zuletzt noch Litt, Derbolav, Petzelt, Ballauf, Bollnow... verkörperten, ist weithin geschwunden, wird auch in ihren Schülern nicht mehr voll repräsentiert, und damit versickert jene sinnstiftende Weisheit, die allein eine »philosophische Pädagogik« zu vermitteln vermag.

Ursprünglich war Pädagogik Ingredienz der Philosophie. Darum hat sich auch eine wesensmäßig philosophische Pädagogik entwickelt (Kant, Schleiermacher, Herbart), und selbst jene, die nicht Philosophen waren, wie Pestalozzi, haben ihre Pädagogik doch philosophisch betrieben. Gewiß war die Emanzipation der Pädagogik von der Philosophie einesteils notwendig, in ihrer unphilosophischen Empiristik ist sie inzwischen aber eher verhängnisvoll, denn sie verlor die Möglichkeit des umfassenden Denkens und der radikalen Reflexion. Verloren ging damit auch die Fähigkeit, sowohl das zeitgenössische philosophische Denken als auch den allgemeinen Zeitgeist kritisch zu rezipieren und die eigene pädagogische Situation in ihren Abhängigkeiten und Engführungen zu erkennen.

Die philosophieferne heutige Erziehungswissenschaft vermittelt zwar psychologisches Wissen, Kenntnisse über Projektionen und Aggressivität, über Rollenverhalten, Autoritätsstrukturen und Konflikttheorien..., das Ganze auf empirische Daten gestützt und ohne einen integrierenden, sinnstiftenden Impetus. Sinnvermittlung können nämlich die »exakten« Wissenschaften nicht leisten; derartige Lebenshilfe wurzelt in den Vermögensgründen des Mythos, aus denen auch die Philosophie schöpft. Die Dürftigkeit des heutigen erziehungswissenschaftlichen Studiums für die eigene Lebensführung, der existentiell eher enttäuschende und für die persönliche ethische Orientierung durchweg belanglose Studienertrag verstärkt die allgemeine Desorientierung und Mutlosigkeit, als daß hier neue Kraft zuwüchse. Man braucht nur einmal Otto Friedrich Bollnows Bücher – um einen heute noch lebenden pädagogischen Philosophen und philosophischen Pädagogen zu nennen – mit dem »Funkkolleg« Erziehungswissenschaft und dem »Curriculum-Handbuch« zu vergleichen, um die große Distanz zwischen einer bildenden Pädagogik und einer über soziale Vorgänge und »Strategien« informierenden Erziehungswissenschaft ausmessen zu können. Zwar bleiben die philosophischen Pädagogen wie Pestalozzi und die pädagogischen Philosophen wie Wilhelm von Humboldt oder Dilthey auch über Generationen hinweg Quellen der Weisheit, selbst wenn Lehrerstudenten von ihnen nichts mehr erfahren, während die jetzt aktuellen Namen durch immer neue Aktualitäten abgelöst werden, doch ob die Diastase zwischen Weisheit und Wissen so kraß werden muß, wie es die gegenwärtigen Ausbildungstrends erwarten lassen, darüber sollte gestritten werden.

Zweite These: Die nur-theologische Lehre ist ein zu enger Rahmen für religionspädagogische Bildung.

Über die Angemessenheit des wissenschaftlichen theologischen Studiums wird seit langem gesprochen, wenngleich vorläufig gilt, daß die institutionalisierte Ordnung sich weiterhin reproduziert. Natürlich ist der überkommene Rahmen der Theologie auch für den späteren Seelsorger fragwürdig, aber gleich zweimal erweist er sich für den Religionspädagogen als zu eng:

Einmal, weil das alte Fakultätsschema in den Köpfen steckt, das Denken kanalisiert, »fachfremde« Bereiche ausklammert, einen Blick auf den Menschen als Adressaten theologischer Bemühung unterläßt und darum auch jede didaktische Fragestellung.

Zum anderen, weil sich die Besetzung der Lehrstühle (im Rahmen der Lehrerbildung) durchweg am traditionellen Theologiebetrieb orientiert: Man verlangt Systematiker, Bibliker, Historiker..., alles Fachwissenschaftler einer wohlbekannten theologischen Begrenzung, die sich primär von dem, was sie »von Hause aus« sind, doch nur selten auf Schule und Lehrberuf hin verstehen. Daneben gibt es natürlich immer auch einen Religionspädagogen, aber leider oft als Fehlbesetzung, weil dessen wissenschaftliche Herkunft nur selten pädagogisch qualifiziert ist, vielmehr irgendeinem theologischen Spezialbereich entstammt, den man meistens nach Neigung und Können in genuin religionspädagogische Arbeitsfelder auch kaum überschreitet.

Die Folge dieser Situation: Man studiert alttestamentliche Quellenscheidung, Formkritik, synoptische Textvergleiche..., ohne in und mit diesem Wissen zugleich die den Texten immanenten didaktischen Möglichkeiten der Bibel zu erfahren; man stellt »die Frage nach Gott«, befaßt sich mit ihrer agnostischen und atheistischen Verneinung, ohne mit diesem Prozeß elementare Wege der Selbsterfahrung zu verbinden; man buchstabiert eine dogmatische Begrifflichkeit, ohne deren Rückbindung in Symbol und Mythos hinein zu erschließen... Der Religionspädagoge – gesetzt den Fall, er versteht sein Fach nicht als »Fach«, sondern als Integration von Religion, Christentum und Welt in die Lebensformen heutiger Existenz –, dieser Religionspädagoge kommt immer zu spät oder zu früh, steht immer neben den theologischen Spezialisten, muß stets Fäden aufnehmen, die anderswo abgespult werden, ohne sie zu einem didaktischen Koordinatensystem zu verknüpfen.

Häufig wird Religionspädagogik aber auch reduziert auf eine Konzeptionstopographie: welche Auffassungen von Religionsunterricht vorkommen und wer welche vertritt, dazu noch ein paar Standardthemen wie Unterrichtsplanung, Problemorientierung, Korrelationsprinzip, Stellung der Bibel, Medieneinsatz u. ä., und schon hat sich das Bild von Religionspädagogik gerundet, mit dem durchschnittliche Studiosi in die Schule entlassen werden. Die Fundamente und Kategorien einer Religionsdidaktik werden einem solchen Studienplan vollständig vorenthalten. Eine religionspädagogische Bildung ist auf diesem Wege nicht erreichbar. Dazu muß der Horizont weiter aufgerissen werden, müssen Pädagogik und eine religionswissenschaftliche Propädeutik einbezogen werden, weil ohne diesen Bezugsrahmen didaktisches Denkvermögen sich nicht entwickelt. Zugleich sind offene Übergänge zur Kunst, zur Literatur, zur

Mythologie und Symbolforschung ebenso erwünscht wie die Einbindung dieser Dimensionen in symboldichte, bildhafte, narrative Vermittlungsmodi, in denen die Fülle des neuen Wissens zu einer existentiell assimilierbaren Sinnenhaftigkeit verdichtet wird.

Dritte These: Ein Studium, das nur Fachkenntnisse, aber nicht – darin eingeschlossen – Ethos und eine berufliche Spiritualität vermittelt, desorientiert.

Die individuelle geistige Führung des jungen Menschen ist innerhalb wissenschaftlicher Einrichtungen heute nicht vorgesehen. Doch wie werden aus Medizinern Ärzte? Wie vollzieht sich der Schritt vom Pädagogik-Studenten, der in seinen Prüfungen keine Antwort schuldig bleibt, zum jungen Lehrer, der ein Freund der Kinder, ein Partner der Eltern ist? Welche Hilfen gibt es, die Gesinnung und Lebensform der künftigen Lehrerinnen und Lehrer zu bilden? Ist das alles der häuslichen Herkunft, der sozialen Begabung, dem inneren Empfinden überlassen, so daß die vielen, die hier weder Sensibilität noch Haltung mitbringen, auch weiterhin ohne Förderung bleiben?

Ein erster Schritt wäre es, die Lehrveranstaltungen der Hochschulen bewahrten die ihnen gemäße Form: Man achtet auf Pünktlichkeit, weil dies ein Ausdruck angemessener Einstellung und Rücksichtnahme ist; man verwahrt sich gegen ein beliebiges Verlassen der Vorlesung, akzeptiert kein Zeitungslesen, kein Essen und Trinken während der Veranstaltungen. Der zukünftige Lehrer wird in diesen Dingen ebenfalls keine Formlosigkeit hinnehmen können und sollte es lernen, zunächst an sich selbst strengere Maßstäbe anzulegen als später an die Schüler. Doch, haben die Hochschulen hier nicht schon längst kapituliert und jeden Anspruch an äußere Formen fallengelassen?

Ein weiterer Schritt führt zum Aufweis der geistigen Dimension des Lehrerstudiums. Zentral ist hier die wiederholte Reflexion der beruflichen Motivation und der persönlichen Einstellung zu den Schülern. Selbst die Liebe muß erlernt werden und bedarf der Hilfestellung. Gibt es noch Hochschulveranstaltungen, in denen die Lehrerstudenten erfahren, welche individuellen Qualitäten allen fachlichen Ausbildungsgängen voraufliegen müssen? (»Erfahren« heißt hier nicht, daß ihnen dieses irgendwann einmal »gesagt« wird, sondern daß die Eindrücklichkeit der Lehre hier einen Weg eröffnet, der prozeßhaft ist.) Gibt es Seminare, in denen sie davon hören, mit welch genauer Intuition Kinder den Grad der moralischen Lauterkeit jener Menschen erfassen, die sie unterrichten? Daß Schüler sich ihren Lehrern in gewisser Weise genau anpassen und auf das gleiche Niveau in Umgangsform und Gesittung kommen? Daß eine Klasse innerhalb weniger Monate die Wertordnung und die Lebensform eines Lehrers bis in Feinheiten der Sprache, der Gestik und des mitmenschlichen Verhaltens übernimmt? Manch schulisches Chaos resultiert aus dem Defizit an Lebensformen in der Lehrerschaft. Leider ist es kaum noch ein Thema der wissenschaftlichen Pädagogik, daß Lehrer mehr durch das, was sie sind, wirken, als durch das, was sie sagen.

Wer mit Studenten über die Liebe zu den Kindern spricht, wird wohl auch nicht vergessen, sie auf das Leiden an den Kindern vorzubereiten. Viele Lehrer wurden nie darauf hingewiesen, sind nie reif und bereit zu solchem Leiden geworden und reagieren auf Schüler im Laufe der Jahre deshalb mit abwehrenden Schutzmaßnahmen: mit sachbetonter Distanz, dienstlicher Kühle, zynischem Spott, Resignation und schulfernen Kompensationswelten. Es ist ja auch nicht leicht, stets neu ein Vertrauensverhältnis zu Schülern aufzubauen, um wenig später diese Kinder wieder ganz loszulassen. Noch schwieriger ist es, mit Kindern zu sympathisieren, die uns nicht gleichen und uns enttäuschen können, ja, selbst jenen die Freundschaft nicht zu versagen, die uns bedrücken. Je mehr ein Lehrer seine Schüler liebt, um so mehr leidet er durch sie, besonders wenn er sensibel für ihre Gebrechlichkeit ist. Man ahnt und sieht, wie diese Kinder, die »eine Verheißung an das Leben« sind (Saint-Exupéry), sich verengen können und, kaum erwacht, schon wieder erstarren, weil ihre Umwelt ihnen einen großen Lebensplan verweigert.

Und schließlich stellt sich die Frage nach der Spiritualität der Studierenden. Einerseits zerbricht für viele die kindliche Glaubenswelt, andererseits liegt darin die Chance zu größerer Reife. Aber es gibt auch das Bedürfnis nach überschreitenden Erfahrungen, die ein neues Selbstverständnis begründen. Nimmt der wissenschaftliche Hochschulbetrieb diese existentiellen Betroffenheiten wahr, und hat er dafür Sprache? Auch hier ist innerhalb aller Studienangebote nicht der Fachexperte, sondern der Religions-Pädagoge als wahrer Lehrer gefordert.

Vierte These: Die Lehrerbildung bedarf der Praxis. Wo sie institutionell abgetrennt wurde, muß man sie aus eigenem Antrieb aufsuchen.

Wie steht es in alledem mit der praktischen Ausbildung? Der Trend ist zum zweiphasigen Studienaufbau gegangen und hat in manchen Bundesländern die begleitende Schulpraxis zu einem unbedeutenden Annex werden lassen. Vielen mag das recht sein, denn es ist überkommenes akademisches Selbst(miß)verständnis, sich um die didaktische Dimension der Fachgebiete nicht zu kümmern. Das gilt als Niederung und wird tunlichst dem Mittelbau übertragen. Natürlich stehen hinter diesem wissenschaftlich stilisierten Anspruch auch viel Schulfremdheit und nicht zuletzt Angst vor den Unwägbarkeiten des Unterrichts. Oder kommt es noch vor, daß Professoren eine Schulklasse im Hörsaal vor großem

Auditorium unterrichten, oder – bescheidener – daß sie ihren kleinen Praxisgruppen regelmäßig eine Stunde vorführen? Studenten, die nie einen guten Unterricht miterleben können, gewinnen meistens keine Intuition für das, was sie selbst als Maßstab und Ziel anstreben könnten.

Wichtig ist auch die Studienfahrt. In der pädagogischen Vorlesung über unterschiedliche Schulkonzeptionen informiert zu werden, ersetzt keine Begegnung mit diesen Schulen. Einige deutsche Landschaften sind reich an vielfältigen Lebensstilen alternativer Schulkultur. Für die Masse der Studierenden – und leider auch für die Mehrzahl ihrer Pädagogik-Dozenten – bleiben die Namen der reformpädagogischen Schultradition zeitlebens Papiervorstellungen, ohne Nährkraft für die eigene erzieherische Phantasie und unterrichtliche Praxis.

Diese wünschenswerte Phantasie wird auch kleingehalten durch die formalisierte Weise, in der die Studierenden ihre Unterrichtsvorbereitungen zu Papier bringen sollen: »Geplantes Lehrerverhalten – Erwartetes Schülerverhalten.« Wer nur in solchen Kategorien zu denken angeleitet wird, kommt über langweilige Strickmuster nicht hinaus. Gewiß braucht der Anfänger ein orientierendes Schema, doch gibt es da klügere Muster, zumal solche, die dazu anleiten, die didaktische Analyse in der »Sache« zu begründen, deren Autorität Lehrer und Schüler gemeinsam unterstehen.

Die rezeptologische Haltung ist leider nicht nur eine Schwäche der Jungen. Diese zur »inneren Form« einer literarischen Gattung, eines Kunstwerkes, eines Musikstückes, eines geschichtlichen Phänomens zu führen, um den An-spruch der Sachen erfahrbar zu machen, verlangt Lehrer, die eine didaktische Analyse nicht mit einer Lernziellitanei und methodisches Können nicht mit Medieneinsatz entgelten lassen. Die gleichzeitige Anleitung der Studierenden zu vielfältigen Aktivitäten wie Singen und Spielen, Stille-Übungen, manuellen Techniken, Klassenfesten und Erkundungen, gehört hinzu, ebenso wie in alledem die beständige Aufmerksamkeit für eine bewußte Lebensform.

Besonders wirksam und bewußtseinsbildend ist es, daß der Studierende auf seine Sprache achten lernt, sich hier hohen Ansprüchen unterstellt und auch umgangssprachlich den leeren Redensarten zu entkommen trachtet, damit er nichts »echt gut« findet, oder »unwahrscheinlich«, auch nichts »furchtbar langweilig« oder »unglaublich spannend«, was ohne all diese Floskeln mehr wäre.

Was bisher gesagt wurde, sind Versuche an der Peripherie. Von Studienwegen im Weltenlabyrinth, von Muße und Kontemplation, einem Sich-Einlassen auf den Geheimnisgrund des Lebens war nicht die Rede. Auch ein Breviarium zur Spiritualität des Lehrers steht aus. Es müßte dazu anleiten, die schulische Welt in ihren Alltäglichkeiten geistlich zu durchbrechen, um jenseits dieses Nadelöhrs die innere Mitte zu finden.